사후세계의 비망록
I

숙영매의 영안으로 목도한
죽음 너머의 세계

사후세계의 비망록 I
숙영매의 영안으로 목도한 죽음 너머의 세계

초판 1쇄 발행 2025년 1월 5일

지은이 한병대
펴낸이 장현수
펴낸곳 메이킹북스
출판등록 제 2019-000010호

디자인 윤목화
편집 윤목화
교정 안지은
마케팅 김소형

주소 서울특별시 구로구 경인로 661, 핀포인트타워 912-914호
전화 02-2135-5086
팩스 02-2135-5087
이메일 making_books@naver.com
홈페이지 www.makingbooks.co.kr

ISBN 979-11-6791-639-6(04180)
세트 ISBN 979-11-6791-638-9(04180)
값 20,000원

ⓒ 한병대 2024 Printed in Korea

잘못된 책은 구입하신 곳에서 바꾸어 드립니다.
이 책의 전부 또는 일부 내용을 재사용하려면 사전에 저작권자와 펴낸곳의 동의를 받아야 합니다.

메이킹북스는 저자님의 소중한 투고 원고를 기다립니다.
출간에 대한 관심이 있으신 분은 making_books@naver.com으로 보내 주세요.

사후세계의 비망록 I

숙영매의 영안으로 목도한
죽음 너머의 세계

한병대 지음

메이킹북스

서문

 기존의 《영혼일기 I》을 정리하여 《사후세계의 비망록 I》으로 다시 태어났다. 《사후세계의 비망록》은 인간의 사후세계를 넘어서 신들의 문명을 소개하는 것으로 이야기가 전개된다.

 《사후세계의 비망록 I》에서는 우리 주변에 있는 영혼들과 윤회, 전생을 주로 설명하고 있다. 우리가 전생을 기억하지 못하는 것은 존재하지 않아서가 아니고 인간의 몸을 받으면서 기억이 상실되어 그런 것이다. 기억에 없다고 존재 자체를 부정할 수는 없다. 우리의 본질은 영혼이고 영혼은 윤회의 주체다. 즉 영혼이 인간의 몸을 받으면 환생이라 하고 그 몸이 훼손되고 못쓰게 되어 영혼이 빠져나가는 현상을 죽음이라 하는데 그것이 반복되면 윤회다. 윤회도 전생도 부정한다면 우리 인간들은 돌과 나무토막 같은 생명도 없는 존재로 취급되는 것이다. 우리가 영혼 없는 사람이라는 표현을 할 때 이미 우리는 영혼의 존재를 티끌만큼이라도 인정한다는 뜻이다. 《사후세계의 비망록》은 윤회도 전생도 부정하는 사람들에게 적극 추천하고 싶은 책이다. 또한 평소에 전생과 윤회를 믿기는 하지만 정확하게 그 실체를 모르는 사람들에게는 이 책이 많이 유익할 것으로 믿는다.

《사후세계의 비망록》 시리즈는 체험수기다. 나의 전처가 영혼을 보고 듣기 시작하면서, 그 내용을 듣고 영혼과의 대화를 기록하고 영적 성장을 해나가는 과정을 그린 것이기 때문이다.

내용은 들은 사실을 그대로 받아 적었고 산 사람의 이름은 가명을 썼으며 영혼들의 이름은 실명을 썼고 영혼의 이름 뒤에는 '령'을 붙여 그가 영혼임을 구분했다. 모든 이야기는 사실임을 밝히며 꾸며낸 이야기는 전혀 없다. 그리고 영혼을 세는 단위는 위(位)라는 단위를 쓰지만 편의상 사람을 세는 '명'이라는 단위를 쓴다. 영혼과의 대화는 나의 전처인 숙영매를 통한 것이지만 직접 대화하는 방식으로 기술할 때도 있다는 것을 밝힌다.

숙영매는 과거에 귀신의 존재를 믿지 않았다. 그러던 그녀가 어떻게 이렇게 갑자기 영혼과 친해질 수 있었을까? 그녀에 대해 잠시 이야기해 보자.

그녀와 나는 2011년에 들어서자마자 이혼 절차를 끝냈다. 내가 딸 정원이를 키우는 것으로 결정했다. 그렇게 한참을 떨어져 살다가 정원이가 학교에 다니기에 밥하고 빨래를 해 준다는 이유로 나의 전처는 내가 출근하고 없는 낮 시간대에 집을 들락날락했다. 나는 다가구주택에 살고 있는데 마침 옆 가구 하나가 비게 되어 그녀는 거기 들어와 살게 되었다. 숙영매는 우리 집에 상주하다시피 하며 딸의 뒷바라지를 해 주었다. 하지만 딸을 위해서 뒷바라지를 해 준다고는 하지만, 딸과는 성격이 맞질 않는지 갈등과 대립이 심했다. 무엇보다 정원이가 너무 힘들어해서 보다 못한 나는 딸을 가까운 곳으로 분가를 시켜 주고 자취를 하게 했다. 그때가 2018년 1월 14일이었다.

숙영매는 살면서 귀신, 영혼, 전생이라는 단어에 대해서 대부분 사람들이 그러한 것처럼 티끌만큼도 믿지 않았다.

올해 그 두 사건들이 일어나기 전까지는 그랬다. 첫 번째는 2018년 2월 어느 날 딸과의 이별에 상심한 그녀는 자살을 하려고 수면제 20알을 입에 털어 넣었지만 죽지 않고 살아났고, 일주일 동안 음식을 못 먹고 회복한 적이 있었다.

두 번째는 생전 꿈이라는 것을 모르고 살던 여자였는데, 3월 어느 날 꿈을 꾸게 됐고, 꿈속에서 흰 수염이 난 노인이 먼발치에서 오라고 손짓했다. 그녀 주위에는 친정 식구들이 전부 모여서 가지 말라고 아우성을 치고 있었다. 그러나 그녀는 자신도 모르게 한 걸음씩 그 노인한테 발걸음을 옮기고 있었다. 그때 갑자기 조카 한 명이 그녀의 손을 강하게 낚아채고 끌어당기자 잠에서 깨어났다. 깨어나서 손을 보니 손목에 손자국이 있을 정도였다. 노인이 저승사자였을지 실제로 노인을 따라갔다면 죽었을지 어떨지는 모르지만 이렇게 겨우 무사할 수 있었다. 그 일이 있고 나서 영혼을 보기 시작했으니까 아마도 죽을 고비를 넘기고 영적 능력이 생긴 것이 아닌가 생각한다.

나는 2017년 12월에 최면술을 배웠다. 그리고 2018년 1월 박진여 전생 연구소에서 나의 전생을 듣고 3월에는 역학을 공부하기 시작했다. 곧바로 4월에 숙영매가 아기령을 만나게 되는 일련의 사건들은 앞으로 일어나게 되는 일을 위하여 만들어진 소품이고, 마치 시나리오를 엮은 듯 그렇게 흘러갔는데 이것을 드라마나 영화로 만들었다면 뻔한 각본이라고 했을 것이다.

목차

1. 아기 영가 대영령 … 10
2. 김나래령 … 24
3. 윤재천령 … 28
4. 나래령 천도 … 33
5. 떠도는 영혼들 … 36
6. 동네 영가들 1 … 44
7. 보디가드 영가들 … 48
8. 원한령들 … 55
9. 동네 영가들 2 … 60
10. 조상신 … 64
11. 북한산 산신령 … 68
12. 아는 영가와의 만남 … 77
13. 영가들과의 인터뷰 … 81
14. 교육을 준비하는 숙영매 … 89
15. 내림신 … 92
16. 나의 수호령 … 102
17. 모녀의 갈등, 그들의 전생 … 119
18. 타로 수업 … 137
19. 어머니 제사 1 … 140
20. 조부모님 제사 … 148
21. 지하철 성추행 영혼 … 153
22. 일루미나티 … 155
23. 유체 이탈 … 160
24. 작은형과의 인연 … 166
25. 집단령 … 170

26. 이순신 장군 · 174
27. 이진 장군 · 183
28. 최미숙령 · 187
29. 원장의 접신 · 194
30. 산신령을 이용한 사기꾼들 · 205
31. 사촌 동생의 죽음 · 215
32. 원장과의 갈등 · 222
33. 슬럼프에 빠진 명상 · 233
34. 촛불 집회 영가들 · 240
35. 타로 맹인 · 246
36. 마녀와의 대화 · 248
37. 어머니 제사 2 · 260
38. 최면 치유 · 272
39. 강도, 도난 등 숙영매의 시련 · 278
40. 산신령의 방문 · 292
41. 숙모의 죽음 · 298
42. 다시 시작되는 숙영매의 시련 · 305
43. 참나와 소통하는 숙영매,
    산신령, 수호령과도 자력으로 소통 · 313
44. 박원순 시장의 자살 · 317
45. 마침내 찾은 나의 전생 이진 장군 · 326
46. 암살된 이순신 장군 · 335
47. 나의 산신령 영접 · 344
48. 타로 사무실 건물의 영혼들 · 348
49. 빙의된 숙영매 · 352

1. 아기 영가 대영령

2018년 4월 7일 토요일

숙영매는 방에서 글을 쓰고 있었다.

얼마나 시간이 지났을까, 그녀는 뒤에서 누가 보고 있는 듯한 느낌이 나서 뒤를 돌아보았다. 그때 시커먼 연기 같은 큰 올챙이 모양의 물체가 지나가는 것을 보았다. 그녀는 너무 놀라서 다음 날 나한테 다음과 같이 말하며 무서워했다.

"이 방에 귀신이 있는 것 같아."

나는 귀신을 보거나 듣는 사람은 아니지만 평소에 영혼에 대해서 관심이 많았고, 책이나 인터넷을 통해서 많은 이해를 하고 있었기 때문에 다음과 같이 말해주며 그녀를 안심시켰다.

"귀신은 무서워해야 할 존재가 아니야. 그들은 얼마 전까지만 해도 우리와 같이 살아 숨 쉬던 사람이었고, 지금은 죽어서 육신이 없이 그렇게 다니는 존재들이야. 우리도 태어나기 전엔 영혼이었고, 다시 죽으면 영혼의 상태로 돌아가. 또 그들도 우리와 똑같은 사람인데 단지 육신만 없을 뿐이야."

그 후로도 계속 검은 물체는 그 방에 나타났고, 나의 말에 힘을 받아서 그녀는 그 물체에게 따지듯이 소리를 질렀다.

"야, 너 누구야! 네가 우리 정원이 아프게 했지!"

그러자 그 시커먼 물체는 문을 통과하여 밖으로 나갔다. 그리고 그녀도 신발도 신지 않은 채 따라 나갔다. 집에서 약 100여 미터 떨어진 공원까지 따라갔지만 그 물체는 이내 사라졌다. 귀신이 무섭다기보다는 이제 자기 딸을 아프게 한 놈이라고 생각하니까 분노부터 치미는 것이다.

그렇게 처음에는 그 영혼과 싸우다가 나중에는 대화를 나누는 상황까지 가게 되었다. 그러나 그 대화는 그녀가 영혼에게 질문을 했을 때 긍정이면 형체를 부르르 떨고 부정이면 가만히 있는 정도의 수준밖에 되지 못했다.

"너 애기지?"
"브르르~~~~"
"여자니?"
"……"
"남자니?"
"브르르~~~~"
이런 식이었다.

2018년 4월 15일 일요일

숙영매는 평소에 꿈은 거의 꾸질 않는데 오늘은 이상한 꿈을 꾸었다. 평소에 시커먼 물체로 나타나던 그 영혼이 꿈에 나타나 보따리를 주면서 풀어 보라고 해서 풀어 봤더니 죽은 아기 시체가 들어 있더란다. 소스라치게 놀라 잠에서 깨어났고 다음날 나에게 전화하여 울면서 다음과 같이 말했다.

"너무 불길한 꿈이야. 혹시 정원이한테 안 좋은 일이 생기는 거 아냐?

정원이한테 전화 좀 해 봐."

그때 나는 친구들을 만나려고 그들에게 전화를 걸기 직전이었다. 나도 걱정이 돼서 정원이한테 전화하고 무사하다는 것을 확인하고 친구를 만나러 갔다.

2018년 4월 16일 월요일

숙영매는 새벽 2시쯤에 다시 그 영혼 꿈을 꾸었다. 그리고 잠에서 깨어나려고 하는데 갑자기 그 영혼의 목소리가 들렸다.

"아줌마, 깨지 마세요. 아줌마가 깨면 얘기를 못해요"라고 하며 그 영혼이 대화를 걸기 시작했다. 아무래도 꿈에서가 아니면 대화하기가 힘들었기 때문이었을 것이다. 그 영혼은 보따리에 있는 아기를 가리키면서 자기 자신이라고 했다. 그때부터 그녀는 꿈을 꾸면서 꿈이라는 것을 아는 상태, 즉 자각몽인 상태로 2시간여 그 영혼과 대화를 나누었다.

2018년 4월 25일 수요일

지난 열흘 정도 숙영매는 거의 매일 밤 꿈속에서 그 아기령과 대화를 나누었다. 대화 내용을 정리해 보자면 이렇다.

정원이는 현재 대학교 1학년 스무 살이고, 딸에게는 지금은 만나지 않는 혜미라는 중학교 동창이 있었다.

혜미는 그 집안에서 첫째 딸이고, 그 후로 둘째와 셋째를 낳았다. 그러나 아이를 낳을 때마다 무슨 사연인지는 모르지만 남자가 바뀌었기 때문에 성이 모두 다르다. 그리고 2007년 마지막으로 사내아이를 낳았는데 며칠 동안 젖도 제대로 안 먹이다가 아이를 보자기에 싸고, 다시 검은 비닐봉지에 싼 다음 쓰레기봉투에 집어넣어 어느 집 문 앞에다 놔두었다. 그렇게 해서 그 아기는 쓰레기차에 실려 소각장에서 소각되어 흔적도 없이 사라졌다. 이 영혼이 바로 그 아기의 영혼이다.

 영혼이 된 아기는 너무나 분하고 원통해하며 저승에도 가지 않고 사람들을 찾아다니며 호소하려고 했지만 아무도 자신을 볼 수가 없었다. 무속인들도 찾아다녔지만 아무도 자신을 알아봐 주지 못했다. 무속인조차도 영혼을 못 보는 경우가 많은 것 같다. 혜미는 정원이 학교 친구이고 초등학교 저학년 때부터 중학교 때까지 우리 집에 가끔 놀러왔다. 그래서 나는 그 집에 대해서 잘 알고 있다. 그의 엄마는 자식들에게 가혹하게 대했던 것 같다.

 "저는 새벽 2시나 3시면 일어나서 매일 동생들 우유를 먹여요. 안 그러면 엄마한테 맞아 죽어요."

 혜미가 초등학교 때 우리 집에 왔을 때 했던 얘기다. 심지어는 중학교도 채 마치지 못하고 중퇴를 했다. 현재 혜미는 사창가에 있고, 몸을 팔아 번 돈은 엄마가 모두 갈취한다고 한다. 아기령은 사악한 자신의 엄마를 죽이고 싶었고 또 그렇게 할 수도 있었지만 그렇게 하지 않았다. 그렇게 되면 죄를 짓는 것이기 때문이다. 하지만 그 죗값을 받는 것인지 지금은 나쁜 남자를 만나 만날 두들겨 맞으며 살고 있다고 한다. 아기령의 아빠는 사실상 유부남이었고 바람을 피우다 아이를 임신하여 출산하게 했다. 그리고 아이 엄마와 트러블이 생겨 헤어지면서 아이 양육비로 한 달에 한 번씩 지금까지 돈을 부치고 있다고 한다. 이것은 아기령이 그 집에 수시로 드나들면서 보았기 때문에 알 수 있는 사실이다. 아기가 죽은지도 모르고 그렇게 돈을 부치고 있는 것이다. 그리고 그는 유부남으로 한

때 실수해서 아이를 낳게 하고 죽게 만들었지만 지금은 건실히 살고 있고 큰아들은 대학교도 졸업했다고 한다.

여기서 한 가지 의문은 갓난아기였을 때 죽었는데, 어떻게 그렇게 말을 하고 생각을 할 수 있을까. 아기는 전생의 기억을 모두 잊고 순수하고 깨끗한 백지 상태로 태어난다. 그리고 하나하나 말과 걸음마를 배우는 것으로 시작하여 완성된 인간으로 자라난다. 그러나 죽음을 맞이하게 되면 영혼이 빠져나와 자각하여 자신의 죽음을 알게 되는 것 같다. 처음에 나와 숙영매는 아기 영가를 접했을 때 당황했다. 어떻게 해야 하나? 천도재를 지내 줘야 하나?

그러나 사후세계에 관심이 많던 나는 그 아기 영가를 통해서 이승을 떠도는 영혼들의 실상을 들을 수 있었다. 그들 영혼들은 육신만 없을 뿐이지 우리 산 사람들 곁에서 보고 듣고 먹기도 하고 세상 돌아가는 이야기를 전부 알고 있다는 것이다. 각 건물, 집, 식당, 책방, 회사, 지하철 등등 영가들이 없는 곳이 거의 없다. 그래도 가정이나 식당에 있는 영가들은 밥이나 먹지, 그렇지 못한 것들은 쓰레기통을 뒤져서 음식을 먹는다고 한다. 옛날 우리 선조들이 '고수레' 하며 귀신들에게 밥을 주는 것이 결코 헛된 일은 아니고, 우리 선조들이 어리석어서 그랬던 게 아닌 것이다. 극소수의 사람들만 제외하고는 그들을 볼 수도, 느낄 수도 없지만 그들 영가들은 사람들의 일을 모두 다 알고 있다. 한마디로 같은 공간의 다른 세계다.

아기령의 전생은 세조 때 살았고 시체 검시관이었으며 이름은 박치열이라 했다. 고을 사또의 아들로 태어나서 공부도 잘하고 똑똑해서 그 일을 하게 되었다. 어느 날, 한 시체를 검시했고 그 시체는 자살한 것으로 결론을 내렸다. 하지만 윗선에서 타살로 몰아갔고 무고한 사람을 살인자로 몰아 사형시켰다. 자신도 검시를 잘못했다는 누명을 쓰고 사형을 당했다. 이는 정치권에서 흔히 있는 정치적 음모인 것으로 생각된다. 그렇게 시체 검시관으로 살다가 누명을 쓰고 억울하게 죽은 후 저승에 있었고 알 수 없는 힘에 이끌려 자궁 속으로 들어갔지만 태어나자마자 자신의 엄마한테 살해당하고 너무 억울해서 저승으로 다시 돌아갈 수가 없었다.

봉지에 싸여 있을 때 자신을 알리기 위해 왜 울지 않았냐는 질문에는 너무 굶어서 울 힘이 없었다고 한다.

저승에서의 삶은 어떻냐는 질문에 기본적으로 우리 인간의 삶과 똑같다고 하는데 자세한 것은 앞으로 좀 더 알아볼 일이다.

세조 때 살았던 전생이 있었다는데 그때를 기억하는 것은 이해가 되지만 세조라는 것을 어떻게 알 수 있었는지, 또 왕이 살아생전에는 '주상'이나 '임금님' 호칭을 쓰고 세종, 세조라는 호칭은 그들 왕이 죽고 난 후에 붙여지는 것인데 어떻게 그것을 알 수 있는지 물어보았는데, 그냥 그렇게 느껴진다고 대답했다. 그러면서 숙영매와 아기 영가와의 꿈속의 대화는 계속됐다.

위에 있는 질문과 대답은 내가 숙영매에게 질문지를 주면 그녀가 꿈속에서 아기 영가와의 대화를 통해 나에게 알려 준 것이다.

인간이 영혼과 접촉하면 아프기 때문에 그녀는 매일 두들겨 맞은 것처럼 아픔에 시달렸으며 충분한 잠을 통해서 그것을 극복할 수 있었다. 우리 집에서는 언제부터 살았냐는 질문에, 이 집에 내가 들어올 것을 알고 이사 오기 전부터 들어와 있었다고 한다. 내가 지금 살고 있는 집은 2009년에 이사를 왔고 아기령은 이사 오기 전 2년 정도 떠돌다가 우리 집에 와서 살기 시작했다. 와서 보니 다른 영혼들이 몇몇 있었고 자신은 영이 세니까 모두 쫓아 버리고 스스로 터줏대감 노릇을 하고 있었다. 영혼도 밖에 있는 것보다 집 안에 있는 것이 좋다고 하며 아늑하다고 한다. 더위와 추위도 느낄 줄 안다고 한다. 아기령은 말했다.

"아줌마가 나가라 그러면 언제든지 이 집에서 나갈게요. 나는 어떻게 하든 부잣집은 아니더라도 화목하고 사랑이 넘치는 가정에 다시 태어나 열심히 공부해서 판사가 되고 싶어요. 난 그럴 자격이 충분히 있어요."

그는 또 이런 말도 했다.

"내가 다시 태어날 때는 지금의 이 상황과 그 밖의 모든 것을 잊은 상태로 태어날 거예요. 하지만 그렇게 돼도 그때쯤이면 아줌마도 영적으로 상당히 높은 수준에 오르기 때문에 언제 어디에서 저를 만나더라도 느낌으로 그 아이가 지금의 저라는 것을 알게 될 거예요."

그렇게 대화는 계속 이어졌고 정이 들었다. 그 아기령은 그녀한테 엄마라고 불러도 되냐고 물었고, 그렇게 하라고 해서 그때부터 숙영매를 엄마라 부르기 시작했다.

그리고 나도 아빠로 삼고 싶다고 해서 나는 영혼 의붓아들을 두게 되었다. 태어나자마자 죽었기 때문에 이름이 없어 우리는 대영이라는 이름을 지어 주었다. 그러자 그는 너무 좋아하며 고맙게 생각했다. 그렇게 대영령과의 꿈속의 대화는 계속됐다. 계속되면서 그녀의 영혼과의 접촉으로 인한 몸 아픔은 계속됐지만 고통스러운 아픔이 아니고 기분 좋은 아픔이랄까. 그런 고통이 계속되고 그것은 충분한 잠을 통해 극복할 수 있었다. 정원이가 이사를 가고 난 후 빈 방에 옷장을 꾸몄는데 한구석에 대영령의 잠자리도 마련해 주었다. 그는 너무 좋아했다. 숙영매는 그 방에서 잠을 자고 대영령과 꿈속의 대화도 계속되었다.

2018년 5월 10일 목요일

어느 날은 대영령이 꿈속에서 이렇게 말했다.

"엄마, 나 목말라. 물 줘."

그래서 숙영매는 대영령의 자리에 물을 한 잔 따라 주었다. 그것을 시작으로 해서 매일 아침마다 물 갈아 주는 일을 게을리하지 않았다.

2018년 5월 25일 금요일

어제는 부모님 제사였다. 아버지 제사가 음력 4월 10일 올해 5월 24일이었다. 어머니 제사는 음력 11월 20일인데 3년 제사를 지내고 아버지하고 합쳤다. 내가 큰형한테 이렇게 물었다.

"제사 합칠 때 어머니한테 고(告)했어요?"

"글쎄? 했나? 기억이 안 나는데…"

사람들은 이렇게 제사만 지냈지 조상들이 실제로 오신다는 생각은 하지 않는다. 그냥 우리나라의 전통문화 행사 정도로만 생각하고 만다.

여하튼, 나는 제사 하루 전에 대영령한테 형네 집 주소를 알려 주고 아버지 어머니가 오시는지 확인해 달라고 요청했다. 그러나 당일 나는 야근이 잡히는 바람에 제사에 참석하지 못했다. 정원이 혼자라도 가게 하고 싶었지만 대학교 과제가 많은 것 같아 망설이길래 가지 말라고 했다. 그런데 어젯밤 늦게 집에 들어가자 숙영매가 나한테 물었다.

"당신, 제사에 참석하지 않았어?"

내가 제사에 참석하지 않은 사실은 그녀가 절대 알 수 없는 일이다. 이혼한 여자가 제사에 갈 수도 없고 사이가 안 좋은 우리 집안 사람들과 연락할 수도 없는 일이다. 야근이 있어서 참석을 못했다고 얘기하고 제사 때 무슨 일이 있었냐고 물었다. 아버지 어머니가 오셨는데 어머니령은 이 방 저 방을 다니시며 찾다가 그렇게 슬피 우셨다 한다.

"정원 아빠 어디 갔어? 정원 엄마는 어디 갔어? 정원이는 어디 갔어?"

어머니는 내가 결혼 생활을 할 당시 숙영매, 손녀 정원이와 같이 살았고 정원이에 대한 애정이 다른 손자 손녀들보다 각별했었다. 그리고 그녀와 내가 이혼하기 전 2010년 말에 돌아가셨기 때문에 이혼한 사실을 모른 채 돌아가신 것이다. 이혼한 여자가 제사에 참석을 하지 않는 것은 당연한 일인데 어머니령이 그 사실을 알 수가 없었던 것이다. 저승에 사신다 해도 자손들이 사는 모습을 볼 수가 없는 것 같다. 다른 경우는 모르겠지만 적어도 어머니령의 경우를 보면 그렇다. 아버지령은 어머니령 손을 잡고 어서 와서 음식을 먹으라고 했지만 어머니령은 안 잡수셨다고 한다. 그리고 그 두 분은 많이 서먹해하시는 것 같았다고 한다. 나는 형들과의 갈등이 많아서 어머니 첫 제사만 참석하고 다음 해부터는 참석을 하지 않고 두 번째, 세 번째 어머니 제사를 나 혼자서 지냈다. 그리고 나서는 나도 어머니 제사를 멈추고 형네 집에서 하는 제사도 참석하지 않다가 다시 작년에 참석했고, 올해 다시 참석하려다가 일 때문에 불참을 한 건데 이런 불상사가 일어났던 것이다.

2018년 5월 27일 일요일

오늘 용미리 자연장 어머니 계신 데로 정원이와 같이 갔다. 대영령도 그날 용미리에 왔었고, 어머니령이 오신 것을 확인했다. 어머니령은 너무 좋아서 춤을 덩실덩실 추셨단다. 나는 어머니께 보고하고 묘소에 간 것도 아닌데 어떻게 알고 오셨는지 알 수가 없었다.

2018년 5월 30일 수요일

신기한 것은 갓난아기였던 대영령이 하루하루 지나며 두 살, 세 살 나이를 먹더니 지금 현재 11~12살 정도의 어린이로 성장해 있다. 나는 보질 못하지만 참 잘생겼다고 한다. 어떤 원리로 그렇게 되는지 나도 모르고 그녀도 모른다. 대영령은 11년 전 죽은 후 잠시 방황하다가 종로에 있는 교보문고에서 계속 공부를 해 오고 있다. 주로 공부하는 것이 법률이다. 환생하면 꼭 훌륭한 법관이 되고 싶었단다. 그가 교보문고에 처음에 왔을 때는 2년 전쯤 되는데 기존의 터줏대감들이 자리 잡고 대영령을 들여보내질 않았다. 그러나 몇 번이고 그들과 싸우며 겨우 문고에 들어갈 수 있었다. 그 문고에는 살아생전에 공부하다 죽은 영혼들 또는 공부가 아쉬운 영혼들이 대부분이다. 어느 장소든 터줏대감들이 있어서 그들의 터를 사수하고 다른 영혼들이 끼어들지 못하게 하고 있는 것이다.

2018년 7월 5일 목요일

"대영이와 꿈속에서 얘기하다가 일어나서 같이 공원도 산책하고 편의점에 가서 먹을 것도 사 왔어."

숙영매가 이렇게 말했다. 그러면서 냉장고 문을 열어 사 온 빵과 우유를 보여 줬다. 무슨 상황인지 파악이 되질 않았다.

2018년 7월 16일 월요일

밤에 자고 있는데 1시쯤 방문을 두드리는 소리가 나서 잠에서 깨어 나가 보니 숙영매가 다음과 같이 말했다.

"지금 옆에 대영이가 있는데 보여?"

물론 내 눈엔 보이질 않았다. 이렇게 나한테는 보이지 않지만 대영령과 셋이서 식탁에 앉아 얘기를 나누었다. 그녀는 꿈속 미팅에서 한 단계 업그레이드가 되어 현실에서 대영령을 볼 수 있게 된 것이다. 아기령과 꿈에서 처음 접촉한 이후 약 3개월 만이다. 약 40분 정도, 나는 영혼에 관해서 궁금했던 것을 포함해 이것저것 대화하다가 다시 잤다. 그녀는 이제 영적으로 성장하여 현실에서 대영령을 볼 수 있는 능력이 생긴 것이다. 낮에는 희미하게 보이지만 밤에는 뚜렷하게 보인다고 한다. 그리고 그때 이후로는 대영령한테 물뿐만 아니라 과일과 밥도 차려 주기 시작했다.

대영령은 현재 19살 청년으로 성장했다. 대영령의 나이는 그가 태어난 해를 정확히 기억하지 못하므로 내가 지금 집에 2009년 이사 오기 전에 우리한테 왔고, 우리한테 오기 전에 약 1년여를 떠돌아다녔기 때문에 2007년생으로 유추한다. 2007년생인데 지금 19살이라니… 영혼의 나이 먹는 원리를 이해할 수 없다. 어차피 영혼의 세계는 다른 차원의 세계이고 시간 개념이 다를 수밖에 없으니 인간의 머리로 분석, 이해하려고 하는 자체가 무리일지 모른다. 그냥 그런가 보다 하고 넘어갔다.

2018년 8월 3일 금요일

낮에 업무를 보고 있는데 숙영매한테서 전화가 와서 나에게 말했다.

"간밤에 눈, 코, 입이 없는 달걀형 여자 귀신이 나타나서,

'너는 내 거야. 너는 나하고 같이 있어야 해. 나하고 같이 있으면 돈을 억대로 벌게 해 줄게.' 하면서 나타나는 바람에 대영이하고 엄청 싸웠어. 그래서 겨우 내쫓았어."

그녀는 지금 대영령의 힘을 빌려 다른 영혼을 볼 수 있는 능력이 생겼다. 그 얼굴 없는 귀신의 여파로 그녀는 몸이 엄청나게 아프다. 대영령의 입장에서는 자신의 사람 엄마가 혹시라도 맘이 변해서 자신을 버릴까 봐 기를 쓰고 그 영혼을 막아 낸 것이다. 다음에 또 나타나면 자고 있는 나에게 소리를 질러 내가 들을 수 있게끔 해서 나에게 구원 요청을 한다고 했다. 나는 그렇게 하라고 했다. 내게 영혼을 물리칠 수 있는 힘이 있는지 모르겠지만 내가 그 영혼에게 나가라고 소리치는 것만으로도 효력이 있다고 한다. 사실 그 영혼은 오래전부터 집에 살았다고 한다. 그런데 대영령이 터줏대감 노릇을 하면서 "여기는 우리 집이니 들어오지 마"라고 내쫓았다고 하는데, 당시에는 대영령이 갓난아기인데다가 귀엽기도 하고 해서 웃으면서 그냥 나갔다. 그러나 멀리 가지 않고 집 주위를 맴돌다가 숙영매가 영적으로 성장하니까 그녀한테 붙으려고 한 것이다. 그러나 이미 대영령도 이제 갓난아기가 아니고 19세 청년이다. 그런 그가 물리치자 얼굴 없는 여자 영혼이 깜짝 놀랐다.

"이게 언제 이렇게 세졌지?"

그래서 내가 얘기했다.

"혹시 다음에 또 오면 그때는 싸우지 말고 앉아서 잘 타일러 봐, 아무리 막무가내 영혼이라도 잘 얘기하면 이해 못해 줄 것이 뭐가 있겠어."

2018년 8월 4일 토요일

　새벽에 두 번째로 그 영혼이 왔다. 요번에도 격렬하게 싸우며 집안 살림이 이리저리 흐트러지고 난장판이 된 상태에서 숙영매는 내가 한 말이 기억이 나 그 귀신을 앉혀 놓고 얘기하기 시작했다.

　"나는 이미 대영이가 있고 내 아들 삼았으니까 나한테 더 이상 접근하지 마라. 그리고 천만금의 돈도 필요 없으니까 너는 좋은 데로 가든지 너의 가족들한테 가든지 해라."

　이런 식으로 한참 동안 설득하고 잘 타일렀다. 그제야 그 영혼은 그녀를 언니라고 부르면서 다음과 같이 말하고 갔다.

　"알았어, 언니. 다시는 안 올게."

　눈, 코, 입은 보이질 않았지만 느낌으로 상당한 미인이라는 것을 느낄 수 있었단다. 대영령도 상당히 예쁘다고 얘기했다. 영혼끼리는 자신의 모습을 감추질 못하기 때문에 서로 볼 수 있다.

2018년 8월 6일 월요일

　다시 숙영매한테 전화가 왔다. 간밤에 또 그 영혼이 나타나서 자기하고 같이 지내게 해 주면 돈을 벌게 해 주겠다고 했다. 또다시 그 영혼과 대영령과의 대화가 시작되었다. 대영령은 그 여자 귀신에 대해서 자세히 물어보지 말라고 하는데, 그 이유는 알게 되면 정이 들어서 혹시 자신을 버릴까 봐 그러는 것이다. 한 가지는 물어봤다고 한다.

　"너 전생에 무엇이었었니?"

　"난 전생에 조선 시대 때 기생이었어."

　"그럼 죽기 전에 뭐했는데?"

"사창가에 있었어. 남자라면 진절머리 나고 한이 많아."

윤회는 습으로 인해 다람쥐 쳇바퀴 돌듯이 그렇게 되는 것이고 스스로 깨닫는 일이 없으면 다음 생에도 그 고통을 벗어나지 못한다. 그리고 그 영혼이 돈을 벌게 해 주겠다는 것도 사창가에서 포주로서 돈을 벌게 해 준다는 의미인데 천부당만부당한 말이다. 그래서 숙영매는 그 영혼한테 말했다.

"그런 식으로 돈을 벌면 안 되고 착하게 살아야 복을 받고 좋은 곳으로 가지, 다시 태어나도 좋은 곳으로 태어나야 하잖아."

2. 김나래령

2018년 8월 7일 화요일

    교회에서는 악귀나 악마라고 한다. 그들은 다름 아닌 살아생전에 남을 죽이고, 온갖 나쁜 짓을 하고 살다가 뉘우침 없이 죽은 영혼이고 그 마음이 사라지지 않고서 악령이 되는 것이다. 그들은 틈만 나면 산 사람의 몸속으로 들어가려고 한다. 그것을 빙의라 하고, 영적으로 예민하고 수호령이 그 악령을 막아내지 못하면 일어난다. 또한 악령들은 세상을 맴돌며 온갖 나쁜 짓을 저지르며 다닌다.

    새벽 3시 반쯤 잠에서 깨어나 더 이상 잠이 오질 않아 명상을 하다가 5시경 잠이 들었다. 그때 여자의 목소리가 자꾸 들리는데 숙영매 목소리 같기도 하고 그냥 환청이 들리는구나 하고 자려고 했다. 그러자 누군가가 손으로 내 목덜미를 잡아끄는 것이다. 오른쪽으로 누워 있었기 때문에 잡아끄는 왼쪽으로 몸을 돌려 누군가 하고 보는데 아무도 없었다.

    "누구야!"

    아무 대답도 없다. 다시 큰 소리로 누구냐 하고 외치다가 잠에서 깼다. 그러나 그것은 꿈이 아니었다. 꿈에서 외쳤던 그 자세로 외치고 있었기 때문이다. 나중에 알게 됐지만 숙영매는 그때 다른 곳에서 잤기 때문에 그 여자 영혼은 그녀를 찾지 못하고 나한테 와서 그 짓을 한 것이다. 대영령은 착하고 강한 영가를 찾아서 나한테 붙여 주어 나를 보호해 주겠다고 약속했는데 어떻게 될지 모르겠다. 그렇게 해 주지 않더라도 마음의 힘만 있으면 설마 귀신을 이기지 못할까…

2018년 8월 9일 목요일

새벽에 깨어나 잠을 못 이루고 있는데 5시 조금 넘어서자 숙영매의 소리치는 소리가 들렸다.

"얘 좀 봐. 너 여기서 뭐하니? 왜 또 온 거야!"

그 여자 영혼이 온 것이다. 나는 자리에서 일어나 그녀 방으로 갔다. 그녀는 영혼과 대영령과 얘기하는 중이다. 나도 앉아서 네 명이 얘기했다. 물론 내 눈엔 그들 둘은 보이지도 않고 들리지도 않는다. 숙영매는 다시는 오지 말라고 계속 설득하고, 달래고 하면서 이름이 뭐냐고 물어봤다. '김나래'라고 한다. 현생에서는 사창가에서 손님과 관계 중에 잘못되어 젊은 나이에 죽은 모양이다. 처음에 봤을 때는 눈, 코, 입이 없는 달걀귀신이었지만 지금은 얼굴 모습이 뚜렷이 보인다 한다. 처음에는 자신의 모습을 숨겼던 것이다. 이목구비가 또렷한 예쁜 모습이란다. 숙영매는 그녀를 설득했다.

"나는 너를 받아들이지 못하니까 다시는 여기 오지 말고 좋은 데 가라. 그런데 저승은 왜 안 가는 거니?"

"저승엔 가기 싫어. 여기서 이렇게 사는 게 재밌어."

아무튼 설득을 해서 다시는 오지 않겠다고 다짐을 받고서 보냈다. 영혼은 문과 벽도 통과할 수 있지만 친절하게 문도 열어 줬다. 나는 다시 잠자리로 들어와서 뒤척거리다 잠깐 잠이 들었다.

오늘 낮에는 숙영매와 통화하면서 아침 6시경 있었던 얘기를 들었다. 그 여귀는 다시 들어오면서 이렇게 말했다고 한다.

"언니 화내지 마. 금방 갈 건데, 언니가 대영이한테 밥 해 주는 게 너무 부러워서 마지막으로 얻어먹고 싶어서 왔으니까 너무 야단치지 마."

전에는 나도 영혼의 존재는 믿었지만 설마 먹기야 하겠냐고 의심했다. 그러나 숙영매는 실제로 먹는 것을 확인했다고 한다. 그 먹는 모양이 수저나 손으로 먹는 것이 아니고 호르륵 하고 음식이 입 속으로 들어가 없어지지만 곧 다시 생성된다. 이것은 우리 살아 있는 인간이 이해할 수 없는 일이다.

2018년 8월 10일 금요일

어젯밤 퇴근하고 집에 들어가서 밥을 먹고 유튜브를 보는데 잠이 쏟아졌다. 아마도 이틀 잠을 설쳐서 그런가 보다. 10시쯤 잠들어 어느 정도 잤을까 깨어나서 시계를 보니 새벽 2시 40분. 그래도 4시간 반은 잔 것 같다. 다시 잠을 청하려고 누워 있는데 10분쯤 있다가 다시 문을 두드리는 소리가 났다. 나래령이 다시 와서 마지막 작별인사를 드리려고 한단다. 이제 다섯 번째다. 다시 숙영매, 대영령, 나래령 그리고 나 이렇게 넷이서 대화를 시작했다. 그러나 이미 내가 나오기 전에 1시간 가까이 이야기하고 있었기 때문에 대화는 짧았다. 나래령은 다음과 같은 말들을 했다 한다.

"엄마가 나를 18살에 낳았어."

"언니는 내 엄마 같아. 앞으로는 언니라고 하지 않고 엄마라고 할게."

"남자들은 내가 막 대해도 꼼짝 못했어, 히히."

"그 일하면서 엄마한테 생활비도 대줬어."

그 얘기를 듣고 옆에서 대영령이 울었다. 자신의 살아 있는 누나도 사창가에서 몸을 팔고 있고 엄마한테 그 돈을 착취당하고 있는 현실과 힘들게 살고 있는 상황이 생각나서 그런 것이다. 얘기를 마치고 서로 포옹하고 그렇게 다시 보냈다. 자신의 천도재를 지내 줄 수 있는 부잣집으로 찾아가겠다고 했다. 동물들은 죽으면 본능적으로 저승으로 향하지만, 사람의 영혼은 저승 가는 길을 모른다. 죽은 후 몸에서 빠져나왔다고 해도 혼자서 찾아가지 못하고 인도자가 와야 한다고 한다. 즉, 저승사자를 말한다.

3. 윤재천령

2018년 8월 14일 화요일

오늘은 대영령이 다니는 문고의 친구 영가들 4명이 와서 1시간여 다과 파티를 하고 대화를 하며 보냈다. 사실 말이 친구지 출생 연도를 따지면 전부 대영령보다는 10세 정도 위의 형들이다. 대영령이 제 맘대로 나이를 열아홉 살까지 먹은 것뿐이다. 그러나 대영령은 그렇게 멋대로 나이 먹은 것을 후회했다. 그것은 오히려 영을 깎는 결과를 낳았기 때문이다.

그리고 나는 그들을 못 보고 못 들었지만 숙영매가 옆에서 전달해 주었다. 친구들 프로필은 다음과 같다.

· 윤재천령: 1999년 음력 8월 26일 오전 10시 생.
대전 중앙 초등학교 다녔고 5학년 어느 날 사고가 나서 논에 거꾸로 처박혀 숨이 막혀서 죽었다. 부모님은 아들이 죽은 후 서울로 이사 와서 평화시장에서 의류 판매업을 한다고 하는데 가끔 찾아뵙는다. 물론 부모는 영혼인 재천령을 못 본다.

· 김대식령: 2000년생 19세, 2017년 병으로 사망. 집은 남가좌동.

· 이태환령: 역시 동갑 19세, 두 살 때 병으로 사망. 집은 금호동.

· 찐빵령: 갓난아기 때 죽어 이름이 없어 영혼 친구들이 그렇게 지어 줬는데, 찐빵을 갖다주면 너무 좋아하고 맛있게 먹어 그렇게 지어 주었다.

나는 과자와 음료수를 사 와서 상에 차리고 먹게 했고, 음료수가 부족하여 환타 한 병을 더 사다 줬다. 사람의 눈으로 보면 없어진 게 하나도 없는 것 같은데 모두 실컷 배불리 먹었다고 한다.

다음은 영가들과의 질문 답변을 정리한 것이다. 내가 직접 질문할 수 있었다면 누가 대답을 했는지 알겠지만 숙영매를 통해서 한 것이기 때문에 영가를 특정 짓지는 않았다

나: 죽은 후 왜 저승에 가질 않았나?

영가들: 저승사자를 못 봤습니다.

나: 이승을 맴돌면서 먹는 것은 어떻게 해결하나?

영가들: 식당이고 마트고 시장이고 먹을 것은 많지만 구역마다 임자가 있고 터줏대감이 있기 때문에 통행증이 없으면 출입하기가 쉽지 않습니다.

나: 젊은 영혼들이니까 요즘 노래를 아나?

영가들: 유투를 좋아합니다.

나: (숙영매를 보며)유투는 내가 모르는 가순데 혹시 당신은 알고 있나?

숙영매: 나도 모르겠는데.

나: 지나간 노래 중에는 좋아하는 가수가 있나?

영가들: 디제이 덕도 좋아합니다.

나: 그 외에 좀 더 오래된 것은?

영가들: 윤시내의 〈공부합시다〉도 좋아합니다.

나: 그건 어디서 들었지?

영가들: 이태원 나이트클럽에서요.

나: 나이트클럽은 아무나 들어갈 수 있나?

영가들: 출입증 티켓이 있어야 합니다. 거기도 텃세가 엄청 셉니다.

나: 문고에는 왜 들어갔나?

영가들: 여기저기 떠돌아다니다가 이렇게 살면 안 되겠다 싶어서 공부하기 위해서 들어왔습니다. 들어올 때 텃세가 심해서 어려웠지만 그래도 뚫고 들어왔습니다.

나: 문고에는 영가들이 얼마나 있나?

영가들: 100명 정도 있고, 대부분 공부하다가 죽었거나 공부에 미련이 남아 있는 영혼들입니다.

나: 영가들이 책을 어떻게 보나?

영가들: 책에 집중하고 있으면 책장이 넘겨집니다.

나: 공부는 왜 하고 무슨 공부를 하나?

영가들: 법률 공부를 하고 있고, 다시 환생했을 때 법조인으로 사는 것이 꿈입니다. 그래서 그런 공부를 하고 있습니다.

나: 친하게 지내는 친구들은 이렇게 네 명인가?

영가들: 한 명 더 있는데 그 친구는 영이 약해서 낮에 활동하기가 힘듭니다. 그래서 오지 못했습니다.

나: 이렇게 집에 와서 있으니까 기분이 어떤가?

영가들: 사람 집에 초대되어 와서 대접받으며 먹고 하니 너무나 기쁘고 행복합니다.

이상 그들과의 대화를 정리했고 영가들 중에서 재천령은 우리 집에서 대영령과 살기로 했고, 언젠가는 내 꿈속으로 들어오겠다고 약속했다. 또한 떠도는 영가들 중에 질 나쁜 것들이 많이 있어 그들을 제도해 주고,

나쁜 짓을 못 하게끔 하고, 천도도 하게 해 주는 일을 하다가 10년쯤 지나서 환생할 것이라 했다. 찐빵이라고 하는 친구도 나쁜 짓을 많이 하고 다녔었는데 재천령이 하지 못하도록 했다. 그 나쁜 짓이라고 하는 것은 사람들에게 해코지하는 일이다.

숙영매는 지난 목요일부터 지금까지 몸이 엄청 아팠는데 그때 나래령을 보내면서 너무 진하게 안아 주고 만져 주는 바람에 그 후유증이 남았기 때문이다. 재천령은 우리 집에서 살기로 한 만큼 짐을 챙겨 온다고 한다. 영혼이 짐을 챙겨 온다? 어떻게 이해를 해야 하나? 모두에게 저승 가는 길을 아느냐고 묻자 아무도 그 길을 모른다고 했다.

저승사자 하면 갓 쓰고 도포를 입고 나타났다고 하는 증언들이 많은데 그들은 조선 시대 때 죽어서 사자로 임명됐고 백 년 이상 수백 년째 그 일을 해 오고 있기 때문에 그런 복장일 것이라 생각한다. 대영령 친구들은 공부를 많이 하고 좋은 일을 많이 해서 이곳에서 다시 환생하여 태어날 수 있는 권리를 가지고 있다고 했다. 이동은 어떻게 하느냐고 물었다. 그들은 슝~ 하고 간다고 했다. 적어도 그들은 영적 능력이 높기 때문에 순간 이동을 한다. 그래서 종로에서 여기 미아동까지 불과 1초면 온다. 가끔 버스에 붙어 있는 영혼들을 볼 수가 있는데, 그들은 버스를 타고 이동하는 것이 아니고 그냥 붙어 있는 것이다.

이런저런 얘기를 마치고 그 4명이 나에게 큰절을 올리고 갔다. 원래 사람이 영혼한테 큰절을 올리는 것인데, 반대로 영혼이 살아 있는 나한테 큰절을 올린 것이다. 이들의 부모들도 이들을 알아볼 수만 있다면 죽은 자식들이 와서 큰절 올리는 것도 볼 수 있을 텐데, 안타까운 마음이 들었다. 적어도 영매가 옆에 있어서 그들이 큰절을 올리고 있다 설명해 줘도 부모들이 그렇게 가슴 아파하지 않을 텐데 하는 안타까운 마음이 들었다. 특히 재천령은 대전 중앙초등학교에 다녔고 꽤 유명한 초등학교라 한다. 공부도 잘했고 착하고 똑똑한 편이었었는데 그의 부모는 그렇게 먼저 보내고 가슴에 묻었을 것이다. 그러나 이렇게 20세의 청년으로 성장한 것을 보지도 못하고 그리워만 할 것을 생각하니 가슴이 아팠다. 길을 지나다가 가끔 플래카드에 실종된 아이를 찾는 문구를 볼 때가 있다. 실종된 지 몇 년 또는 십수 년 된 아이를 부모가 안타깝게 찾는 것이다. 자랐으면 몇 세가 됐을 것이라는 말도 잊지 않고 한다. 그 애들이 죽었다면 영혼이 되어 분명히 찾아왔을 텐데 부모는 볼 수가 없고 이때 영매가 있어서, "나 잘 있으니 걱정 마세요."라는 말만 전해 줘도 얼마나 좋을까 하는 생각을 해 본다. 또한 이렇게 어려서 안타깝게 죽은 영혼들끼리도 만나서 우정도 나누고, 장난도 치고 하는 모습을 보니 안쓰러우면서도 다행스럽다는 생각도 해 본다.

4. 나래령 천도

2018년 8월 17일 금요일

    나래령은 멀리 가지 않고 계속 집 주위를 맴돌고 있었다. 오늘 아침 10시경 숙영매는 나래령의 기운을 느껴 급히 나한테 전화를 건 상태에서 재천령과 대영령을 불렀다. 그들은 문고에 있다가 순식간에 왔다. 일단 재천령이 나래령을 끌고 나갔다. 대영령은 아직 어려서 울고불고 난리가 났다. 재천령은 나래령보다 영이 세기 때문에 나래령을 제압할 수 있었고, 붙잡고는 계속 설득했다. 그 소리가 텔레파시로 숙영매 머릿속에 울렸다. 영혼과 대화를 하는 원리는 귀신이 하는 소리가 공기를 통하여 귀로 전달되어 듣게 되는 것이 아니고 머릿속에서 울린다고 한다. 공상 과학에서 나오는 텔레파시다. 텔레파시는 거리에 관계없이 순식간에 전달된다. 숙영매가 문고에 있는 대영령과 텔레파시로 대화하는 모습을 보면, 마치 블루투스 이어폰을 귀에 끼고 통화하는 사람의 모습으로 보인다.

    나래령은 지난 목요일, 그렇게 간다고 숙영매와 포옹 인사까지 했는데 그녀를 신병으로 아프게 해 놓고서 가지 않았다. 그리고 숙영매의 친구 사무실과 집 주변을 맴돌며 일주일 가까이 직원들을 모두 홀리고 미친 사람들처럼 행동하게 했다. 재천령이 나래령을 끌고 가는 순간 홀렸던 사람들이 모두 풀려났다. 모두가 눈이 풀린 상태로 정신 나간 상태로 행동했다.

    "어, 내가 왜 그랬지?"

"이상하다? 이게 왜 이렇게 됐지?"

모두가 고개를 갸우뚱했다. 전부 눈동자가 풀려 있었고 그 더운 날씨에도 추우니까 에어컨을 끄라고 하는 등 이해가 가지 않는 말과 행동들을 했다. 재천령이 나래령을 끌고 가자마자 모두가 정신을 차리게 된 것이다. 소름이 끼친다. 나래령이 자신을 안 받아 주니까 한을 품고 사람들의 뇌에 심을 심고 장난친 것이다. 또한 대영령과 재천령이 숙영매한테 매일 밥을 얻어먹고 대접받는 것이 부럽기도 하고, 질투도 났을 것이다. 다시 오후 2시경 숙영매한테 전화가 왔다. 나래령이 다시 왔다는 것이다. 재천령이 데리고 왔다. 마지막으로 꼭 한 번 보고 가고 싶다고 해서 데려온 것이다. 다시 밥을 먹이고 보냈다. 그리고 나래령을 저승에 보내 줄 수 있는 능력이 있는 사람한테로 데려갔다.

2018년 8월 18일 토요일

이번엔 재천령이 말로 해서 안 듣는 나래령을 강제로 완전히 천도했다. 방법은 이랬다. 안 가려고 하는 나래령을 강제로 어느 부잣집 아이의 몸속에 집어넣고 퇴마사를 불러 저승사자를 호출한 후 강제로 끌고 가게 했다. 먼저 재천령은 숙영매한테 다음과 같은 글을 쓰게 했다.

"지금 당신의 아이가 아픔을 호소할 것입니다. 이 병은 귀신이 빙의되어 아픈 병이기 때문에 병원에는 가지 마세요. 시간만 낭비할 뿐입니다. 가도 소용없습니다. 빨리 실력 있는 퇴마사를 불러 퇴마와 천도를 하게 해야 합니다. 댁의 아이 몸속에 들어 있는 영혼은 38세 나래라고 합니다. 제가 이렇게 써 드리는 이유는 빨리 그 영혼을 저승으로 보내야 따님께서 좋아지기 때문입니다."

그리고 재천령은 손으로 그 글을 복사하여 그 집주인 여자의 화장대 거울에 나타나게 하여 읽게 했다. 이 글은 숙영매의 이야기를 듣고 쓰는 것이지만 어찌 돼서 그렇게 할 수 있는지 나로서는 이해가 가지 않는다. 아무튼 그렇게 하자 그 아이의 부모는 즉시 유명한 퇴마사를 불러 천도시켰다.

밤에는 재천령, 대영령, 숙영매, 나하고 40분 정도 얘기를 했다. 내가 재천령에게 물었다.

"재천이 전생은 뭐였지?"

"현생에서 태어나기 직전 6·25 때 국군 대위로 참전해서 전사한 전생이 있었어요. 그리고 그 이전에 3·1독립운동 때 열네 살이었는데 나이는 어렸지만 그때도 역시 시위 현장에 휘말려 죽었습니다. 유관순 열사에 대해서는 역사 왜곡이 심해요."

"어떻게 왜곡됐는데?"

"유관순은 당시 다른 친구 포함 5명이 같이 움직였어요. 그 다섯 명이 똑같이 일본에 저항하다가 죽었는데 우리는 유관순 열사만 기억하고 있습니다. 그리고 저는 그들 뒤에 있다 죽었어요."

"그랬구나. 가장 오래된 전생 기억이 뭐지?"

"임진왜란 때의 기억이 제일 오래됐고요. 그 이전은 잘 기억나지 않아요."

대영령이 세조 때, 나래령이 조선 시대 때의 이야기를 하는 걸 보면 먼 전생은 기억하기가 힘든 모양이다. 짐 터커 박사가 쓴 《어느 아이들의 전생 기억에 관하여》에서 환생한 아이들은 천수를 누리지 못하고 대부분 사고로 죽거나 살해돼서 죽었는데 환생 기간이 몇 년 정도로 짧다.

5. 떠도는 영혼들

2018년 8월 19일 일요일

　간밤에 새벽 1시쯤 대영령과 숙영매는 공원 산책도 하고 쇼핑도 하고 다녔다. 공원에는 20대 젊은 여자 영혼과 60대쯤 되는 여자 영혼이 서로 자리다툼을 하면서 싸우고 있는 것을 보았다. 대영령은 젊은 여자 영혼한테 다음과 같이 말했다.

　"우리 형이 있는데 영이 엄청 세. 너 같은 건 한 번에 없앨 수도 있어. 어디 나이 많은 분한테 건방지게…"

　그러자 그 여자 영혼은 슬며시 자리를 뜨더란다. 숙영매는 아직 대영령이 옆에 있어야만 다른 영혼을 볼 수가 있다. 대영령이 없으면 느끼기만 할 수 있다. 귀신을 물리치려면 직접 귀신을 봐야만 이길 수가 있다. 느끼기만 하면 속수무책 그들에게 당할 수밖에 없다. 그래서 대영령이 계속해서 그녀와 함께 다니는 것이다. 그래야 점차로 영혼을 볼 수 있는 능력이 생긴다. 나는 전에도 말했다시피 영혼을 느끼지 못한다. 다만 공부를 통해서 영혼의 존재를 이해만 하고 있을 뿐이다. 영적으로 예민한 사람들은 적어도 차갑고 싸늘한 느낌은 받는다고 하는데, 귀신이 내 옆에 있을 때 또는 지나갈 때 싸늘한 느낌조차도 나는 느끼지 못한다.

　숙영매가 나에게 물었다.

　"옆에 재천이가 있는데 차가운 느낌 안 들어?"

　"전혀 모르겠는데."

"그래? 아무튼 요즘 재천이가 당신 꿈속에 들어가려고 노력을 하는데 당신 수호령이 막고 있대."

나는 꿈을 많이 꾸는 편인데, 그것은 내 잠재의식의 발현이지 다른 영혼이 침투해서 보이는 것이 아닐 것이다.

영혼 또는 혼백이라고 이야기한다. 그러나 정확히 사람은 영, 혼, 백으로 이루어져 있다. 백이란 우리의 살과 뼈이고 우리가 죽으면 점차 흩어져 없어지는 것이다. 혼이란 우리가 생각하고 상상하고 화나고 사랑하는 것 등, 즉 우리의 마음의 실체를 말하고, 영이란 우리의 깊은 곳에 자리 잡고 있는 큰 존재이다. 영이라고 하는 것을 우리는 잠재의식, 초월 자아, 상위자아 등으로 표현한다. 다 같은 말이다. 종교에서 부처님과 하나님도 역시 영의 개념이다.

2018년 8월 22일 수요일

오늘 새벽에 숙영매는 대영령과 두 시간가량을 삼양동에서 쌍문동까지 여러 영혼들을 목격하며 돌아다녔다. 영혼을 스스로 보는 능력을 키우기 위해서는 그렇게 훈련을 해야 한다. 특히 쌍문동 개천가 다리 밑에 많은 영혼들을 목격했다. 많은 영혼들이 자신이 죽은 줄 모르고 눈이 풀린 채 떠돌아다닌다. 살아생전에 어떤 생각으로 어떻게 살다 죽었으면 저렇게 될까 생각했다. 그들은 자신의 거처도 정하지 못한 채 다리 밑에서 무의미하게 아무 생각 없이 돌아다니는 것이다. 그리고 그런 귀신들은 사람들에게 피해도 주지 않는다. 그렇게 자신이 죽었는지 의식하지 못한 채 하염없이 떠돌아다닌다. 내가 알고 있는 상식도 그렇고 대영령의 충고도 그렇고 귀신을 만났을 때는 절대 눈을 마주치면 안 된다. 눈을 마주치면 자신을 알아봤다고 인식하고 다가와서 추근거린다고 한다.

어린아이 영혼인데 나이가 12~13세쯤 되었다. 다리가 부러져 있었다. 대영령이 숙영매한테 말했다.

"엄마, 엄마는 모른 척하고 있어."

그리고는 어린 영혼한테 말을 걸었다.

"이름이 뭐니?"

"김재근."

"왜 이렇게 절룩거리고 다니니?"

"응, 내가 높은 데서 떨어져 다리가 부러졌는데 무지하게 아팠어. 근데 엄마 아빠가 나를 병원에 데려가질 않아서 죽었어."

다리가 부러졌는데 죽나? 그 죽음의 경위는 그 아이 영혼의 진술만을 토대로 썼기 때문에 진위 여부를 정확히 파악하기 힘들지만, 계속해서 그는 울며 이야기했다.

"나 이렇게 살기 싫어, 그때 다리가 부러졌을 때는 너무 너무 아팠지만 지금은 아프지는 않고 그냥 이렇게 다녀. 나 정말 이러고 다니기 싫어, 다른 애들이 놀려 대고…"

그는 발견 당시 어두운 곳에 숨어 있었다. 다른 영혼들이 절뚝거리며 다닌다고 해코지하고 놀려 대기 때문이다.

인간들끼리도 서로가 놀려 대고 해코지하는데 영혼의 세계에서도 그런 일이 일어나고 있다. 그렇게 죽고 저승에 가지 못하면 하염없이 떠돌아다닌다. 그래서 낮 1시경 재천령과 대영령이 그를 찾아서 일단 우리 집에 와서 음료수 좀 마시게 한 다음 계룡산 산신령에게 데리고 가서 산신령의 도움으로 저승으로 보내줬다.

2018년 8월 23일 목요일

숙영매는 며칠 동안 아팠다. 나래령의 후유증도 있고, 대영령과 쌍문동 일대를 다니면서 손을 붙잡고 다닌 것이 그 원인이다. 재천령은 대영령한테 잔소리했다.

"야! 너는 귀신이 사람을 만지면 아프다는 거 모르냐? 잘 알고 있으면서 붙잡고 다니면 어떻게 해! 그러니까 엄마가 저렇게 아프잖아."

"알았어, 알았어. 안 잡으면 되잖아. 나는 잡아도 괜찮을 줄 알았어."

대영령은 실제 나이가 열두 살이지만 4개월 만에 19세까지 성장했고 나이를 제멋대로 먹었지만 아직은 어린애다. 재천령은 대영령보다 여덟 살 위이지만 죽기 전 초등학교 5학년까지 다니면서 총명한 아이로 있었고, 영혼으로 다니면서도 공부도 많이 하고 좋은 일도 많이 하고 다녔기 때문에 영이 세고, 사람으로 말하자면 총명하고 의젓한 청년이다.

재천령은 나래령을 보냈지만 혹시 나쁜 영혼들이 더 있지 않을까 점검하기 위해 친구 사무실을 갔다.

거기에도 영혼이 3명 있다. 30세 전후 정도로 보이는 그들은 남자 둘 여자 하나, 그들은 사람에게 해를 끼치지 않지만 자신의 존재조차도 이해하지 못하는 무의미한 영혼들이다. 그런데 셋이서 꼭 붙어 있었고 안 떨어지려고 한다. 재천령이 다가가자 그들은 무서워서 숨으려고 했다.

다음은 대화 내용을 정리한 것이다.

재천령: 너희들 누구니?

영혼들: 몰라요.

재천령: 왜 여기 있니?

영혼들: 몰라요.

재천령: 언제부터 있었니?

영혼들: 여기 건물이 지어졌을 때부터요.
다른 사람들은 우리를 못 보는데 (당신은) 우리를 어떻게 보세요?

재천령: 나도 같은 영혼이니까 볼 수 있는 거야.

영혼들: 영혼이 뭔데요?

재천령: 너희들은 죽은 거야.

영혼들: 왜 죽어요? 우리 안 죽었어요. 우리 이렇게 살아 있는데….

재천령: 저승으로 보내 줄까?

영혼들: 저승이 어딘데요? 여기보다 좋은 데가 있어요?

재천령: 너희들 여기 있는 게 좋으니?

영혼들: 여기 있으면 편하고 먹을 것도 많아서 좋아요.

어디서 어떻게 살다 죽었는지는 모르지만, 사람으로 살다가 죽었는데 자신들이 죽은지도 모르고 이렇게 살아가는 영혼들. 복장이 어떠냐고 물어보니 70년대쯤 입었을 복장이라 한다. 무슨 말을 어떻게 해 줘야 이 상황을 이해하고, 그들을 어떻게 처리해야 할지 재천령도 난감해하다, 그냥 거기 놔두는 것이 낫겠다고 판단했다. 내쫓으면 다른 데 가서 또 다른 영혼들한테 해코지를 당하거나 서러움을 당할 거다. 숙영매는 대영령하고 새벽 2~4시 사이에 거리를 다니면서 많은 영혼들이 떠돌아다니는 것을 봤지만 대다수가 아무 의미 없이 눈이 풀린 채 떠돌아다니고 있다. 사무실 영혼들은 대영령이 가면 숨는다. 왜인지 모를 두려움 때문일 것이다.

2018년 8월 25일 토요일

숙영매는 오늘 이해할 수 없는 일을 겪었다. 그녀와 재천령이 공간 이동으로 친구 사무실에 갔다 왔다는 것이다.

"엄마, 눈 감고 뜨지 마세요."

재천령이 숙영매한테 이렇게 말한 후 눈을 감고 1분 정도 시간이 흘렀을까 재천령이 눈을 뜨라는 소리에 눈을 떠 보니 사무실이었다고 한다. 나는 다시 물었다.

"유체 이탈이 된 상태에서 영혼이 빠져나와서 이동한 것이 아니라 육신이 이동한 것이라고?"

"응, 사무실 사람들하고 대화도 했어."

어찌 그런 일이 있을 수 있나? 재천령도 시도는 해 봤지만 엄마의 능력으로는 너무 이르지 않을까 생각했다. 위험할 수도 있었다. 하지만 성공했다. 양자물리학에서 보면 전자들은 공간 이동이 가능하기 때문에 사람이 공간 이동을 하기 위해서는 사람의 몸을 전자 상태로 분해한 다음에 다른 장소로 공간 이동을 하고 그 장소에서 다시 조립하면 된다는 말이 있다. 이론적으로는 그렇다는 것이고, 듣기에는 황당 그 자체다.

요즘 인터넷과 유튜브에서 양자역학에 대해서 나오는 것을 보면 무척 흥미롭다. 그래서 초끈이론이나 양자역학에 관련된 책을 읽거나 물리학자들의 강연으로 양자역학을 공부하다 보면 그야말로 이해할 수 없는 말처럼 들리는 경우가 많다. 이를테면 전자는 관측당하기 전에는 파동 상태로 존재하다가 관측당하게 되면 입자가 된다. 즉 파동은 물질이 아니기 때문에 물질은 관측하기 전에는 물질로서 존재하지 않다가 관측하면 존재한다는 말이다. 그래서 아인슈타인은 다음과 같은 말들을 하며 양자역학을 부정했다고 한다.

"하늘에 있는 저 달이 우리가 보기 전에는 존재하지 않는 것인가?"

"신은 주사위를 던지지 않는다."

아무리 공부해도 양자역학은 이해가 가지 않는다. 그러나 흥미롭다. 양자역학은 거시 세계와 대비되는 미시 세계를 연구하는 학문이다. 거시 세계에 있는 수많은 별들을 연구하는 것, 그리고 물질을 쪼개고 또 쪼개서 나타나는 미시 세계 속의 현상들을 들여다보는 것은 우리가 살고 있는 이 우주가 얼마나 아름답고 정교하게 꾸며져 있는지를 감상하는 일이기도 하다.

어떤 불교도인은 색즉시공과 양자역학의 연관성을 연구하기도 한다. '색즉시공, (色;색)물질은 즉 (空;공)비어 있는 것이다.' 원자를 들여다보면 원자핵 주위에 전자가 돌고 있는데 원자핵과 전자 사이의 그 넓은 공간은 텅 비어 있다고 한다. 비유를 하자면 서울 중심부에 농구공 크기의 원자핵이 있다면 크기도 측정하기 어려울 정도의 작은 전자가 약 10km 정도 떨어진 곳에서 돌고 있고, 그 사이는 텅 빈 공간이라는 뜻이다. 즉, 물리학에서 물질이란 사실상 텅 빈 공간이라고 하는 것이다. 불교도인이 관심을 가질 만하다.

그 원자를 어떻게 조합하면 사람이 되고 어떻게 조합하면 나무도 동물도 되고 갖가지 모양의 것이 된다. 마치 레고 블록을 조합하여 여러 가지 모양을 만드는 것과 같다.

여하튼 나는 재천령에게 물었다.

"내가 보는 앞에서 할 수 있나?"

"그때는 위험을 무릅쓰고 모험을 해 봤지만 너무 위험해요."

그것이 어떤 원리로 그렇게 되는지 모르겠다. 들어본 사례도 없다. 그녀가 거짓말을 한다고는 생각하지 않는다. 또 그럴 이유도 없다.

6. 동네 영가들 1

2018년 8월 29일 수요일

　오늘 새벽 5시쯤 숙영매가 내 방문을 두드려 다른 영혼이 집에 와 있다는 것을 나한테 알렸다. 나는 일어나서 요번에는 사람, 영혼 5명이 같이 앉아 얘기를 시작했다. 재천령은 다른 영혼이 집안에 들어오면 본능적으로 그것을 감지한다. 그래서 그 영혼이 들어온 것을 알고 붙잡아 그녀가 감지하는지 알아보려고 했는데 그녀는 감지하고 보기까지 했다.
　이름은 대성이고 나이는 33세, 우리 집에서 50m 정도 떨어진 곳에 미용실이 있는데 거기서 살고 있다고 한다. 그 미용실 언니는 나이가 60 정도 됐는데 열심히 교회 활동을 하고 있지만 물론 영혼을 느끼지는 못한다.
　그녀가 다니는 교회는 주로 헌금 받는 것에만 관심이 있기 때문에 그런 영적 수준을 높이기는 힘들다. 우리 집이 동네 영가들 사이에서 소문이 났다고 한다. 아침마다 밥을 차려 주는 집이 있다 그래서 한 번 와 본 거란다. 그러나 재천령은 대성령을 앞혀 놓고 알아듣게 얘기했다.
　"여기는 우리 집이고 어느 영혼도 발을 들여놓을 수 없다. 그러니 이 집에서 살 생각은 하지 마라. 이왕 왔으니 엄마가 밥은 차려 줄 테니 먹고는 가라. 정 그리우면 한 달에 한 번 정도 오면 받아 주겠지만 그 이상은 안 된다."
　밥을 차려 주자 대성령은 밥을 먹는 둥 마는 둥 시간을 끌길래 재천령이 말했다.

"그렇게 먹으면 엄마가 상을 치우니까 빨리 먹어!"

그러자 그는 후다닥 밥을 먹어 치웠다. 아마도 밥 먹으면 금방 가야 되고 가기 싫어서 그랬던 모양이다.

"그리고 저승에 가고 싶으면 보내 줄 테니 얘기해라."

재천령이 이렇게 말했지만 그는 아무 얘기도 하지 않았다. 이승에 대한 집착이 아직은 남아 있어서 그럴 것이다. 이런 식으로 타이르듯이 얘기하고 보냈다. 비교적 착한 영가인 것 같았다.

재천령이 숙영매한테 말했다.

"앞으로도 계속 다른 영혼들이 달라붙으려고 할 거예요. 그럴 때마다 잘 얘기해서 보내든가 말을 안 들으면 강제 천도할 수가 있을 거예요."

그 미용실에 있으면 먹을 것은 있어도 뚜껑이 덮여 있으면 못 먹는다. 물론 사람이 먹을 때 같이 먹을 수도 있지만 구차하다. 그래서 누군가가 음식을 차려 주면 고마운 것이다. 그런데 항상 보면 재천령은 반말을 하고 다른 영혼들은 존대를 한다. 영혼들의 세계에서는 나이는 중요하지 않고 누가 영적으로 높은지가 중요하다. 재천령은 높은 영혼이기 때문에 어떤 영혼이든 감히 대적할 수가 없는 것이다. 대영령은 가끔 엄마한테 불평을 한다.

"내가 이 집에 먼저 와서 살았는데, 우리 부를 때 나부터 불러주면 안 돼?"

그러자 숙영매는 알았다고 하며 웃었다. 대영령은 아직 어린애 티를 벗어나지 못했다. 낮에도 다른 여자 영혼이 왔었다. 숙영매, 대영령, 재천령, 이렇게 셋이서 얘기를 하고 있는데 대영령이 갑자기 외쳤다.

"너 누구야!"

그러자 20세 전후의 여자 영혼이 숙영매 눈에 보였다.

재천령이 다시 말했다.

"여기서 당장 나가!"

"구경하러 왔어요. 동네에서 소문이 자자해서 어떤가 하고요."

그녀는 얌전하게 말을 했다. 그러면서 대영령 재천령 집을 구경하면서 덧붙였다. 나는 영혼들을 위하여 종이로 조그마한 집을 만들어주었다.

"참, 정겨운 느낌이 든다. 너무 좋아 보인다."

숙영매가 물었다.

"너 몇 살 됐니?"

"열아홉인가 스물 정도 됐는데 잘 모르겠어요."

"어디서 사는데?"

"아래 정류장 앞에 새로 생긴 마트요. 11시만 되면 아무도 없고 조용해요."

"너는 잠도 안 자니?"

"많이 안 자고 조금만 자고 일어나면 돼요."

대략 이런 정도의 얘기만 나누고 조용히 갔다.

2018년 8월 30일 목요일

오늘 새벽 4시 40분경 또 숙영매가 내 방문을 두드렸다. 영혼 3명이 와서 얘기하고 있다고 한다. 우리 집 소문을 듣고 온 것이다. 숙영매가 자고 있었는데 싸늘한 느낌이 나서 대영령을 불렀다. 대영령이 있어야 확실히 보이고 들리고 하기 때문이다. 오늘은 영혼, 사람 7명이서 얘기했다. 나는 자세한 것은 물어보지 않았다.

일단 이들의 프로필은 다음과 같다.

· 송재연령: 33세, 죽기 전 집은 미아사거리 근방.

- 이미래령: 37세, 집은 자양동.
- 이삼순령: 41세, 원한이 많음.

이들이 현재 사는 곳은 집 근방의 마트인데 집에서 걸어서 5분 거리에 있고 내가 가끔 반찬이나 식료품을 사는 곳이다. 이들은 이미 내가 거기서 쇼핑하는 것을 여러 번 보아 알고 있었다. 이들이 원하는 것은 한결같이 저승으로 가는 것이다. 이승에서 이렇게 자신들을 보지도 못하는 사람들과 섞여 살기 싫고, 마트에는 먹을 것은 많지만 다 포장되어 있어서 먹기도 힘들고, 포장 안 된 과일이나 먹는데 이렇게 살고 있는 게 싫다는 것이다. 또한 여기서 환생을 하는 일도 쉽지 않은 일이다. 재천령은 나래령, 재근령 포함 10명 이상의 영혼을 천도하게 해 줬다. 재천령은 계룡산 산신령에게 천도를 부탁한다.

7. 보디가드 영가들

2018년 8월 31일 금요일

찾아오는 영혼은 없었다. 다만 숙영매 몸이 많이 아팠다. 전날 밤 영혼 3명의 여파가 심하게 있기 때문이다. 이렇게 신기가 있는 사람이나 몸이 아픈 것이고, 나 같은 사람은 귀신이 옆에 붙어 있어도 느끼지 못하고 아프지도 않다.

그녀가 과거 대영령 때문에 몸이 아플 때는 기분 좋은 아픔? 이해가 되는 아픔이라면 지금 다른 영혼 때문에 아픈 것은 고통스러움, 견디기 어려움, 이러한 것들이다. 이것은 치료 방법도 없고 견디고 이겨 내야만 하는 것이고 그녀 스스로도 이런 고통을 견뎌야만 성장할 수 있다는 것을 알기 때문에 참고 버티는 것이다.

2018년 9월 1일 토요일

퇴근하고 돌아오니 숙영매가 나에게 말했다.

"집에 영혼이 두 명 더 왔어."

나는 무슨 말인가 생각하고 있는데 숙영매가 계속 말했다.

"재천이가 영혼 두 명을 데리고 왔는데 집에서 기거하면서 나를 지켜 주게 할 거야."

이를테면 보디가드인 것이다. 요번에는 사람, 영혼 6명이서 얘기를 시작했다. 그들의 간단한 프로필은 다음과 같다.

· 김형규령: 31세, 충남 영동 20세 때 교통사고로 사망.

· 조치원령: 31세, 갓난아기 때 사망.

이름도 부모도 아무것도 모르고 조치원에서 살다 왔다고 하길래 그냥 내가 지명인 조치원을 따서 즉시로 조치원이라고 작명해 주었다. 그렇게 조치원에서 살다가 서울로 올라왔고 방황을 하길래 재천령이 문고로 데리고 왔다. 그들 얘기로는 사람 세계에도 불량 깡패 서클이 있듯이 그들 영혼의 세계에도 나쁜 짓을 하는 그룹들이 있다. 눈이 풀려 아무것도 모르고 떠돌아다니는 영혼이 있는가 하면, 의식이 있는 영가들은 나름대로의 사회를 형성하여 서로를 견제한다. 통행증 같은 것도 있어서 집, 상가, 식당, 서점 등에서 힘 있는 영혼들끼리 터줏대감 노릇을 하며 서로가 견제하고 통제하면서 살아가고 있다. 그들이 존재하지 않는 곳은 거의 없다. 특히 지하철에는 많은 영혼들이 있다고 한다. 그래서 그들에게는 집이 있고 대접받는다는 것이 큰 자부심으로 느껴질 것이다. 그들 역시도 저승으로 가고 싶어 하고, 재천령은 그들에게 저승으로 보내 주겠다고 약속하고 공부하라고 얘기했다.

2018년 9월 3일 월요일

최근에 숙영매한테 일어났던 일, 세 가지만 말해 볼까 한다.

첫 번째는, 며칠 전 그녀가 택시를 타고 가는데 길이 몹시 막혔다. 택시 기사는 나이가 지긋한 분인데 백미러를 통해서 자꾸 숙영매를 흘깃흘깃 쳐다보아 그녀는 이상해서 물었다.

"혹시 하실 말씀 있으세요?"

"아니오… 사실은 백미러 상으로 보는데 이상하게 얼굴에서 광채가 나서 왜 그러나 하고 쳐다봤어요."

"그래요? 저는 처음 듣는 얘긴데요."

조금 있다가 숙영매가 물었다.

"혹시 영혼이 있다고 믿으세요?"

"그럼요, 당연히 있겠죠. 그런데 나는 영혼을 본 적이 없고 한번 봤으면 좋겠어요."

그래서 숙영매는 영혼에 관해서 설명하고 이런저런 얘기를 하다가 택시에서 내릴 때 전화번호를 달라 그러자 다음과 같이 말하고 내렸다.

"인연이 있으면 다시 볼 수 있겠죠."

그 택시 기사는 내릴 때도 그녀를 유심히 쳐다보았다.

두 번째는 며칠 전에 근처에 화계사에 가서 어떤 스님과 얘기를 나누는 중에 그가 중얼거리듯 다음과 같이 말하더라는 것이다.

"너무 늦었네. 너무 늦게 찾아왔어."

세 번째는 지난 토요일 있었던 일이다. 친정 엄마가 아프다는 연락을 받고 구의동 친정집으로 가려고 나서는데 언니한테 갑자기 전화가 왔다.

"아직은 심하시진 않고 병원에 입원하게 되면 와."

숙영매는 알겠다고 답한 뒤 휴대폰을 끊고 돌아서려 하는데 옆에 점집이 하나 있었다. 그 점집은 우리 집과 정류장 사이에 있는데 생긴 지 얼마 안 됐고 나도 매일 지나가는 길에 흘긋 보고 간다. 숙영매는 생전 점집에는 다니지 않는 사람이었다. 그런데 무언가 알 수 없는 힘에 이끌려 열려 있는 그 점집에 빨려 들어가듯이 들어가게 되었다. 거기에는 나이가 50대 후반 정도 됐을 듯한 여자가 있었다.

"어떻게 오셨어요?"

"저도 모르겠어요. 점 보려고 한 게 아니고 저도 모르게 들어왔어요."

"커피 한 잔 드릴까요?"

점집 여자가 그렇게 말하고 커피 한 잔을 타 주면서 물었다.

"궁금한 거 있어요? 사주를 봐 드릴까요?"

"그거 보러 온 것은 아니고요… 이왕 온 김에 신당을 어떻게 차려 놨는지 보고 싶기는 하네요."

그러자 그 여자는 황당해하며 웃으며 말했다.

"신기가 있으신 분인가요?"

"아니, 여기 계신 분이 그런 것도 모르세요?"

그리고 이런저런 얘기를 하다가 그 신당 여자는 할아버지, 할머니신이 자신이 모시는 주된 신이고 여러 신들이 있다고 얘기했다.

"여러 명의 신을 모시나요?"라고 숙영매가 물었다.

"많아요."

"한 명의 신만 모시는 건 아닌가요?"

"그런 건 아니에요. 어떤 손님이 오실지 모르니까 여러 신을 모셔야 돼요."

"할 얘기가 있는데 신 좀 불러 줄 수 있나요?"라고 숙영매가 묻자, 그 여자는 기도를 하면서 할아버지 할머니 신을 불렀다. 그러자 점집 여자는 갑자기 절을 하면서 숙영매에게 몰라 뵈었다고 말을 하더란다.

숙영매는 당황하며 말했다.

"뭐하시는 거예요?"

점집 여자는 할아버지 신께서 다음과 같이 말했다고 한다.

"너보다 센 분이시니까 큰절을 해라."

"그리고 가실 때 집에 모셔 드리도록 해라. 만약 이분이 20대나 30대 때 영이 나타났으면 큰일을 했을 분인데 너무 늦었다."

신당 여자는 신의 목소리가 들리기는 하지만 잘 보지는 못한다고 했다. 거기서 한 시간 가까이 이런저런 얘기를 나누다가 집으로 돌아왔다. 최근에 있었던 이런 경험들은 숙영매 자신도 혼란스럽고 당황스럽다고 말했다. 집에서 재천령, 형규령, 치원령에게 점집 얘기를 했다. 나는 올해 1월 11일 박진여 전생연구소에서 나의 전생을 알아본 적이 있었다. 그때 숙영매와 나와의 관계를 보기 위해 그녀 생년월일과 사진을 보여주며 의뢰를 했다. 나는 수천 년 동안을 중국 춘추전국시대, 신라, 몽고, 고려, 조선을 거치며 많은 생을 장군의 삶으로 전쟁터에서 살았던 전생을 듣게 되었고, 숙영매와의 인연은 몽고의 칭기즈칸이 정복 전쟁을 시작하던 때 나는 몽고 장군이었고 몽고의 어느 소수 부족을 점령했다. 당시 숙영매는 그 부족의 신관이었고 그 부족을 완전히 점령한 상징으로 그 신관을 내 여자로 취했다. 그때의 인연으로 지금 만나서 부부의 연을 맺게 되었다. 또한 그녀는 16세기 일본 무녀였고 임진왜란 당시 조선에 왔었던 전생도 듣게 되었다. 이런 얘기를 집안 영가들에게 얘기하면서 다음과 같이 말했다.

"전생의 흐름을 보더라도 엄마가 결코 보통 영력을 가진 사람은 아니야."

다만 젊었을 때 그런 능력이 나오지 않고 50대 중반에 나왔다는 것이 무엇을 의미하는지는 이해할 수가 없었다.

숙영매는 실제로 일본 피가 섞여 있다. 그녀의 외할아버지가 일본인이고 외할머니는 한국인이었다. 혼혈인 친정어머니는 1950년에 한국에 와서 한국인과 결혼하여 10여 년 후에 숙영매를 낳았다. 전생으로부터의 흐름에서와 같이 현생에도 일본과 한국에 연결점이 있는 것이다.

2018년 9월 4일 화요일

네 명의 영가들과 앉아서 얘기를 나누었다. 요번엔 김형규령의 죽음에 관해서 얘기했다. 형규령은 조치원 고등학교를 졸업할 당시 2008년이었고, 20세였으며 재수를 하고 있었다. 그런데 어느 날 버스에서 내리다가 문에 옷이 끼어 질질 끌려가다가 사망했다. 충남대를 적으로 두고 열심히 공부를 했었다. 재천령은 20세이고 형규령과 치원령은 둘 다 31세인데 재천령은 반말을 하고 형규령과 치원령은 꼬박꼬박 존대를 한다. 영혼들은 나이 순으로 서열이 정해지지 않고 영적인 높음과 낮음으로 정해지기 때문이다. 또한 재천령은 다른 영혼들 눈빛만 보면 좋은 영혼인지 나쁜 영혼인지 판단이 선다고 한다. 그만큼 영이 세다는 말이겠다.

동네 영혼들이 또 왔었다. 구경을 왔다고 했다. 요번에는 나를 안 깨우고 재천령이 잘 달래서 보냈다. 숙영매는 새벽 4시쯤 일어나서 대영령과 같이 외출하고 근처 공원에 갔다. 한 아줌마 영혼이 공원 벤치에 앉아 있었다.

대화 내용은 대략 이렇다.

숙영매: 왜 여기 앉아 계세요?
아줌마령: 아들을 찾고 있어요.
숙영매: 아들이 어떻게 됐는데요?
아줌마령: 오래전에 가출했어요.
숙영매: 그 애가 죽었는지 살았는지도 모르겠네요?

아줌마령: 모르겠어요. 그래도 찾을 거예요.

숙영매: 아줌마는 죽은 사람인데 찾아도 아들이 못 알아볼 거예요.

아줌마령: 내가 왜 죽어요. 이렇게 살아 있는데.

숙영매: 아줌마는 이미 죽었어요. 나는 산 사람이지만 (대영이를 가리키며) 옆에 있는 얘도 죽은 영혼이에요.

아줌마령: 아녜요, 난 안 죽었어요. 이렇게 살아 있잖아요.

숙영매: 아줌마 이름이 뭐예요? 집은 어디예요?

아줌마령: 몰라요.

얘기가 안 통했다. 자신이 죽은지도 모르고, 이름도 모르고, 오로지 잃어버린 아들만 기억하고 그를 찾고 있는 것이다. 이렇게 찾다가 나중에는 결국 자신의 정체성을 알게 될지 모르지만 몇십 년, 몇백 년이 갈지 알 수가 없다. 아무것도 모르는 영가들. 원한을 품고 죽으면 오로지 그 한만 기억하며 헤매고 다니는 원한령들. 죽음이 두려운 것이라면 이렇게 죽어서 모든 것을 망각하는 것이 아닐까…

8. 원한령들

2018년 9월 9일 일요일

숙영매는 마당에 있는 화분의 식물들을 보러 나가면서 형규령과 치원령한테 다음과 같이 말했다.

"잠깐 마당에 나가는 거니까 거기 그냥 있어."

그들은 숙영매 방문 옆에 기거하면서 다른 영혼이 접근하는 걸 막는 것으로 임무를 하고 있다. 그리고 그녀가 나설 때마다 따라나선다. 하지만 그날은 바로 앞마당에 가는 거니까 별일 없겠지 하고 나가서 화초들을 돌보고 있는데, 그때 싸늘한 기운이 나면서 영혼들 2명이 그녀를 스치고 지나가는 바람에 또 몸이 아프다. 그녀는 대영령과 재천령을 부르고, 재천령은 즉시로 그 영혼을 잡으러 갔다. 재천령은 형규령과 치원령이 엄마를 보호하지 못했다고 야단을 쳤지만 그녀는 다음과 같이 말했다.

"내 잘못이야. 애들한테 야단치지 마."

2018년 9월 10일

새벽 1시 반 숙영매는 또 내 방문을 두드렸다. 낮에 왔던 귀신들이 재천령한테 잡혀 온 것이다. 다시 사람과 영가 8명이 대화를 시작했지만 내가 나오기 전에 이미 대화는 상당히 진행된 상태였다. 그 영혼들의 프로필은 이러했다.

· 박경미령: 1985년 4월 3일생 34세, 전라도 구례.

취직하러 서울로 올라왔다가 남자를 만나 결혼했지만 술만 먹으면 폭행을 일삼았다고 한다. 또 술이 깨면 사과하고, 그런 생활이 계속되자 이혼하자고 하니까 앙심을 품고 죽였다. 죽은 후 남편을 계속 괴롭혔고, 결국 남편은 경찰에 자수했다. 재판 끝에 징역 10년에 집행유예 6개월을 선고받았지만, 끈질기게 못살게 굴어 그를 병으로 죽게 만들었다. 아들이 하나 있는데 친정엄마가 잘 키워 지금은 대기업에 다닌다고 한다.

· 이말숙령: 1983년 7월 23일생 36세, 경기도 수원.

사연이 많다. 말숙이는 여자의 불행은 남자로 인한 것이라 믿고 있다. 결혼 생활을 하면서 암 진단을 받았는데 부잣집 시댁에서 제대로 치료를 해주지 않아 사망했다고 한다. 재천령이 저승에 보내 줄까 얘기했지만, 시댁에 원한이 많아 그 시댁이 망하는 꼴을 보기 전에는 갈 수 없다고 한다.

그런데 이 2명의 프로필에서 이상한 점이 몇 군데 있다.

85년생이면 34세가 맞는데 아들이 대기업에 다닌다는 말이 맞질 않는다. 나이를 속이고 있는 듯하여 뭔가 찜찜하고 한이 많은 귀신이다. 이들은 우리 집 지하가 있는데 거기서 살기로 결정했다가, 착하지 않은 것 같아서 일단 보류하기로 했다.

2018년 9월 15일 토요일

휴일이지만 나는 일이 있어 출근해 업무를 보고 있었다. 숙영매한테 전화가 왔는데 그녀는 울면서 얘기를 했다.

"나 정말 너무 힘들어 죽을 것 같아. 대영이랑 재천이 애들이 꿈속에 들어와서 많이 얘기해 주고 위로해 주고 있어. 이번 고통만 견디면 많이 성장할 거라고."

그 고통이란 것이 아기 낳을 때의 아픔은 예약된 아픔이랄까. 이 순간만 지나가면 괜찮을 것이라는 희망이 있는 아픔이라면, 지금의 아픔은 한도 끝도 없는 아픔, 희망이 없다는 생각이 드는 절망적 아픔인 것이다. 하지만 애들이 꿈속에 들어와서 계속 위로하고 희망을 주며, 그녀 역시 그 고통을 이해해 주고 애들 밥을 차려 주니 그것으로 고통을 이겨내고 있는 것이다. 그리고 그 두 여귀들의 그때 당시 상황을 좀 더 자세히 들을 수 있었다. 그들은 집 대문에서 어떻게 하면 이 집에서 살 수 있을까 생각하며 몸을 숨기고 기회만 노리고 있다가, 숙영매가 혼자 나오는 것을 보고 둘이서 그녀 몸을 가로질렀던 것이다. 재천령은 이 둘을 잡아다가 혼내기도 하고 달래기도 하며 숙영매한테 오지 못하게 했지만 말을 듣지 않았다. 그러다가 재천령에게 한 가지 묘수가 생각났다. 숙영매가 지금 살고 있는 집을 떠나 새로운 집으로 가서 살 거라 거짓말을 하고 그들을 거기로 데리고 간 다음 재천령이 혼자 빠져나오는 것이다. 그렇게 하기 위해서는 현재 살고 있는 집 대문에 있는 주소를 그 영혼들이 모르게 가리는 작업부터 해야 한다. 다른 곳에 있어도 주소만 알면 찾아오기 때문에. 다행히 대문에 번지수만 적혀 있고 자세한 주소는 없었다. 그래도 일단 그 번지수를 가렸다. 다음 그들을 옮겨 놓을 집을 선정해야 하는데, 일단 사람이 살지 않는 빈집이어야 한다. 사람이 살고 있으면 거짓말이 되니까. 그래서 그런 집을 찾아내었다. 재건축을 하기 위해 집을 비웠고, 곧 철거하게 될 예정인 집인 것이다. 그리고 재천령은 그 영혼들을 한쪽 방에 붙잡아 놓고 그 영혼들이 들을 수 있게끔 하고서 숙영매가 나한테 전화했다. 당시에 나는 친구와 저녁을 먹고 있을 때였다.

"정원 아빠, 나 이제 그 집에서 나가려고 그래. 모든 것을 정리하고 새 생활을 하려고. 그러니 잘 있어. 다시는 오지 않을 거야."

숙영매는 이렇게 말하고 나가는 척하고 장롱 속에 숨었다.

그래도 그 여귀들은 의심이 난다며 집을 한 번 수색하겠다고 해서 집을 뒤지기 시작했다. 재천령은 이미 그녀에게 장롱 속에 숨어 있으라고 한 다음, 숨도 쉬지 말라고 얘기해 놓은 상태였던 것이다. 그녀는 집에 있는 장롱 속에 숨어서 숨도 쉬지 못하고 있었다. 그 영혼들은 집을 둘러보며 말했다.

"어, 진짜로 없네."

그다음 재천령은 그 둘을 붙잡고 순간 이동으로 도봉동에 있는 빈집으로 그들을 데려다주자 그 영혼들은 재천령의 능력에 놀라워했다. 그리고 재천령은 그 집을 빠져나왔다. 도봉역 근방에 있는 그 집은 미아동 집에서 직선거리로 약 8km 거리에 있고, 그 영혼들에게는 낯선 동네이기 때문에 주소가 없으면 미아동 집에 찾아올 수가 없다. 또한 그 집에는 이미 4명의 영혼들이 살고 있었는데 비슷한 나이들이고 사악한 기운이 넘치는 것들이었다. 재천령은 이들도 교화의 대상이라는 것을 알고 천도하고자 마음먹었다.

박경미령, 이말숙령은 집 근처 요양 병원에 있었다. 거기 있으면서 우리 집에 대한 동네 소문도 있었고, 숙영매의 영적 기운을 느끼고 찾아와서 그렇게 그녀에게 큰 고통을 안겨 주고 쫓겨나다시피 이 동네를 떠나게 된 것이다. 이렇게 나래령도 두 영혼들도 재천령이 다 보냈다.

숙영매는 지금 며칠 동안 죽을 듯이 아프다. 그 때문에 재천령을 비롯한 네 영가들의 아침밥은 내가 차려 준다. 그 두 영혼들이 어떻게 심하게 만졌는지 일어나지 못하고 있는 것이다.

9. 동네 영가들 2

2018년 9월 16일 일요일

오후 3시경 새로운 영혼들이 집을 방문했다. 숙영매가 잠도 잘 안 오고 이상한 예감도 들고 하다가 막 잠이 들려고 하는데, 형규령과 치원령이 말했다.

"지금 다른 영혼들이 집에 와 있으니 방에서 나오지 마시고 재천님이랑 대영님을 부르세요."

숙영매가 부르자 재천령이 와서 그 영혼들을 밖으로 데리고 가서 얘기했다. 잠시 후 재천령은 그 영혼들을 데리고 들어왔다.

"일단 나쁜 영혼들은 아닌 것 같으니까 다 같이 얘기해 보는 게 좋을 것 같아요."

· 김대일령: 1977년 6월 18일생, 41세.
결혼하고 부인이 애를 하나 낳은 후 바람을 피우기 시작했다. 그러나 자식 때문에 이혼도 못하고 속만 태우며 참고 살았다. 트럭 운전사였는데 자식 하나 있는 것이라도 똑바로 키워서 대학도 보내고 하는 생각만 하고 있다가 교통사고가 나서 죽게 된 것이다. 죽는 순간 몸에서 빠져나온 상태에서 자신의 처참하게 죽은 모습을 보니 한이 되었다. 그 후 아이는 친가에서 살고 아내는 혼자 살면서 할 짓 못할 짓 다 해 가며 살길래 그 여자만 괴롭히며 살고 있다고 한다.

· 한수혁: 1968년 6월 28일생, 50세.

이 영혼은 참 선하게 생겼다. 자신이 죽은 것은 아는데 살아생전 일이 일부분밖에는 생각이 안 난다고 한다. 폐암으로 사망하면서 죽기 전에 장기가 괜찮으면 다른 사람이라도 주려고 장기 기증까지 하고 죽었다. 이 영혼도 몸에서 빠져나와 저승에 가지 않고 병원에서 하는 것을 지켜보았다. 그런데 정작 빨리 장기 이식을 해야 하는 사람한테는 하지 않고, 비싼 돈을 받고 부잣집 사람부터 해 줬다. 급하게 장기가 필요한 사람이 얼마나 많은데, 돈 있는 사람부터 치료를 했다. 자신은 기증한 것인데 그들은 자신의 장기를 비싸게 팔아 이득을 챙긴 것이다. 너무 분하고 억울해서 이렇게 이승을 떠돌아다니며 그 의사를 괴롭혀 지금은 알거지를 만들어 놨다. 그렇게 만들어 놔도 기쁘지가 않으니 이제는 저승에 가고 싶다고 한다.

얘기를 하는 도중에 한 명의 영혼이 또 왔다.

· 이민수령: 1976년 11월 24일생, 충남 부여.

이 영혼도 착하게 생겼다. "여기 한번 오고 싶었는데 먼저들 와 버렸네" 하며 웃는다. 서로 잘 알고 지내는 영혼들 같았다. 열심히 살았다고 한다. 열심히 벌어서 장가도 가고 싶고 해서 닥치는 대로 일을 했다. 그런데 공사장에서 작업복 갈아입고 헬멧을 쓰던 도중, 위에서 벽돌이 떨어지는 바람에 즉사했다.

대충 프로필은 이런 내용이고 이들 모두는 동네에 있는 식당에서 왔다고 한다. 세 명이서 그 식당의 터줏대감들이다. 누굴 해치려고 오는 것도 아니고 잠깐씩 들르면 안 되냐고 하길래 재천령은 다음과 같이 말하며 그들을 보냈다.

"아직 엄마 몸이 안 좋으니까 다음에 생각해 봐야겠다."

역시 이들과의 대화도 재천령은 반말을 하고 나이 많은 그들은 존댓말을 했다. 그녀는 재천령한테 말했다.

"나이 많은 사람들인데 존대를 하면 안 되니?"

"영의 세계는 그런 게 아니에요, 엄마."

재천령은 그녀가 얘기를 하는 도중에도 혹시나 이들이 엄마를 만질까 봐 불안해하고 있었다. 재천령은 엄마가 더 많은 영혼을 만나 봐야 영혼들한테 강해지고 영안도 분명히 뜨여서 좋다고 한다.

2018년 9월 21일 금요일

새벽 3시경. 숙영매가 잠을 자고 있는데 어디선가 소리가 들려왔다.

"너는 잠만 자고 네가 해야 할 일을 안 하면서 애들만 시키는데, 네가 큰 영을 얻으려 하는가!"

숙영매는 성난 소리에 잠이 깼다. 그녀는 다른 곳에서 자고 있었기 때문에 대영령도 재천령도 없었다. 그래서 영혼들을 불러 오게 하니까 보였다. 하얀 백발에 얼굴엔 화상 자국이 나 있는 할머니령이다.

숙영매는 마주 볼 수가 없었다. 그 할머니의 호령에 재천령과 대영령도 깜짝 놀랐다. 이게 현실인지 꿈인지 그 할머니 영혼이 재천령한테 말했다.

"네 엄마는 나이가 많으니까 빨리빨리 가르쳐야 한다. 그리고 내가 좋은 영혼들을 데려올 것이고 너희들은 젊으니까 네가 하고 싶은 것 열심히 해라."

그리고 숙영매한테도 말을 했다.

"네가 그렇게 아픈 것을 이겨 내면서 견뎌 오는 게 불쌍해서 여기 온 거야. 며칠 푹 자고 일어나면 나아질 거야."

숙영매는 또 다른 영혼의 출현에 이래도 되는 건지 얼떨떨했다. 할머니령은 며칠 후 다시 오겠다고 약속하고 갔다. 그들의 대화는 길지 않았지만 그 할머니는 교통사고로 죽었으며 우리 집안일과 딸의 거동까지 잘 알고 있었다.

10. 조상신

2018년 9월 23일 일요일

오늘 저녁 숙영매, 재천령, 대영령과 이야기를 나누었다. 할머니 영혼이 낮에 왔었는데 우리 집 지하실 창고에 착한 영혼 20~30명을 데려다 놓는다고 했다. 할머니령은 살아생전에 무속인이었다.

내일은 추석인데, 대영령은 갈 데가 없다. 자신을 죽인 엄마는 보고 싶지 않고, 바보 같고 무책임한 아빠도 꼴 보기 싫다. 재천령은 벽제에 있는 납골당에 간다. 거기 자신의 유골이 있고 점심때쯤 식구들이 오면 그들을 보게 될 것이다. 그 전에 나는 대영령과 재천령한테 부탁했다. 내일 내가 큰형네 집에서 아침 8시 차례에 참석할 때 와서 어떤 조상님들이 오시는지 알아보고 숙영매한테 알려 달라는 것. 단지 어느 분이 오시는지 확인하고 싶었다.

2018년 9월 24일 월요일 추석

조상님 여섯 분이 오셨다. 남자 셋 여자 셋. 남자들은 중년 나이고 여자들은 노인이라고 한다. 그도 그럴 것이 증조할아버지는 잘 모르겠지만 아버지와 할아버지는 50대 때 돌아가셨고, 할머니와 어머니는 80대 때 돌아가셨다. 남자 한 분은 키가 크다고 하는데 누군지 모르겠다. 집안에서는 오래 전에 돌아가신 둘째 숙부님이 키가 크셨다. 아무튼 모두가 돌아가실 때의 모습으로 오신 것이다. 어머니는 정원이하고 나한테 와서 탄식을 하셨다고 한다.

"정원 엄마는 어디 갔어? 왜 안 왔어? 어디 아퍼?"

물론 나는 전혀 몰랐지만 나한테는 정말 잘 왔다고 하셨다 한다.

어머니가 정원 엄마를 찾으면서 이 방 저 방 뒤지며 다니고 캐비닛까지 열어 보시는 모습을 보며 재천령은 저분을 엄마한테 모시고 가야 하나 말아야 하나 고민했다. 결국 재천령은 말을 걸었다.

"저, 할머니."

"너 누구야! 귀신이야?"

어머니령은 화를 내듯이 말했다.

"제가 정원 엄마를 잘 알고 있어요."

어머니령은 그제야 다그치듯이 물었다.

"그래? 지금 어디 있어? 왜 안 오는 거야?"

재천령은 하도 어머니가 며느리를 보고 싶어 하길래, 사실 그렇게 하면 안 되지만 순간 이동으로 숙영매한테 모시고 왔다.

"어디 가?" 하고 말하는 순간에 며느리한테 오셨다. 재천령의 얘기로는 자신보다 높은 영을 가진 존재가 이 사실을 알면 크게 혼난다고 한다. 영능력도 깎인다. 아마도 저승에서의 법칙을 어기는 것일 거다. 자손들이 제사를 지내거나 명절 차례를 지낼 때 잠깐의 시간을 내주는 것. 군대에서 가족이 면회 왔을 때 잠깐 시간 내서 만나는 것하고 비슷하다고 할까? 어머니는 살아생전에 숙영매인 막내며느리와 사이가 좋았다. 첫째와 둘째 형수들과는 다르게 어머니를 살갑게 대했고, 항상 잘해 드렸던 기억이 난다.

그녀는 친정엄마도 아닌 시어머니인데도 영혼을 만지면 아플 텐데 앞으로 아프게 될 생각도 안 하고, 서로 끌어안고 울며 좋아했다.
　난 단지 어느 조상님들이 오시나 그것만 확인하려고 했던 것인데, 어머니를 모시고 와서 이산가족 상봉하듯이 둘이 반가워서 우는 모습까지는 상상을 못했다. 시간이 없었기 때문에 어머니는 다음과 같이 말씀하셨다 한다.
　"내 걱정은 하지 마라. 나는 잘 있다."
　"제사 때 오면 그때는 시간이 많으니까 그때 오랫동안 실컷 얘기하자."
　그렇게 잠깐의 미팅을 마치고 어머니는 다시 큰집으로 복귀하시고 다시 저승으로 가셨다. 조상신들이 오셨을 때 다른 귀신들이 와서 누구냐고 물어보는 것은 큰 결례라 한다. 그래서 재천령은 그분들한테 그것은 물어보질 못했고, 단지 그분들이 하는 얘기를 듣기만 했다.
　조상신들은 전에 오셨을 때 자극성 있는 음식에 대해서 불만이 많으셨고, 제사상을 발로 걷어차며 다시는 안 올 거다. 제사를 지내든 말든 지네들 마음대로 하라고 했는데, 오늘은 그래도 음식이 괜찮았다고 했다. 내가 몇 달 전에 큰형수한테 제사상 음식에 대하여 말한 적이 있었는데 내 말을 듣고 마늘을 넣지 않은 것 같다.
　숙영매 얘기로는 어머니와 아버지는 저승에서는 같이 계신 것은 아닌 듯했다. 내막은 모르겠지만 이렇게 제사 지낼 때만 같이 와서 만나는 것 같다. 어머니는 살아생전에 신앙 생활 열심히 하고 공덕을 쌓으며 착하게 사셨기 때문에 지금은 저승에서 부잣집에서 행복하게 사신다고 한다. 그 부잣집이 무슨 의미인지 나도 잘 모른다. 나중에 어머니가 제삿날에 오시면 시간을 충분히 내서 저승 세계에 대해서 이것저것 물어볼 생각이다.
　재천령은 점심 때 벽제 납골당에 가서 엄마, 아빠, 누나를 보고 와서 기분이 좋았다. 그러나 자신은 이렇게 잘 있는데 가족들이 슬퍼하는 모습을 보니 맘이 몹시 아프다고 했다.

　기회가 있으면 나중에라도 영혼 편지 형식으로 대필하여 가족들에게 자신이 잘 있다는 것을 알리고 싶다 했고, 나와 숙영매도 그렇게 하는 게 좋겠다고 동의했다.

11. 북한산 산신령

2018년 9월 25일 화요일

오늘 할머니 영혼이 20여 명의 영혼들을 데리고 집 지하실에 들어왔다. 지하실에는 공간이 두 개이고 잡동사니들을 한쪽에 밀어 넣고 빈 공간에 이불을 깔아 주고 화분 3개를 갖다 놨다. 나이는 30대부터 50대까지 다양하다. 이들은 죽은 영혼들을 제도하고 천도하는 착한 그룹의 영가들이다. 내일부터는 숙영매에게 본격적으로 교육이 시작된다. 무슨 교육이고 어떻게 하는지 아직 모른다. 할머니 영혼은 사실 나이가 60년생 59세라 한다. 숙영매가 보기에 얼굴에 화상 자국이 있고 늙어 보여서 처음에 그렇게 불렀나 보다.

2018년 9월 27일 목요일

숙영매는 며칠 계속 아프다. 잠도 계속 잔다. 추석날 어머니와의 포옹이 또 문제였다. 아플 줄 알면서도 그 순간은 그렇게 할 수밖에 없었다.

할머니령은 이름이 귀례라고 한다. 살아생전 무속인이었지만 모시는 신들에게 괴롭힘을 많이 당했다. 그 신들은 내담자들을 속이게 하거나 그들한테 지나치게 많은 돈을 요구하게 하여 번 돈으로, 신당을 차리는 데 모두 쓰게 했다. 거의 귀례령을 노리갯감으로 또는 노예 부리듯이 그렇게 못살게 굴었다. 귀례령은 죽고 싶었다. 하지만 자살은 할 수 없다. 그것은 죄를 짓는 것이고 나쁜 카르마를 쌓는 것이기 때문에 할 수 없었다. 어느 날 우연히 교통사고가 나서 죽게 되면서 다음과 같이 안도하며 기도를 올렸다.

"아, 이제 됐다. 이제 편안해지겠구나. 앞으로는 좋은 신을 만나게 해 주옵소서."

그래서 지금은 살아생전 모시던 신이 아니고 북한산 산신령을 모시고 있다. 지금도 수시로 북한산에 가서 산신령 옆에서 기도하며 자신의 영을 높이는 일에 최선을 다하고 있다. 숙영매가 그날 밤 들었던 "네가 잠만 잘 때냐!"라고 호통 치던 목소리는 귀례령의 목소리가 아니고 산신령이 말한 것을, 귀례령을 통해 전달한 것이었다. 이렇게 산신령처럼 영이 높은 존재는 보통 영능력으로는 소통이 불가하기 때문이다. 귀례령은 산신령으로부터 다음과 같은 명령을 받았다 한다.

"그 애를 잘 교육시켜서 신으로 만들어야 한다."

그 얘기를 듣고 숙영매는 황당해했다. 그리고 영혼들 때문에 몸이 아프기도 하지만 숙영매는 몸 자체가 약해서 건강부터 회복하고 교육에 들어가야 한다고 했다. 재천령도 숙영매한테 말했다.

"엄마, 하는 데까지 해 보세요. 나중에 제가 도와드릴 일이 있으면 저도 도울게요."

재천령도 산신령한테 잔소리를 들었다.

"왜 엄마가 영이 높은 줄 알면서도 그냥 놔뒀냐!"

우리 물질세계에는 권력이 있는지 돈이 얼마나 있는지, 나이가 누가 많은지에 따라서 상하 관계가 형성된다. 인간은 평등하다고 하지만 그것은 교과서적인 얘기고 현실이 그렇다. 영의 세계에서는 영적 수준에 따라서 상하가 결정 나고, 살아생전 나이나 물질적 성취도 하고는 전혀 관계가 없다. 59세 귀례령이 20세 재천령에게 말투를 공손히 하는 이유가 그것이다. 숙영매는 왜 젊은 나이에 영적인 기운이 나타나지 않고 50대 중반에 나타났을까? 전생의 흐름대로라면 현생도 그렇게 흘러가야 되는데. 그러나 카르마의 법칙에 의하면 원인이 없는 결과는 없을 것이다. 재천령의 얘기로는 그녀가 20세에 결혼했고, 2년도 채 못 돼서 사별했던 것이 운명을 바꾸는 계기가 됐을 것이라고 얘기한다. 나는 그녀를 20여 년 전에 만났고 나는 초혼이지만 그녀는 재혼이었다. 그녀가 결혼을 하지 않고 20대를 보냈다면, 좀 더 일찍 신기가 살아났을 것이라고 말한다. 여하튼 운명은 정해져 있는 것이 아니고 상황에 따라 바뀌기도 할 수 있다는 논리이다. 숙명이란 바뀌지 않고 완벽하게 정해진 것이라는 점과 대비되는 말이다. 그녀도 앞으로 많은 공부와 수행을 통해서 이 모든 것을 스스로 깨우치게 될 것으로 믿는다.

2018년 9월 29일 토요일

숙영매는 계속 자고 있다. 오늘 아침 영혼들의 아침 식사는 내가 차려 줬다. 밥과 떡 4조각, 돼지고기 몇 점, 배 몇 조각, 쌈무 몇 조각, 그리고 물 한 잔, 전체 양은 실제로 두 주먹밖에 안 된다. 그러나 집에 있는 영가들 모두가 실컷 먹고 남는 양이라 한다. 숙영매는 내가 영가들 밥 차려 주고 난 후 40분 정도 후에 일어나서 그 음식을 먹고, 졸리다고 다시 들어가서 자고 있다. 먹으면서 잠깐 얘기했는데 아마도 산신령의 명을 받아 귀례령이 재우는 거라고 한다. 영혼으로 인한 몸 아픔은 잠이 최고다. 그렇지 않고서는 수면제도 없이 며칠 동안 자는 것은 불가능한 일이다. 그녀는 전에 수면제를 먹지 않으면 잠을 못 잘 정도로 극심한 불면증에 시달렸었다.

2018년 10월 3일 수요일
숙영매는 몸이 약해 병원에서 한 달에 한 번 근육 주사를 맞곤 했다. 산신령은 체력 보강을 위해 근육 주사를 한 달에 두 번 맞으라고 한다. 그리고 아직 회복이 안 됐으니 잠을 더 자라고 한다. 교육에 들어가면 힘든 과정을 많이 거쳐야 하기 때문에 몸을 좀 더 회복한 다음에 시작할 것이다.

"아깝다. 젊었을 때 영기가 나타났으면 이 나라를 움직일 정도의 힘이 있었을 텐데."

산신령은 이렇게 말하며 대체적으로 젊은 사람을 잘 교육시켜서 영매로 키우는데 숙영매처럼 나이가 많이 들어서 교육시키는 경우는 처음이라고 한다.

2018년 10월 6일 토요일
숙영매는 나와 사소한 문제로 트러블이 생겨 집에 처박혀 대영령한테도 소리쳤다.

"나가! 들어오지 마!"

대영령은 울면서 나가 한쪽 구석에 웅크리고 앉아 있었다. 한두 시간 지난 후 밤 12시경에 그녀는 대영령한테 미안한 마음도 들고 해서 함께 외출했다. 머리 좀 식히려고 3시간 정도 동네를 돌아다녔다. 그것이 또 산신령을 노하게 했다. 그리고 즉시 재천령한테 대영령을 잡아 오게 했다.

"너같이 영도 약한 것이 같이 돌아다니다가 또 다른 센 귀신이 개한테 들러붙으면 어쩌려고 그래! 네가 정신이 있는 거야, 없는 거야!"

대영령은 꼼짝도 못하고 산신령 앞에서 무릎 꿇고 부들부들 떨었다. 귀례령은 전에도 그렇고 지금도 거의 북한산에서 기도하고 산신령을 모시며 지내고 있다.

어제 대영령과 숙영매가 다니는 과정에서도 놀이터에 남녀 영혼 두 명이 있어서 그들도 산신령의 도움으로 저승으로 보내 줬다. 그 놀이터에는 애들이 놀면서 크고 작은 사건이 많이 일어났었다. 애들이 죽는 사건까지 발생했다. 모두 이 두 귀신들의 장난 때문에 그렇게 된 것이다. 이렇게 인간에게 악영향을 끼치는 귀신들이 세상에 너무 많이 맴돌고 있다.

2018년 10월 8일 월요일

숙영매는 산신령한테 운동 삼아 외출은 허락받았다. 단 귀례령이 데리고 온 영혼 중에 김민재라고 하는, 그중에서 제일 영이 센 영가와 대영령이 함께 보호령으로 동반했다.

· 김민재령: 여자. 1979년 2월 3일생, 전남 곡성.

부부 싸움을 하던 중에 애들 방에서 불이 났다. 싸움에 정신이 없어 처음에는 불 난 줄도 모르고 있다가 나중에 알게 됐고 급히 애들 방문을 열자마자 화마가 닥치는 바람에 남편과 함께 죽었다. 아들 둘은 이미 질식사한 상태였다. 남편과 아들들은 저승으로 갔고, 자신은 이승에서 할 일이 있어 남았다. 남편은 남들에게는 더할 나위 없이 좋은 남편의 모습으로 보여 주지만 민재와 둘이 있으면 자신을 무시하고 깔보고 해서 부부 싸움이 잦았다 한다. 그는 이중인격자였다.

숙영매는 날씨도 쌀쌀하고 해서 한 시간도 채 못 돼서 귀가했다. 그 와중에 불쌍한 영혼을 만나 재천령한테 연락해서 산신령을 통해 저승으로 보내 줬다.

2018년 10월 10일 수요일

날씨가 쌀쌀하다. 새벽에 일어나서 민재령은 빼고 대영령만 함께 북한산 빨래골 입구 쪽으로 산책을 나갔다. 집에서 빨래골 입구까지는 걸어서 약 20분 거리다. 길에서 보이는 많은 영혼들을 보자 대영령이 말을 걸었다.

"이런 데서 방황하지 말고 좋은 데 보내 줄 테니까 가지 않을래요?"

"좋은 데가 어딘데요?"

"저승으로 가야지요."

"싫어요. 난 여기가 좋아요."

모두가 이승에서의 집착을 버리지 못하고 떠나는 것을 두려워하고 있다. 재천령은 여기 있는 동안에 불쌍한 영혼들을 구제하는 것을 사명으로 삼고 있다. 그러나 자신들이 굳이 여기 남아서 배회하겠다면 어쩔 수 없다. 숙영매는 새벽 산책을 끝내고 집으로 들어왔다. 들어오자마자 재천령이 김치냉장고 구석에서 영혼을 하나 발견했다.

"너 누구야? 나와!"

"조금 전에 언니 따라서 들어왔어요."

그 영혼은 대영령과 산책하는 중에 따라온 것이다. 대영령은 영혼 하나가 따라오는 것을 인식하지 못했다.

"외출할 때 민재하고 같이 나가야지 왜 말 안 듣고 혼자서 나가! 엄마한테 무슨 일이 생기면 어떻게 하려고 그래! 이렇게 누가 따라오는 것도 모르고."

재천령이 대영령한테 크게 잔소리했다. 그 영혼은 처음에는 저승에 가고 싶다 했다가, 이 집의 다른 영혼들을 보더니 이 집에서 살게 해 달라고 애원을 했다.

· 이은주령: 여자 1971년 7월 9일생.
고향은 전라도 광주지만 죽기 전에 서울 장위동에서 살았다. 결혼 생활을 하면서 애 하나 낳고 기르다가 3년 전 희귀병을 앓고 죽었다. 남편과의 금슬은 좋았고 죽기 직전에 몸에서 빠져나와 저승으로 가지 않고 남편과 같이 살았다. 남편은 은주령을 보지 못했지만 그래도 남편을 못 잊어서 바라만 보며 같이 살았다. 물론 밥도 남편이 먹을 때 같이 먹어서 배고픈 줄 모르고 살았다. 얼마 있다가 남편은 재혼을 했고, 그 여자가 얄미워서 괴롭히기도 했다. 그러나 하나 있는 자신의 자식에게 잘해 주기도 하고, 괴롭히는 것도 무의미하고 해서 그 일도 그만두었다.

이제는 모든 것을 내려놓고 가고 싶었지만 이 집에 와서 다른 영혼들이 사는 모습을 보니까 부러워서 같이 살게 해 달라고 재천령한테 사정하는 것이다. 그러나 은주령은 영도 약하고 이런 식으로 하나하나 영혼들을 들일 수는 없다. 설득하고 나도 마지막으로 한마디 거들자 재천령이 말했다.

"여기 집주인님이 거절하면 불가능한 것이야. 그러니 이제 그만 집착을 내려놓고 가라."

그러자 은주령은 포기하지 않을 수 없었다. 결국 산신령을 통해서 저승으로 갔다.

2018년 10월 12일 금요일

집에 찾아온 영혼들이 한결같이 얘기하는 것이 있다. 대한민국에 아니 전 세계에 이렇게 영혼들한테 아침마다 밥을 차려 주는 집이 없다고. 신을 모시는 무속인들이야 자신이 모시는 신에게 밥을 차려 주는 것이 당연하기는 하지만, 평범한 영혼들에게 차려 주는 일은 없다. 기억을 더듬어 보자면 숙영매가 아기령인 대영령을 처음으로 봤고 꿈속에서의 대화 중,

"엄마 나 목말라. 물 줘!"라고 요청한 것이 시작이었다.

그러고 나서 물과 과일이 올라갔고, 다음으로 음식이 올라가면서 지금같이 된 것이다. 전에 TV에서 본 적이 있는데 어느 부부가 금실 좋게 살았고 남편이 병으로 죽자 몇 년 동안 매일 죽은 남편 밥을 차려 주는 것이다. 평소에 남편이 좋아하던 반찬을 마련해 놓고 겸상을 했던 것으로 기억한다. 그 여자는 신기가 없었던 것으로 기억하는데, 아마도 남편이 저승으로 가지 않고 자기와 같이 있을 것이라는 확신으로 그런 행동을 할 수 있었을 것이다.

내가 숙영매한테 물었다.

"최근 들어 다른 영혼들이 찾아와서 쫓아 보내는 일이 있었나?"

"아니, 그런 일 없었어."

"그럼 아마도 우리 집이 소문은 났지만 여기 영혼들이 철통 방어를 하기 때문에 올 생각도 못하는 모양이네."

숙영매는 새벽에 대영령, 민재령과 같은 보디가드들을 동행하고 걷기

운동을 몇 시간씩 한다. 걸으면서 목격되는 수많은 영혼들. 자신이 죽은 줄도 모르고 눈이 풀린 채 떠돌아다니는 영혼들. 그들은 낮에는 자고 밤에 힘이 나기 때문에 주로 밤에 활동을 한다. 숙영매가 밤에 잠자기 전 영혼들한테,

"잘들 자라."라고 하면, "엄마, 우린 지금부터 활동 시작이에요."라고 하며 웃는다. 재천령, 귀례령과 같은 높은 영들은 밤낮 구별하지 않고 활동하며 낮에 잠깐 잔다. 주로 그들은 음기가 센 밤이 편한 모양이다. 재천령은 지금도 하루에 몇 명씩의 영혼들을 천도하며 하루를 바쁘게 보낸다. 이승은 실제로 영혼들이 살 곳은 아니기 때문이다. 우리들도 만수를 누리다가 가족들이 보는 앞에서 눈을 감으면 여한이 없이 떠나지만, 젊어서 억울하게 죽으면 차마 떨치고 떠나기 힘들 것이다.

전생연구소 박진여 선생은 다음과 같이 말한다.

"죽은 영혼들이 정작 힘들어하는 것은 남은 가족들이 너무 지나치게 몸부림치도록 슬퍼하고 원통해하는 거예요. 망자 자신은 이렇게 편안해진 상태로 가려고 하는데…"

12. 아는 영가와의 만남

2018년 10월 14일 일요일

    사람은 살면서 옛 친구를 우연히 길에서 만나 반가울 때가 있다. 이 영혼 저 영혼 만나다 보니, 아는 영혼을 만날 때도 있다. 오늘 새벽 2시경 숙영매가 내 방문을 두들겨 아는 영혼을 만났다고 얘기했다. 그녀가 산책하고 돌아오는데 집으로 오려면 계단을 내려와야 한다. 그 계단에는 많은 영가들이 줄지어 있는데 그중 한 영혼에게 대영령이 물었다.

    "저승으로 보내 줄 테니까 갈래요?"

    그러자 그 영혼은 한 치의 망설임도 없이 따라 들어왔다. 들어와서 얘기를 하다 보니 이 영혼은 숙영매의 대전 호수돈여고 동창이며 2학년 때는 짝꿍까지 했던 절친의 동생이다. 친구하고는 고등학교를 졸업하고 얼마간 만나다가 헤어지고 만나지 않았다. 그런데 20년 전 그녀가 나와 결혼 생활을 하던 시기에 길에서 우연히 만났다가 잠깐 동안 같이 지내기도 했다. 그러나 그것도 잠시이고 삶에 바쁘다 보니 다시 헤어졌었다.

    스토리는 이렇다. 숙영매의 고등학교 동창 이름은 황말숙, 그녀의 동생 이름은 황말자. 처음에 이름을 물어봤을 때 황말자라고 하자 친구의 동생이라고는 생각을 못했는데 나이와 고향을 묻는 과정에서 숙영매가 물었다.

    "혹시 언니 이름이 뭐지?"

    "말숙이에요."

그러자 숙영매는 놀라며 울음을 터뜨렸다. 말자는 10년 전 충남 금산군 금산읍 제원면에 큰비가 왔을 때 급류에 휩쓸려 죽었다. 죽는 순간 말자도 몸에서 빠져나오고 저승을 가지 않았다. 말자가 죽자마자 남편은 곧 재혼했고, 그게 너무 미워서 해코지도 해 보았지만 다 부질없는 짓이라 생각하고 모든 것을 내려놓고 저승으로 가고 싶었다. 그러나 어떻게 가야 되는지도 모르고, 서울 강북구 가오리역 근방에서 배회하다가 우리집 소문을 듣고 찾아왔다. 하지만 이미 우리 집 근방에는 많은 영혼들이 줄서서 기다리고 있어 들어갈 엄두도 나지 않고 돌아서서 울고 있는데 마침 대영령이 저승을 보내 준다는 얘기를 듣고 들어온 것이다. 숙영매는 그래도 학교 다닐 때 서로 집에도 들락거리며 알고 지내던 동생인지라 재천령에게 물었다.

"하룻밤 같이 자고 가면 안 될까?"

"안 돼요! 같이 자다가 몸을 뒤척이면서 몸이 닿을 수도 있고 그렇게 되면 또 몸이 아파 한참 동안 힘들게 될 수도 있어요."

좀 더 얘기하게 하다가 재천령은 그 영혼을 산신령을 통해서 저승으로 보냈다.

2018년 10월 14일 일요일

집과 가까운 곳에서 자취하고 있는 정원이가 왔다. 내가 거실에서 딸과 얘기하고 있는데 잠을 자고 있던 숙영매가 알고 나왔다.

"우리 딸 왔어?"

보고 싶었던 딸이 오니까 반가운 마음에 잠에 취한 상태로 나왔다. 그녀가 딸과 얘기를 하는 도중에 머릿속에 울림이 왔다.

"들어가서 주무세요."

귀례령의 소리다.

"어서 들어가서 자거라."

산신령의 소리도 들려왔다. 지금 귀례령은 산신령과 같이 북한산에 있는데, 숙영매가 자고 있지 않다는 것을 감지하고 텔레파시로 계속 얘기하는 것이다. 그녀는 할 수 없이 정원이한테 미안하다는 말을 하고 다시 가서 잤다.

2018년 10월 15일 월요일

숙영매가 잠자리에서 일어나 생각해 보니 귀례령도 그렇고, 산신령도 그렇고 정말 너무하다는 생각이 들었다.

"아무리 그래도 이건 너무한 거 아니에요? 모처럼 딸이 왔는데 얘기도 하지 못하게 들어가서 자라고 하는 게 어딨냐고요!"

라고 말하자 귀례령이 말했다.

"그런 소리하지 마세요. 산신님이 들으시면 큰일 나요. 다 이유가 있으니까 그러시는 거예요."

나도 한마디 거들었다.

"옛날 같으면 수면제 4~5알은 먹어야 잘 정도로 극심한 불면증에 시달렸던 사람이, 지금은 수면제 없이도 이렇게 잘 재워 주니 이것만 해도 얼마나 고마운 일이야! 아무 소리 하지 말고 하라는 대로 해야 돼. 다 뜻이 있어서 그럴 거야. 앞으로 해야 할 공부는 집착을 내려놓는 공부부터 해야 될 거야."

전에 말했다시피 우리 집 앞에는 소문 듣고 찾아온 많은 영혼들이 줄

지어 서 있다. 어림잡아 20~30명은 된다. 숙영매가 산책을 갈 때면 대영령과 민재령이 바싹 붙어서 경호한다. 완전히 영적 능력이 생길 때까지는 지금이 가장 위험할 때이니 그렇다. 때로는 영가가 숙영매에게 말을 붙인다.

"저 잠깐 얘기 좀 해요."

그러면 대영령이 소리친다.

"전부 눈 감아!"

그러면 모두가 대영령 말을 듣는다. 집에 있는 재천령, 귀례령보다는 약하지만 웬만한 영혼들보다는 강하기 때문이다. 그리고 재천령은 이 영가들 중에 저승에 가고 싶어 하는 이가 있으면 천도하게 해 주며 하루를 바쁘게 보낸다. 우리 살아 있는 사람들도 먹고 살기 위해 바쁜 하루를 보내듯이, 뜻있는 영혼들은 좋은 일을 하며 자신의 공덕을 쌓고 있다. 그렇게 하루하루가 가고 일주일 정도는 더 몸의 회복을 위해서 숙영매는 갓난아기처럼 계속 잠자게 된다. 그래야 건강한 몸과 정신을 갖고 교육에 임하게 된다.

13. 영가들과의 인터뷰

2018년 10월 20일 토요일

문 밖에 있는 영혼들 중에서 가장 영이 센 2명만 집에 들이기로 하고, 나머지는 재천령이 설득해서 거의 다 저승으로 천도시켰다. 나머지 끝까지 안 간다는 영혼 4~5명만 남아서 문 밖에 서성이고 있다. 그들이 어디로 가든지 더 이상은 상관할 수가 없다. 사람도 노력해서 실력이 늘어나고 실력을 바탕으로 사회적 지위가 높아지는 것처럼 영혼들도 공부하며 명상하며 끊임없이 자기 발전을 위해 노력한다. 다음 두 영혼이 그들이다. 일단 그들은 남아서 좀 더 보람된 일을 하고 싶어 하기에 집안에 들이기로 했다.

· 천혜산령: 1972년 4월 23일생, 47세.

전북 진안 여고를 졸업하고 서울에 와서 가공업 일을 했다. 집안이 가난해서 돈을 벌어 밥벌이도 하고 집에도 돈을 부쳐줘야 했다. 어느 날 화장실에서 '숙식 제공 한 달 300만 원 보장'이라는 광고를 보고 전화를 했다.

"여보세요, 광고를 보고 전화했는데요."

"아, 예 잘하셨어요."

여자의 상냥한 목소리가 들리고 어느 다방에서 만나자고 약속했다. 그 다방에 가서 앉아 있자니 다시 전화가 왔다.

"저… 사정이 생겨서 다른 다방으로 옮겨야겠네요."

그녀는 아무 의심 없이 다른 다방으로 옮겼다. 혹시 따라온 사람이 있지 않을까 하는 사기꾼들의 전형적인 장소 바꾸기 수법이지만 순진한 시골 아가씨가 알 리 없었다. 다른 다방으로 옮겨서 사람을 만났는데,
"이제 일할 곳으로 가시죠."라고 하며 봉고차에 태우고 갔는데 사창가였다. 이미 때는 늦었다. 그때부터 삼촌이라는 자로부터 감금과 폭행이 시작되고 탈출은 엄두도 내지 못했다.
"며칠 쉬고 마음을 추스르고 하면 돈을 많이 벌 수 있게 해 줄게."
삼촌이라는 자는 그렇게 나중에 기둥서방이 되었다. 여러 남성들에게 몸을 혹사당하며 너무 힘들어 죽고 싶은 생각밖에 없었다. 꿈도 많았고 인간적으로 살고 싶었는데 그냥 이렇게 살다가 죽는구나 했다. 이렇게 죽으나 저렇게 죽으나 자살 시도도 했지만 실패하여 두들겨 맞았다. 맞고 있는 중에 혀를 깨물고 자살했다. 죽은 후 영혼이 빠져 나오고 그때부터 공부도 하고 명상하면서 영을 높이기 위해 많은 노력을 해 왔다.

· 최남훈령: 남자 1970년 1월 22일생, 49세.
서울 상도동에서 고등학교를 다녔다. 친구들한테 왕따를 당하면서 고통스러운 학교생활을 했다. 그들에게 돈을 상납하지 않으면 화장실에서 맞기도 했다. 부모님한테 얘기를 했지만 학교생활을 하면 으레 친구들과 싸움도 하면서 크는 것이려니 별로 신경을 쓰지 않았다.
어느 날 이들에게 대항했고 그야말로 죽기 살기로 덤비다가 급소를 맞아 죽게 됐다. 죽으면서 몸에서 빠져나와 저승에 가질 않았고, 자신을 괴롭힌 놈들을 하나씩 괴롭히며 살았다. 그런데 자신의 영이 세지면 자신이 하고 싶은 일들을 할 수 있다는 것을 깨닫고 열심히 공부하고 명상하며 지금까

지 지냈다.

그들은 자신들을 받아 준다면 아줌마를 돕고 싶다고 했다. 그래서 이들은 방문 밖에 임시 거처를 마련해 줬다.

2018년 10월 22일 월요일

숙영매는 폐렴 예방주사, 대상포진 예방주사, 근육 주사를 한꺼번에 맞았다. 먼저 산신령한테 물어보고 허락을 맡고 맞았다. 그녀는 근육 주사를 한 달에 한 번 꾸준히 맞아 왔다. 그것은 하루에 한 번씩 맞아도 상관없을 정도로 좋은 것이라고 했다. 그러나 3가지 주사를 한꺼번에 맞아서 온몸이 다 아프다. 몸을 가누기도 힘든 상태인데, 산신령은 운동을 나가라고 불호령이다.

"뭘 했다고 운동을 못 나가!"

숙영매는 산신령의 불호령이라 거역도 못하고 다음과 같이 말하며 기어 나가다시피 하여 나갔다.

"지금도 이렇게 심하게 하니 교육이 시작되면 엄청나게 빡세게 시킬 것 같아."

2018년 10월 21일 일요일

숙영매는 다시 대영령, 민재령 보디가드들을 이끌고 집을 나섰다. 문 밖에 아직도 5명의 영가들이 문 밖에서 진을 치고 있다. 아마도 받아 줄 때까지 기다리는 모양이다. 이들 5명은 여자 셋, 남자 둘인데 이제 수문장 역할까지 한다. 다른 영혼이 오면 내쫓는다.

그들도 거기서 자신들이 무언가 역할을 해야 할 것 같은 느낌이 들었을 것이다. 그녀는 일단 나가기는 했는데 도저히 걸을 힘이 없어서 공원 벤치에 앉아 울고 있었다. 그때 50대 정도로 보이는 아줌마 영혼이 와서 말을 걸었다.

"왜 우세요? 나 아줌마 알아요."

대영령하고 민재령이 얼른 가라고 했다.

"나도 알아요. 아줌마 안 만질 거예요. 저도 그런 거 다 알아요. 영혼 쪽에서 아줌마 모르면 간첩이에요. 그렇게 유명한데 왜 우세요?"라고 했다.

도대체 우리 집 소문이 어디까지 나 있는 건가? 대영령도 옆에서 울고 있다. 숙영매가 말했다.

"대영이는 내가 울기만 하면 같이 울어요."

이 영혼도 선하게 보여서 약 5분 정도 얘기하고 있었는데 갑자기 산신령의 불호령이 떨어졌다.

"그 영혼은 재천이가 처리해."

그러자 즉시 재천령이 와서 그 영혼을 데려갔다. 잠시 후 재천령이 나타나서 말했다.

"그 영혼은 아주 나쁜 영혼이에요. 저승 가자고 해도 안 가서 빨래골 개울가에 떼어 놓고 왔어요."

오늘은 일요일 아침부터 대청소를 하면서 온종일 보내다가 오후 늦게 귀례령, 천혜산령, 최남훈령과 얘기를 나눴다.

▶ 귀례령과의 대화

나: 귀례는 어디 있다 온 건가?

귀례령: 북한산에서 보통 하루 종일 기도합니다.

나: 귀례영이 죽고 나서 북한산신은 어떻게 알게 됐지?

귀례령: 살아생전에는 몰랐었는데 죽은 후 바로 알고 북한산신에게로 갔습니다.

나: 살아생전 무속인으로 있을 때는 왜 북한산신에게 가지 않았나?

귀례령: 그때 당시에는 몰랐지만 죽은 후 얼마 안 있다가 그분께서 나를 불러 바로 갔습니다.

나: 산신들이나 강신들이나 그분들은 어떻게 해서 그 직위를 맡게 되는 건가? 저승에서 임명되어 내려온 것인가?

귀례령: 살아생전에 도를 닦고 수행을 하여 높은 경지에 오른 분들이 그 일을 하시는 것이고 저승에서도 오십니다. 지금 북한산신께서는 300년 전 도를 깨우치고 그때부터 계시는 분입니다.

나: 물에 빠져 죽은 물귀신들은 하늘로 승천하기 위해서 다른 사람을 빠뜨려 죽게 하고 자리를 채워 놓는다고 하는데 사실인가?

귀례령: 그건 아닙니다. 사람들이 만들어 놓은 말입니다. 사람을 죽게 하는 행위는 산 사람이건, 귀신이건 죄악입니다. 죄를 지은 자가 제 마음대로 승천할 수는 없죠.

나: 귀례는 자신의 전생을 어디까지 볼 수 있나?

귀례령: 조선 시대 때 여자였었고, 마작패로 살았던 것만 기억합니다.

마작이란 중국의 도박을 말하는 것이지만, 귀례의 말로는 당시 조선 시대 때 마작패는 노름하는 사람을 지칭하는 말이라고 한다. 그리고 조선 시대 때 여자들이 노름을 했다는 것은 들어 본 적이 없는데 이것도 놀라운 일이다. 내가 사료를 찾아보니 마작은 조선 말기에 들어왔던 것으로 보인다.

귀례령은 아마도 구한말 때 살았던 게 아닐까 생각한다.

나: 어느 왕 때였었나?
귀례령: 그것은 기억이 나지 않습니다. 그때 당시에 그 일을 하면서 죄를 많이 지었기 때문에 지금 그 업보를 받고 있습니다. 그 전생은 이미 살아생전 무속인으로 살았을 때 알았습니다.
나: 언제부터 무속인 일을 했나?
귀례령: 젊었을 때부터 몸이 아픈 일이 많았었는데 35세 때 신을 받고 작두를 탔습니다.
나: 작두를 탈 때 무섭지 않나?
귀례령: 작두를 탈 때는 몸이 가벼워지기 때문에 칼날에 베질 않습니다.

▶ 천혜산령과의 대화
나: 죽을 때 몇 살이었지?
혜산령: 28살.
나: 죽고 난 후 저승사자가 오질 않았나?
혜산령: 오기는 왔었는데 그때 당시에 거기에 영혼들이 많이 있었고, 나는 가기 싫어서 숨어 있었는데 저승사자가 나를 찾지 못해서 엉뚱한 영혼을 데리고 갔습니다. 그래서 그 저승사자는 저승에서 엄청 혼났습니다. 이름이 다른 영혼을 데리고 왔기 때문에 그렇습니다.
나: 그가 혼난 것을 어떻게 알 수 있었지?
혜산령: 제가 몰래 뒤를 따라가 봤습니다.
나: 저승을 따라갔다면 어떻게 돌아올 수 있었지? 길을 아나?

혜산령: 아니오, 저승사자를 따라가면서 군데군데 표시를 해 놨습니다.

나: 그럼 가는 길에 산도 있고 강도 있고 들도 있나?

혜산령: 예, 그렇습니다.

나: 지옥과 천당도 보았는가?

혜산령: 가는 길에 어느 한쪽은 뭔가 화려하고 풍요로운 느낌이 드는 곳이 있었고, 다른 쪽은 비참하고 더럽고 황폐한 것 같은 느낌이 드는 곳이 있었습니다.

나: 잘못 데려간 저승사자는 누구한테 혼나던가?

혜산령: 재판관인 듯한 느낌이 드는 분이었습니다.

나: 그 상황을 어떻게 볼 수 있었나?

혜산령: 먼발치에서 숨어서 봤습니다.

나: 저승에 가면서 여기까지는 이승이고, 지금부터는 저승이라는 느낌이 드는 곳이 있었나?

혜산령: 어느 지점이 되자 그곳이 이승과 저승의 경계라는 것을 느낌으로 충분히 알 수 있었습니다.

나: 돌아와서 자신의 시신을 어떻게 수습했는지 봤나?

혜산령: 예, 산에다 암매장했습니다. 어차피 사창가에 끌려왔을 때 실종된 상태기 때문에 경찰이나 가족들이 알 수가 없었습니다.

나: 그들에게 보복했나?

혜산령: 기둥서방을 홀려서 사고로 다리병신을 만들었습니다.

▶ 최남훈령과의 대화

나: 죽고 나서 자신을 괴롭힌 친구들을 괴롭혔다는데 어떤 식으로 괴롭혔나?

남훈령: 그들의 손목을 잡든가 몸을 만지면 그들이 아파서 앓습니다.

나: 그것은 영적 기운이 있는 사람만 통할 텐데, 그렇게 하지 못하면 어떤 방법을 쓰지?

남훈령: 그들을 홀려서 산으로 끌고 간 다음 다치게 합니다.

14. 교육을 준비하는 숙영매

2018년 10월 23일 화요일

"엄마, 북한산신님한테 배우기 힘드시면 계룡산신님한테 배우실래요?"
재천령이 숙영매한테 물었다.
"계룡산신님은 어떠신데?"
"북한산신님은 너무 엄하시지만 계룡산신님은 좀 인자하신 편이에요."
산신령은 숙영매가 주사를 맞은 여파 때문에 몸이 너무 아파 일어나질 못하는 상태에서도 다음과 같이 호통치곤 했다.
"뭐가 그렇게 아프다 그래! 당장 일어나서 운동 나가!"
그러자 숙영매에게 대영령이 말했다
"엄마, 너무 아프면 나가지 말어. 더 자."
그러면 산신령은 대영령에게도 호통치곤 했다.
"이놈이! 네가 뭔데 쉬라 마라야! 넌, 아직 열두 살이야! 어디 건방지게 나이를 네 멋대로 처먹고 열아홉이라 그래!"
대영령은 스스로도 나이를 열아홉 살 먹은 것을 후회한다. 그것이 오히려 자신의 영을 깎는 일이 되었기 때문이다. 다시 산신령이 말했다.
"너 앞으로 엄마 따라다니지 마라. 넌 아직 영이 약해서 안 돼!"
그러자 대영령은 잘못했다고 울면서 빌었다. 다른 건 몰라도 엄마하고 떨어지는 것만큼은, 그한테는 견딜 수 없는 것이리라.

2018년 10월 24일 수요일

아침에 숙영매는 나한테 계룡산 산신령에 관해 얘기하면서 스승을 바꾸는 문제에 대해 논의했다.

"본격적인 교육에 들어가게 되면 나도 산신님께 같이 올라가서 기도할 생각인데 계룡산은 너무 멀어서…"라고 내가 말했다.

"북한산은 산세가 험해서 올라가기 힘들지만 계룡산은 그렇게 험하지 않아서 올라가기는 쉬워."라고 숙영매가 말했다. 그 문제에 대해서는 이렇다 할 결론을 내리지 못했다. 귀례령은 옆에서 얘기했다.

"숙영님은 속에 잠재되어 있는 영이 너무 세서 조금만 교육 받아도 엄청난 힘을 낼 수 있을 것입니다."

나도 한 마디했다.

"맞아, 내가 들은 당신의 두 번의 전생도 모두 신관과 무녀였어. 몽고와 일본에서였지. 그 두 번은 현생과의 연결점 때문에 두 번만 본 것이지 아마도 많은 전생에서 비슷한 전생이 있을 거야."

2018년 10월 28일 일요일

재천령이 불안해하는 것이 있다.

숙영매가 대영령, 민재령 등 보디가드령들을 이끌고 외출한다고 해도 영이 강한 여러 명의 영혼들이 갑자기 그녀를 공격한다면 어떻게 막을 것인가? 말은 안 했지만 외출할 때마다 불안했다고 한다. 그래서 나는 말했다.

"그럼 영혼들을 더 붙여 줘야지. 5명도 좋고 10명도 좋고."

사실 전에는 크게 느끼지 못했지만 재천령이 없었다면 그 사악한 영혼들을 어떻게 막아 낼 수 있었을까 생각하면 아찔하다. 나래령이 왔을 때도 대영령 혼자서는 절대 못 막았을 것이다. 재천령이 강제로 저승에 보내지 않았으면 지금 어떻게 됐을지 상상만 해도 끔찍하다. 박경미령과 이말숙령도 정말 끈질기고 독했다. 재천령이 먼 곳에 있는 빈집에 그들을 떨어뜨리고 오길 잘했다.

15. 내림신

2018년 10월 30일 화요일

숙영매가 몸이 다시 아프다. 이제는 진짜 올 것이 왔다. 신이라고 자처하는 영혼이 와서 숙영매에게 말했다.

"나는 신이다. 나를 모셔라."

재천령과 귀례령이 못 오게 하려고 노력했다. 약한 신이 왔으면 물리칠 수 있었을 텐데 그 신은 상당히 강하기 때문에 막을 수가 없었다. 귀례령은 숙영매한테 말했다

"그 신이 말을 걸더라도 대꾸하지 마세요."

산신령도 한마디했다

"기어이 왔구나. 귀례와 재천이가 막질 못했구나. 할 수 없다. 싫으면 견디는 수밖에는 없다."

재천령과 귀례령도 말했다.

"우리가 막고 있으니까 10일 정도만 참으세요. 요번만 견디고 참으면 상당히 강해질 거예요."

신기가 있는 사람에게 꼭 올 수밖에 없는 것. 이런 경우에 안 받으려고 해도 안 받을 수가 없는 것이다.

나도 오늘 새벽에 일이 있었다.

새벽 2시쯤 됐을까, 차가운 기운이 내 목을 만지는 느낌이 들어 깜짝 놀라 몸부림을 치면서 일어났다. 숙영매는 거기에 대해서 다음과 같이

말했다.

"재천이가 그랬어. 당신 꿈속에 들어오려고 재천이가 상당히 노력하고 있거든. 그러니까 그런 일이 있으면 그냥 가만히 있어."

나는 알겠다고 대답했다.

2018년 10월 31일 수요일

집안의 영혼 연합 대 신과의 싸움이 계속되고 있다. 재천령과 귀례령은 영혼들 수백 명을 데리고 와서 똘똘 뭉쳐 그 신을 막는다. 그들이 평소 알고 지내는 영혼들이 이렇게 많은 것에 놀랐다. 영혼 하나하나로 하면 그 신을 막아 내기에는 턱없이 부족하지만, 함께 뭉치니 그 힘이 가히 막아 내기에 충분하다.

영혼들이 그 신 옆에 빠짝 붙어 따라다니면서 그가 숙영매를 못 만지도록 경호하고 있는 것이다. 조금이라도 움직이면 같이 움직인다. 보통 신기가 있는 사람에게 신이 붙어서 괴롭히면 신을 받아들이지 않을 수 없다. 그러나 이렇게 다른 영혼의 도움으로 신내림을 막아 내는 경우는 들어 본 적이 없다. 그래도 지금은 귀례·재천 등 연합령이 철통 방어를 해서 그런지 숙영매의 몸 상태는 어제보다는 조금 나아 보인다. 또한 방어하는 데 산신령의 도움을 받고 있기도 하다. 귀례령, 재천령은 할 일이 사실상 많은데 이렇게 당분간은 그녀 방어 때문에 꼼짝을 못한다. 재천령은 말한다.

"세상에 떠도는 귀신들 중에 사악한 것들이 너무 많아요. 지금 사회에서 묻지마 살인, 연쇄 살인 등 비정상적인 행동으로 사회에 악영향을 끼치는 인간들이 많은데, 거의 다 사악한 귀신들의 장난이에요. 내가 이 세계에 있는 한은 하나라도 저들 악령을 퇴치하는 것이 임무예요."

재천령은 99년생. 인간의 나이로는 어리지만 집에 있는 영가들 중에서 영이 가장 높고, 항상 생각하는 것이 의젓하다. 귀례령은 1년 반 전, 자살로 죽은 후 바로 산신령에게로 가서 영접하고 그때부터 지금까지 거기서 살다시피 하며 기도하고 있다. 자신의 영을 높이기 위해 이렇게 죽어서 영혼이 된 이후에도 노력을 하고 있다. 이렇게들 영혼들은 죽어서도 공부하고 기도, 명상하며 끊임없이 자신의 영을 높이려고 노력하는 모습을 보니 산사람인 나도 물질적 욕망이 무엇인지 세속적 쾌락이 무엇인지 모두가 무의미한 느낌이 든다.

"말 걸면 대꾸하지 마세요. 눈도 마주치면 안 돼요. 아예 없다 생각하고 무시하세요."

귀례령은 이렇게 말한다. 지금은 방어가 된 상태에서 몸이 한결 좋아졌는데, 눈이라도 마주치거나 하면 다시 몸이 아프기 때문이다.

나는 그 신이 어떻게 생겼냐고 숙영매에게 물었다.

"나이는 50 정도 돼 보이는 남자야."

일단 재천령, 귀례령과 수백 명의 영가들은 그 신과 대치 상태에 있으면서 밥을 못 먹게 한다. 내가 차려 주는 밥을 먹을라치면 합심을 해서 못 먹게 한다. 일단 굶기는 것이다. 지쳐서 포기하고 돌아갈 때까지 기다리는 것이다. 한 친구가 나에게 말했다.

"무당이 어떠냐, 김금화 만신처럼 나라의 무형문화재도 될 수 있고 좋은 일 얼마든지 할 수 있는 것 아니냐?"

김금화 만신은 지금 90세 가까이 되셨다. 10대 때 무당인 외할머니가 내림굿을 해주었다. 무당의 고단한 삶을 알고 계신 외할머니는 손녀에게 신내림 해주는 것을 원치 않았지만, 그녀의 신기를 가지고 그냥 그렇게 살게 내버려 둘 수는 없었다 한다. 숙영매가 무속 쪽으로 가기 싫어하는 것을 산신령이나 귀례령이 알기 때문에 그것을 강제하지는 않는다. 그리고 수백 명의 영들이 똘똘 뭉쳐서 막아 주고 있기 때문에 싫은 것을 억지로 할 필요도 없겠다. 대부분의 무속인들이 처음에 신 받는 것을 싫어한다. 평범하게 살고 싶어 하는 마음 그리고 산업화 시대 이후로 미신이라는 관념 때문에 거부감이 느껴져서 그럴 것이다. 숙영매는 아마 현실 세계에서 무당이라는 선입관과 전생의 일본 무녀였던 습으로 해서 신내림을 강하게 거부하는 것이 아닌가 생각한다.

[집에 있는 영가들 프로필]

· 추명수령: 남자, 포항, 74년 4월 25일생.
포항 제철에서 일하다 10년 전 금전과 관련된 음모 사건이 일어났다. 세부 사항은 자신도 잘 모르고 국정원에 끌려가 갖은 고문과 매질에 못 이겨 죽었다. 그 사건에 연루된 다른 사람들은 다 빠져나가고 자신만 억울하게 영문도 모르게 죽은 것이다. 죽는 순간 몸에서 빠져나오면서 한을 품었다.
"너희들은 이제 지옥이다."
그는 자신을 괴롭힌 놈들에게 보복을 했고 시간이 지나자 부질없다는 것을 깨달았다.

· 마상호령: 남자, 1969년 7월 10일생.
이 영가도 자신을 괴롭힌 것들에 보복을 했지만 허탈감을 느꼈다.

· 강세미령: 여자, 전남 광주, 79년 3월 20일생.

웃는 모습이 예쁘다. 그래서 살아생전에 인기가 많았다. 고등학교 졸업하고 대학 생활의 꿈도 컸다. 그러나 얼굴이 너무 예쁘다 보니 남자들이 세미를 가만두지 않았다.

"닳고 닳은 여자일 거야. 남자가 없다는 게 말이 안 돼."

남자들은 이렇게 수군거리며 거리를 두기도 하고, 이 남자 저 남자로부터 스토킹을 당하기도 했다. 진정으로 자신을 사랑해 준다기보다는 육체적인 것만 탐했다. 죽으려고 바닷가로 갔다가 백리포에서 남자를 하나 알게 됐고, 사귀다 보니 질이 나쁜 남자라는 것을 알게 됐다. 헤어지자고 하니까 앙심을 품고 죽였다.

· 박윤하령: 여자, 1988년 7월 28일생, 31세.

윤하도 예쁘장한 얼굴이다. 결혼을 했지만 남편이 깡패에 의처증이다. 애도 하나 있는데 그녀를 절대로 집 밖으로 나가질 못하게 했다. 그가 집에 전화를 했을 때 안 받으면 난리가 난다. 휴대폰도 없고 집 전화뿐이다. 허구한 날 전화기 조회도 한다. 그 생활을 못 이겨 아이를 친정에 맡기고 가출했다. 남편은 다시 친정에 와서 난동을 부렸다. 그리고 아이는 시댁에 데리고 가서 키우는데, 갖은 구박을 다 당했다. 아이가 너무 불쌍하고 보고 싶어서 유치원에 갔다가 남편한테 붙잡혀서 온몸에 난도질도 당했다.

"넌 내가 죽이지 않는 한, 날 떠날 생각은 하지 마! 아이나 키우면서 집에서 살아!"

어느 날 친정에 애를 데리고 갔다. 그는 친정으로 찾아와서 사시미칼로 딸과 윤하를 죽이고 그녀의 부모에게도 상처를 냈다.

· 고은숙령: 여자, 1969년 3월 14일생, 50세.

항상 남방과 청바지를 즐겨 입었다. 결혼도 일찍 하고 아들과 딸을 낳고 행복한 결혼 생활을 했다. 그것도 잠시, 무슨 이유인지 몰라도 남편과 자식이 자신을 따돌리고 시댁에서도 무시했다. 정말 이유가 없었다. 하루하루가 지옥같이 느껴졌고 마음의 병을 얻었다. 죽고 싶은 생각만 들었다. 이혼하고 위자료를 꽤 받았지만 그 돈으로 술만 마시고 방탕한 생활을 했다. 어느 날 길을 건너다 차에 치어 사망했다. 죽으면서 몸에서 빠져나왔고 나와서 보니 많은 영혼들이 있었다. 지금 생각하니 나쁜 영혼들이 자신의 자식들에게 심을 심어 놓고 영향을 끼치고 있었던 것이 아닐까 하는 생각도 들었다. 자식들을 구해야겠다는 생각은 있었지만 방법이 없었다. 그러던 중 귀례령을 만나게 됐다.

· 한현정령: 여자, 1978년 5월 15일생, 41세.

남편도 없이 딸 하나 낳고 어렵게 살고 있었다. 어느 날 총각을 만났고 결혼을 하게 됐다. 과부인 자신과 딸을 사랑하며 잘 해 주었다. 그렇게 행복한 결혼 생활을 몇 년 하고 있는데 남편이 실종됐다. 시댁에서는 며느리를 별로 좋아하지 않았다. 그러나 실종 사실을 시댁에 알려야 했고 시댁에서는 심하게 핀잔만 했다.

"너 같은 악귀가 들어와서 이렇게 된 거 아니냐! 당장 아들 찾아와!"

현정과 딸은 남편을 찾기 위해 동분서주하며 지냈다. 그래도 돈이 있어서 딸은 대학까지 보냈다. 어느 날 친구들과 술자리를 마치고 늦은 밤 총알택시를 타고 가다 사고가 나서 죽었다. 자신의 혼이 빠져나왔고, 영혼이 됐으니까 남편을 찾을 수 있겠다고 생각했지만 그건 아니었다. 이승에서처럼 주소를 알아야 어디든 찾아갈 수 있다는 것을 알았다. 그래도 딸은 얼마든지 볼 수 있어 그것으로 위안을 받고 공부하고 노력해서 자신의 영을 높이려 하고 있다.

· 김희주령: 여자, 경주, 1980년 3월 24일생.
경주 남산 근방에 살았다. 이상하게 희주는 천마총에 관심이 많았고, 고등학교 시절 학교가 끝나면 천마총을 파헤쳐 보고 싶다는 생각을 많이 했다. 어느 날 학교 끝나고 밤에 자기도 모르게 천마총을 맴돌다 일을 저질렀다. 묘를 파헤친 것이다. 너무 정교하게 지어 놔서 자신의 힘으로는 안 된다는 것을 알았다. 나중에 힘이 생기고 돈이 생기면 꼭 한번 해 볼 것이라고 생각했다. 그러나 천마총 조상신들의 노여움을 샀다. 그들은 자신의 몸속에 들어와 갖은 고통을 주고 자신은 병명도 모른 채 죽게 됐다. 살아생전에 영혼의 존재를 전혀 믿지 않았지만 막상 죽고 나니 많은 영혼들을 보고 이 세계를 알게 됐다.
"이제 나는 어디로 가야 하나?"
하고 헤매며 돌아다니다가 책 읽고 명상을 많이 하면 선택권이 주어진다고 해서 죽도록 책만 팠다.

2018년 11월 4일 일요일
내림신은 아직도 거실에서 영가들과 대치하고 있다.
숙영매가 영가들한테 말했다.
"거실에 사람들이 왔다 갔다 하는데, 너희 방으로 데리고 들어가는 것이 어때?"

"아니에요. 이 나쁜 놈을 신성한 방에 들어가게 할 수 없어요."라고 하며 끝까지 거실 구석에 붙들어 놓았다. 아마도 영가들이 그를 나쁜 신으로 판단한 것 같다.

오후 2시 40분, 숙영매가 갑자기 내 방에 들어와 흰 천을 주면서 말했다.

"빨리 주소 가려!"

나는 무슨 일인지 영문도 모르고 밖에 나가서 주소를 가렸다. 문득 든 생각으로는, 전에 도봉동으로 쫓겨 간 두 여자 영혼이 이쪽으로 오고 있는 줄 알았다. 알고 보니 집에서 버티고 있던 신이 가겠다고 말했다는 것이다.

"받아 주지 못해서 미안해요."

숙영매는 이런 식으로 그에게 사죄의 말을 구구절절 늘어놓았다. 그러자 그 신이 말했다.

"너무 목이 마르니 물 한잔 주게."

숙영매는 생수를 잔에 따랐다. 따르고 있자니 그 신이,

"좀 더, 좀 더."라고 하자 그녀는 한 잔을 가득 따랐다. 한 잔을 다 마시고 신이 다시 말했다.

"배가 너무 고프니 먹을 것 좀 주게."

그녀는 아침에 사 온 떡 한 조각을 접시에 담아 마당에다 내주었다. 그 신은 나가면서 그 떡 한 조각을 먹고 갔다. 주소를 가리는 이유는 아무리 신이라고 해도 한 번 가고 다시 올 때 주소를 모르면 찾지 못하기 때문이다.

그는 버티지 못하고 갔다. 그녀는 큰 안도의 한숨을 쉬며 울음 섞인 소리로 영가들에게 말했다.

"너무너무 고마워. 정말 수고 많았어."

영가들 중에 그에게 저항을 하다가 다친 영가들이 많이 있는데, 그중 크게 다친 영가가 한 명 있다. 산신령이 지금 명상 기도 중인데 내일 끝나는 대로 산신령에게 데리고 가서 치료를 받게 할 예정이다. 그의 행동에 점수가 가산돼서 영도 높아질 것이라고 한다. 수백 명의 영가들은 이제 자신들이 원래 있던 곳으로 뿔뿔이 흩어졌다. 그들은 가면서 한마디씩 했다.

"여기 더 있고 싶은데… 여기 살기 좋은데…."

내림신을 보내고 희주령을 불러서 천마총에 관한 얘기를 좀 더 나누었다.

나: 천마총은 1400년 전 신라의 무덤이고 순장의 흔적이 없는 것으로 알고 있는데 죽은 후에 영혼이 돼서 왕 이외의 유골을 봤나?

희주령: 예, 안 보이는 곳에 있는 것을 봤습니다.

나: 안 보이는 곳이라면 어디를 말하는 건가?

희주령: 사람이 들어갈 수 없는 좁은 통로가 있는데 그 쪽으로 들어가면 많은 유골이 있습니다.

나: 천마총에서 잘못하여 조상신에게 괴롭힘을 당했다고 했는데, 실제 그 영혼들이 유골의 주인인 것을 확인했는가? 아니면 그 유골의 주인이 아니고 다른 영혼들인가?

희주령: 예, 죽어서 영혼이 된 다음 천마총에 가서 그분들이 그 유골의 주인이 맞는 것 확인했고요. 그분들에게 사죄했습니다.

나: 왕의 얼굴을 봤나? 어느 왕인지 알겠나?

희주령: 왕의 얼굴을 봤지만 누군지는 모르겠습니다.

나: 복장은 어떠했나?

희주령: 흰옷을 입고 있었으며 모자도 썼고 단정했습니다. 그리고 착하고 좋은 분들 같이 보였습니다.
나: 그 안에 총 몇 명의 영혼들이 있나?
희주령: 왕과 그 외 여러 명이 있었습니다.

희주령의 증언을 토대로 이렇게 정리할 수 있겠다. 역사적으로는 3세기경 순장의 풍습이 없어졌다고 기록돼 있지만, 사실상 얼마간 더 지속됐다는 얘기고, 그들이 죽은 후 1400년이 지나도록 환생을 하지 않았으며 같이 순장된 노비들이 지금까지 왕을 모시고 있다는 것으로 추론할 수 있다. 먹을 것은 아마도 그들이 밖으로 나와 구해서 왕에게 올리지 않을까 생각한다.

16. 나의 수호령

2018년 11월 5일 월요일

　새벽 2시 반에 있었던 일이지만 나는 기억이 안 나는 일이기 때문에 숙영매의 증언으로 쓴다. 내가 잠을 자고 있을 때 잠꼬대인지 내 방에서 갑자기 비명 소리가 들려 그녀는 일어나 내 방에 가 보려고 했지만 다시 잠잠해졌다. 그녀는 재천령이 내 꿈속으로 들어오려고 시도했었나 보다 생각하고 소리도 멈추고 해서 다시 들어가 잤다. 잠시 후 나는 일어나서 아무 일 없다는 듯이 화장실로 갔다. 내가 소리를 질렀던 것을 나는 기억하지 못했고 아무 꿈도 꾸질 않았다. 꾸질 않았는지 내가 기억을 못하는 것인지 모르겠다.

　오늘 아침 출근 준비를 하는데 숙영매가 나한테 그 얘기를 했다.

　"그래? 난 전혀 기억이 안 나는데…"

　"재천이한테 물어보니까 그때도 당신 꿈속에 들어오려고 시도를 했대."

　나는 아침밥을 먹으면서 재천령을 나오라고 하고 오늘 있었던 일을 얘기했다. 전에도 말했지만 재천령이 내 꿈속으로 들어오기 위해 계속 시도를 하지만 내 수호령에 막혀 번번이 실패한다고 하여 나는 이런 제안을 했다.

　"내 수호령하고 싸울 생각하지 말고 잘 얘기해서 허락을 받고 들어오는 것이 어때?"

　그래서 재천령이 내 수호령에게 얘기를 하니 수호령은 다음과 같이 말하며 거절했다고 한다.

"이 사람은 그쪽(무속 쪽)으로 나갈 것도 아닌데 왜 들어오려고 하나? 허락을 못하겠네."

여하튼 재천령이 내가 잠잘 때 내 방으로 들어오기만 하면 수호령이 긴장하고 철통 방어를 한다고 했다. 영가들은 새벽 2시에서 4시 사이에 영이 가장 세어지기 때문에 그날도 2시 반에 재천령이 강제로 내 몸속으로 뚫고 들어갔지만 내 수호령이 강제로 그를 끌어내는 과정에서 내가 몸부림쳤나 보다.

나는 재천령에게 물었다.

"내 수호령이 지금 우리가 하는 얘기를 듣고 있을 거 아냐?"

"그럼요 다 듣고 있죠."

"그럼 내 수호령하고 싸우지 말고 계속 타협하고 좋게 얘기를 하도록 하는 것이 낫겠다... 지금이라도 내 수호령하고 대화를 할 수가 있나?"

"그럼요."

그래서 재천령이 대화를 시도하려고 하자 숙영매는 나의 수호령이 순간적으로 내 몸속에서 나와 손사래를 치며 들어가는 것을 봤다. 절대 허락하지 않는다는 뜻이다.

내가 숙영매에게 물었다.

"내 수호령이 어떻게 생겼나?"

"당신하고 똑같이 생겼어. 큰 눈, 큰 코…"

"그래? 그럼 복장은? 지금의 내 옷과 똑같은가?"

"아니, 흰색 개량 한복 같은 옷을 입고 있었어. 옛날 대감들이 쓰던 모자를 쓰고 있었고 수염이 났어. 상당히 모습이 깔끔하고 세련된 모습이야."

숙영매가 이렇게 말하자 재천령도 놀랐다. 재천령을 통해서 보는 것이긴 하지만, 영이 높지 않고서는 다른 사람의 수호령은 함부로 보기가 힘들기 때문이다. 그만큼 그녀의 영적 능력이 계속 높아지고 있다는 말이겠다. 내 수호령과는 다음에 다시 대화할 기회가 있으면 해야겠다. 한 번만이라도 재천령을 허락할 수 있는지 안 된다면 왜 안 되는지 묻기도 해야겠다.

2018년 11월 7일 토요일

아침에 내가 출근하고 나서 숙영매는 화장실 청소를 끝내고 체력 보강을 위해서 잠을 자기 시작했는데 내 수호령이 그녀의 꿈속으로 들어왔다. 꿈속이 아니면 대화하기가 힘들기 때문이다. 그녀가 나중에 나한테 전화해서 통화한 내용이다.

숙영매: 당신이 출근한 후 얼마 안 돼서 당신의 수호령이 내 꿈속에 들어오셔서 얘기했어.
나: 그래?
숙영매: 꿈속에서는 자세히 볼 수가 있었는데 모자 속에 상투가 있고 모자는 옛날 대감들이 쓰던 모자 같아.
나: 나이가 나보다 많이 들어 보여?
숙영매: 당신하고 비슷할 것 같아.
나: 나하고 똑같이 생겼어?
숙영매: 아마 수염이 없고 모자를 안 썼으면 비슷하게 생겼을 거야.

다음은 숙영매와 나의 수호령과의 꿈속 대화.

숙영매: 재천이를 왜 그렇게 막는 거예요?
수호령: 재천이가 내 주인을 뺏어 갈까 봐 그래.
숙영매: 그게 무슨 소리예요?
수호령: 나에게서 내 주인을 빼앗아 갈까 봐 그러는 거야. 이 사람은 내 주인이야. 내가 지켜야 해.
숙영매: 그런 게 아니고요. 재천이가 아빠를 존경하니까 대화를 하고 싶어서 그래요.
수호령: 재천이 때문에 다른 할 일도 못하고 있어.
숙영매: 아니, 수호령께서 다른 할 일이 있나요?
수호령: 아무리 그래도 우리가 왜 할 일이 없겠나! 나는 내 주인이 다른 신을 섬기는 것이 싫어.
숙영매: 그런 게 아니고요. 그냥 잠깐만 얘기하려고 그러는 거예요.
수호령: 아무튼 재천이가 매일 찾아와서 귀찮고 힘들어. 제발 오지 말라고 얘기하려고, 이렇게 자네 꿈속에 들어와서 얘기 하는 거야.

다음은 집에 와서 나눈 귀례령과의 대화이다.

나: 나와 수호령과는 다른 존재인가? 혹시 분령체는 아닌가?
귀례령: 다른 존재입니다. 그러나 영이 높아지면 수호령도 강해집니다.
나: 나의 수호령은 왜 그렇게 재천이를 내 꿈속에 들어오지 못하도록 막는 것인가?

귀례령: 혹시라도 병대영이 다른 신을 받아 그 신을 모시고 자신을 버릴까 봐 그러는 것입니다.
나: 수호령은 사람이 태어나서 죽을 때까지 같이 존재한다는 얘기지?
귀례령: 맞습니다.
나: 내가 이렇게 큰 사고 없이 죽지 않고 살아 있는 이유는 결국 나의 수호령의 도움이 절대적이었네.
귀례령: 예.

나는 자기 전에 재천령한테 말했다.
"재천아, 수호령도 나를 위하여 있고 너도 나를 위해 힘을 쓰고 있는데 둘이 서로 싸우는 것은 내 맘이 안 좋다. 내 꿈속으로 들어오는 것은 잠시 멈추고 다른 방법이 있나 생각해 보자."

2018년 11월 8일 목요일

오늘 아침 숙영매가 말했다.
"오늘 새벽에도 재천이가 당신 방에 들어가서 무릎 꿇고 2시간 있었는데 수호령이 등을 돌리고 상대도 안 하더래."

2018년 11월 9일 금요일

내림신을 막아 내는 과정에서 많은 영가들이 다쳤는데, 그중 한 명의 영가가 심하게 다쳤다. 나흘 전 산신령이 명상 기도를 마쳤을 때, 그를 산신령에게 데리고 가서 치료를 하게 해 주고 다시 집에 왔다. 그 영가는 귀례령이 데리고 있던 영가들 중 한 명이고 나이가 제일 어리다.

· 신초롱령: 남자, 2005년 5월 23일생, 14세.

어릴 때서부터 고아원에서 자랐다. 부모가 누군지 왜 그들이 아이를 버렸는지도 모른다. 다른 애들은 부모가 가끔 찾아와서 먹을 것도 주기도 하는데 초롱이는 부모도 없다. 생활 형편이 어려운 사람들이 자신의 아이들을 고아원에 맡기고 가끔 찾아오는 모양이다.

고아원에서도 천덕꾸러기 취급을 받았고 친구들한테도 왕따를 당했다. 그럴 때마다 울기도 많이 울었지만 달래 주는 사람도, 격려해 주는 사람도 없었다. 결국 그 생활을 이기지 못하고 일곱 살에 무작정 고아원을 나왔다. 배도 고프고 외로워서 울고 있는데 낯선 남자가 다가왔다.

"너, 집이 어디니?"

"없어요."

"엄마 아빠는?"

"몰라요."

"아저씨 따라가서 같이 살래?"

"예."

달리 선택이 없었다. 그이라도 따라가지 않으면 굶어 죽을 것이었다. 그는 초롱이를 산속에 있는 집으로 데리고 갔다. 그는 심마니였다. 그는 초롱이를 데리고 다니면서 일만 죽도록 시키고 먹을 것은 많이 주지 않았다. 어느 날 산에 오르다 힘이 부쳐 넘어졌고 굴러 떨어지다 돌에 부딪혀 죽었다. 그의 프로필은 누군가 자신의 아기를 버리면서 생년월일과 이름을 쪽지에 적어 놨었다. 초롱이가 글을 배웠을 때 고아원 관계자가 그 쪽지를 초롱이에게 건네주었고 초롱이는 그것을 외우고 있었다. 혹시라도 부모를 찾을 수 있는 근거가 될 수도 있기 때문이다.

· 전재현령: 여자, 1990년 8월 14일생, 29세.

재현이는 아주 발랄한 아이였다. 말도 잘하고 친구들도 많고 행복하게 살았다. 돈은 없어도 형제들과 우애도 깊고 아주 평범한 모범생이었다. 학교 졸업하고 자취하면서 성실하게 살았다. 그런데 어느 날 갑자기 자신이 살고 있던 옥탑에서 뛰어내렸다. 떨어지는 몇 초의 순간에 다음과 같은 생각이 들었다.

"내가 왜 떨어지고 있지? 이건 아니야, 난 죽기 싫어!"

재현령은 죽은 자신의 시신에서 빠져나왔지만 죽음을 받아들일 수 없었다. 절대 자살은 아니다. 누군가가 밀었다. 잠깐 귀신에 홀렸다. 나는 살면서 남한테 해를 끼친 적이 없다. 얼굴도 모르는 원한령이 사람을 잘못 착각하고 나를 죽인 것이다. 아니면 귀신들의 묻지 마 살인일 수도 있다. 죽음을 받아들일 때까지는 상당한 시간이 걸렸다. 지금은 열심히 명상하고 공부하며 영을 높이고 좋은 곳으로 가기 위해 노력하고 있다.

2018년 11월 11일 일요일

오늘 아침 내 수호령과 대화할 수 있는 기회를 가졌다. 타인의 수호령을 보려면 상당히 영이 높아야 한다. 숙영매도 다른 사람의 수호령과 대화할 수 있을 정도로 영이 높지 못하기 때문에 재천령을 통해서 대화를 했다.

수호령-재천령-숙영매-나 이렇게 3단계를 거쳐 들을 수밖에 없었다. 며칠 전에 그녀가 순간적으로 본 적은 있지만 그때는 잠깐 봤던 것이고 오랫동안 얘기하기는 힘들다.

나: 수호령께서 나를 보호하는 것은 언제부터였습니까?

수호령: 수천 년 동안 주인이 태어날 때 같이 나와서 수호령 역할을 하고 죽으면 다시 같이 저승으로 가기를 반복했어.

나: 나는 이생에서 태어나기 전에 마지막으로 살았던 전생은 어느 시대 때였고 무슨 일을 했습니까?

수호령: 임진왜란 때 장군으로 살았던 전생이 마지막이야.

나: 나는 그때 죽고 현생에 태어날 때까지 저승에서 살았나요?

수호령: 그래.

나: 재천이가 내 꿈속으로 들어오지 못하게 하는 이유가 뭡니까?

수호령: 나는 수천 년 동안 주인을 따라다니면서 보호해 왔는데 나타난 지 얼마 안 된 재천이가 들어오게 할 수는 없지.

나: 혹시 재천이가 내 꿈에 들어오게 되면 내가 신병을 앓기 때문에 그러는 겁니까?

수호령: 그런 이유도 있고.

나: 나는 무속인이 될 생각이 없기 때문에 재천이를 계속 받을 생각은 없고. 적어도 한 번은 보고 얘기를 나눠 보고 싶은데 한 번만 허락해 줄 수 있는지요?

수호령: 그럼 휴가 때 한 번 허락하도록 하지.

나: 예, 잘 알겠습니다. 수호령님 고맙습니다.

2018년 11월 12일 월요일

· 이희영령: 여자, 1979년 12월 4일생, 40세.

희영이는 독신주의자였다. 열심히 일하고 성실하게 살면서 세계 일주를 하는 것이 꿈이었다. 회사를 다녔고 휴가철이면 항상 외국으로 나가 힐링하며 재미있게 살고 있었다. 어떤 사람들은 그 돈 벌어 여행에서 다 쓰고 다닌다며 비난하는 경우도 있었고, 또 다른 사람은 부럽다고 하는 경우도 있었다. 그녀는 자기 나름대로의 꿈이 있었고, 누가 무슨 말을 하건 상관하지 않았다. 어느 여름휴가철 어디를 갈까 하다가 우리나라도 안 가 본 데가 많아서 거제도행을 선택했다. 거기서 수상스키를 타다가 줄이 끊어져 사망했다. 줄이 끊어지다니! 그 줄을 만든 사람도, 보트를 운전했던 사람도 이해가 안 되는 상황이었다.

"난 갈 데가 너무 많아. 이대로 저승으로 갈 수는 없어."라고 하며 이승에 남았다.

이승에서 영혼인 상태에서 공부하고 명상하여 영을 높이면 어디든지 갈 수 있다는 것을 알게 됐고 금방 영혼의 세계에 적응했다.

· 최막순령: 여자, 1965년 11월 22일생, 54세, 부여.

막순이는 딸 부잣집에서 살았다. 아들 없는 집안에 넷째로 태어나서 갖은 구박을 다 받고 자라났다. 그때만 해도 남아 선호 사상이 두드러지게 나타났던 시대였다. 아버지는 대가 끊어진다고 내다 버리라는 말까지 했다. 엄마와 딸 넷. 구박을 피해 나가 살고 싶어도 막막한 현실이 그것을 허락하지 않았다. 21살이 되었지만 그때까지 학교도 보내지 않아서 독학했다. 이를 악물고 공부하면서 남의 일, 품앗이도 하고 나물을 캐다가 팔기도 했다.

"이건 정말 아니야…"

희영령은 이렇게 생각하며 가출하고 서울에 왔다. 그러나 취직도 안 되고 어떻게 먹고 살아야 할지 몰라 지하철에서 노숙 생활을 하며 먹을 것을 훔

쳐 먹기도 했다. 어느 추운 날 자고 일어났는데 자신이 누워 있는 모습을 봤다. 죽은 것이다. 아마도 추워서 저체온증으로 죽은 것 같다.

· 이상순령: 여자, 음력 1970년 8월 2일생, 49세.

결혼 전에 프로게이머였다. 당시 여자 프로게이머는 흔치 않았다. 돈도 많이 벌었다. 결혼해서 아이도 하나 낳고, 프로게이머 일을 계속했다. 남편은 자존심 때문인지 여자가 그런 일을 하는 것도, 여자가 남자보다 돈을 많이 버는 것도 싫어해 다툼이 심해졌다. 어느 날 남편은 컴퓨터에 있는 칩을 다 뽑아 버렸고 평생 깔아 놓은 것을 다 날아가게 했다. 당시에는 복구가 불가능했다.

"그래, 어디 네가 얼마나 벌어다 주나 보자!" 하며 일부러 사치스러운 생활을 했다. 남편의 월급도 자신이 갖고 있던 돈도 흥청망청 다 써 버렸다. 스스로 살 가치가 없는 사람이 되고 말았다. 어느 날 상순이는 다시 프로게이머를 시작했다. 다시 갈등이 시작되고 어느 날 컴퓨터 앞에 앉아 있는데 남편이 뒤에서 칼로 찔러 죽였다.

2018년 11월 15일 목요일

숙영매의 교육이 시작됐다. 무속인은 원하지 않기 때문에 내가 타로를 공부하는 것이 어떠냐고 제안했다. 그러자 그녀도 손뼉을 치며 말했다.

"맞아, 타로가 있었지. 내가 왜 그 생각을 하지 못했지?"

숙영매는 산신령한테 허락을 받아 타로 책을 하나 구입해서 보기 시작했다. 타로 학원을 하나 선별했는데 인원이 많아서 좀 기다려야 한다. 지방에서도 많이 올라와 공부하는 모양이다. 일단 귀례령이 먼저 그 타로 책을 독파했다. 귀례령도 처음 보는 것이다. 그리고 숙영매 꿈속에 들어가서 가르친다. 그녀의 말로는 꿈속에서 보고 듣는 것이 더 명확하게 보여 잘 들리고 이해력과 암기력이 강해진다고 한다. 가르치기보다는 그냥 읽어 준다는 게 맞을 것이다.

2018년 11월 17일 토요일

새벽 4시 반 숙영매가 내 방문을 두드렸다. 나는 졸린 눈을 하고 나왔다.
"재천이가 한 영가를 저승에 보내려고 하는데, 가기 전에 이 집에 꼭 한 번 와 보고 싶다고 해서 데리고 왔어."

· 변혜숙령: 여자, 62년생, 57살.
10년 전에 죽었다. 남편은 상속받을 재산이 많았었다. 그러나 혜숙에게 재산을 나눠 주는 것이 싫어 강제로 정신병원에 입원시키는 등 온갖 못된 짓을 저지르다가 나중에는 청부 살인까지 하여 자신을 죽이게 했다.

숙영매가 물었다
"어느 정신병원에 있었지?"
"대전에 있는 학하리 정신병원이에요."
"집이 어디였는데 왜 거기로 입원했지?"
"집은 이 근방(미아동)이었었는데, 나도 모르겠어요. 아마도 외진 곳에 있기 때문에 찾기 힘들게 하기 위해서 그랬던 것 같아요."
한 맺힌 이 영가는 죽고 난 후 10년 동안을 집요하게 남편을 괴롭혔고, 결국 이 남자가 망하는 것까지 보게 됐다. 자식이 없었기 때문에 그렇게 할 수가 있었다. 처음에는 망해 가는 과정을 보며 희열을 느꼈다. 그러나 누구나 다 그랬던 것처럼 다 끝나고 나니 허탈감을 느끼고 이제는 떠나고 싶어 하던 참에 재천령을 만나고 저승행 요청을 하게 된 것이다.

나는 물 한 잔과 홍시, 떡 한 조각을 주었다. 숙영매는 혜숙령의 행색이 너무 더럽고 남루해서 욕실에서 목욕하게 하고, 자신이 입던 옷 한 벌을 주어서 입게 했다. 머리를 말리게 드라이기까지 꽂아 주었다. 물론 샤워를 한다고 물소리가 난다거나 드라이기를 작동하는 소리가 내 귀에 들리지는 않는다. 음식을 먹는다고 해서 표가 나지 않는 것과 같은 이치다. 나도 이해가 가지는 않지만 그냥 그렇게 이해하면 될 것 같다. 그러나 숙영매는 샤워기, 드라이기 사용하는 모습이 다 보이고 들린다고 한다.

"그동안 어떻게 먹고 살았나?"라고 내가 물었다.

"거의 못 먹고 다녔습니다. 다른 집에 가려고 해도 터줏대감 영혼들 때문에 들어가지도 못했습니다. 어쩌다가 고수레하는 음식이 있었지만 그런 경우는 드뭅니다."

약 30분가량을 있다가 재천령이 혜숙령을 산신령에게로 데리고 갔다. 재천령이 이승에 떠도는 영가들을 천도하고 있다고 하는 것은 전에도 얘기했지만, 많을 때는 최대 하루 10명까지 보낸 적이 있다. 그러나 그는 아직 저승사자를 호출할 만큼 영이 세지 못하기 때문에 산신령에게로 데리고 가서 부탁한다. 재천령에게 물었다.

"그러면 산신령님은 어떤 방법으로 저승사자를 호출하지?"

"약간의 음식을 준비하고 손동작과 소리를 내면 저승사자가 옵니다. 음식은 산신님을 모시는 분이 한 분 계신데, 그 분이 조달합니다."

"북한산신에게로 가는 길은 산세가 험한가."

"예, 험해서 그쪽은 등산객들이 잘 안 가는 곳입니다."

[영가들 프로필]
· 이순미령: 여자, 1989년 5월 28일 2시 생, 서울역 근방, 30세.
순미는 학창 시절을 성실하게 보냈다. 아빠가 일찍 돌아가셨기 때문에 엄마는 3남 1녀를 혼자서 키워야만 했다. 고등학생이 됐을 때는 학비를 벌어야 하기 때문에 아르바이트를 하며 학교를 다녀야 했다. 식당에서 배달도 하고 고깃집에서 식판도 닦았다. 1, 2학년 때는 빠지는 일이 없었지만 고3이 되자 결석 일수가 많아 졸업장을 받는 일에 문제가 생겼다. 순미는 선생님께 매달리며 말했다.
"방학이라도 나올 테니까 졸업장은 꼭 주세요."
그래서 교장과 선생님들이 회의를 했다. 그래도 1, 2학년 때는 모범생이었고, 고3 때 학비를 대느라 어쩔 수 없이 수업을 빠졌다는 것이 정상 참작이 되어 마침내 졸업장을 받았다. 순미는 너무 기뻐서 졸업장을 엄마한테 보여 주었다. 그러나 엄마는 졸업장을 던져 버리며 다음과 같이 말했다
"졸업장이 뭐가 대수냐!"
"내가 어떻게 해서 받은 졸업장인데, 물어보지도 않고 화를 내!"
그녀는 칭찬을 받고 싶었는데 너무도 기가 막히고 화가 나고 해서 펑펑 울었다.
"엄마는 계모가 틀림없어!"라고 생각하며 방에 들어가서 은둔 생활을 하며 지냈다. 먹을 것을 제대로 못 먹고 영양실조까지 걸렸다. 조그만 일에도 깜짝깜짝 놀랐다. 어느 날 순미가 잠을 자고 있었고, 엄마가 문을 따고 들어와서 딸의 잠자는 모습을 위에서 빤히 쳐다보고 있는데 순미가 눈을

뜨면서 그 모습을 보고 순간적으로 놀라 심장마비로 죽었다. 죽는 순간 몸에서 빠져나와서 숨어 있는데 저승사자가 와서 순미를 찾지 못하고 한숨만 쉬고 돌아갔다고 한다. 순미령과 인터뷰를 하면서도 그녀는 아직도 엄마에 대한 원망을 거두지 않고 있었다.

· 표진숙령: 여자, 1980년 2월 6일생, 39세, 강원도 속초.
남편한테 맞고 사는 여자들이 많다. 진숙이는 이런 뉴스를 접하거나 말을 들을 때마다 다음과 같이 생각하고 결심하곤 했다.
"나는 그렇게 살지 않을 거야. 절대로!"
그래서 그녀는 도장에서 킥복싱도 배우고 여러 가지 운동을 했다.
"남편이 때리려고 하면 난 순간적으로 막으면서 한 방 날리는 거야."
이런 생각을 하며 결혼을 하게 됐다.
"반찬이 이게 뭐냐! 결혼 전에 음식 하는 것도 안 배웠냐?"
어느 날 아침 남편이 이렇게 핀잔을 주자. 출근하는 남편을, 급소를 피해 가면서 표 나지 않게 두들겨 패고 쫓아냈다.
그때부터 시작하여 그것이 일상이자 취미가 되어 버렸다. 어느 날 남편은 남자 두 명을 데리고 와서 진숙이에게 폭행을 하고 11층 베란다 바깥으로 던져 버렸다. 힘으로 대항은 못하고 앙심을 품고 있던 남편이 사람을 써서 청부 살인을 한 것이다.
"나는 지옥으로 떨어질 거야~"
진숙이는 떨어지는 순간에도 이렇게 생각하며 후회를 했다. 지금은 지옥으로 떨어지지 않아서 감사하다고 하며 웃는다. 시신은 부검되었고 남편은 구속되어 처벌을 받았다. 만약 구타를 하지 않고 그냥 던졌으면 자살로 위장이 됐을 수도 있었다.

집에 있는 영가들은 명상과 독서를 하며 영을 높이기 위해 노력하고 있다. 명상을 개인적으로 하는지 단체로 하는지 물었다. 천혜산령이 재천령, 귀례령 다음으로 영이 높다. 혜산령보다 영이 낮은 영가들이 혜산령의 몸속으로 들어가고 그 안에서 명상을 시작한다고 한다. 살아 있는 사람의 입장으로서는 신기하고 이해할 수 없는 영혼의 세계다.

2018년 11월 19일 월요일
어제 아침에 숙영매를 통해서 재천령과 대화를 나누었다. 귀신이 사람을 홀리는 원리는 사람의 뇌에 심을 심고 조종하는 것이라고 한다.

나: 심을 누구에게나 다 심을 수 있나?
재천령: 영적으로 예민하거나 수호령이 약하면 할 수 있습니다. 그리고 특별한 경우가 아니라면 그런 행위는 자신의 카르마로 남습니다.
나: 결국 수호령 싸움이 되겠구나. 전두환 같은 인간에게 심을 심어 놓고 광주 학살, 아웅산 테러, KAL 858기 테러와 같은 자작극을 양심 고백하게 하면 좋을 텐데.
재천령: 안 그래도 제가 그렇게 하려고 그랬는데 그의 수호령은 너무도 강해서 어떤 영혼도 감히 접근할 수가 없습니다. 가장 강하다고 보면 됩니다. 그를 보호하고 있는 영혼들도 상당히 강합니다.
나: 전생연구소 박진여 선생은 그의 전생이 이성계라고 하는데 여기에 대해서는 어떻게 생각하나?

재천령: 저도 그렇게 봤고 그것이 맞습니다. 이성계도 결코 좋은 인물이 아니죠.

나: 젊었을 때 들은 얘기로 이성계가 왕씨들의 씨를 말리려고 왕씨들을 모아서 배에 태우고 수장시켰다고 하는데 물론 떠도는 말이지만 조선 초기 왕씨 말살 정책은 사실인 것 같다. 왕씨의 고려 왕조가 500년인데 왜 이렇게 왕씨의 인구가 적은가 하는 것도 그 증거가 될 수 있을 거야.

재천령: 예, 맞습니다.

나: 이성계가 왕씨 말살 정책을 펼쳤다면 죽은 왕씨도 많았을 테지만, 도망간 왕씨들이 살기 위해서 성씨를 고치고 다른 성씨로 살았을 가능성도 있다.

재천령: 맞습니다.

나: 이들은 자신의 권력 찬탈이나 유지를 위하여 사람을 집단 학살하는 습을 가지고 있다. 습이라고 하는 것은 우리가 깨우침이 없는 상태에서 윤회의 굴레에서 벗어나지 못한다는 것. 충격적인 것 하나는 박진여 선생이 본 박정희의 전생이 이순신이었다는 것. 그가 전생에 나라를 구한 이순신 장군이었다니… 난 평생 박정희를 비판하고 다녔는데.

재천령: 이순신에 대해서는 알려지지 않은 역사가 많이 있습니다. 예를 들면 거북선을 건조하는 데 있어 수많은 백성들이 노역과 굶주림으로 죽었습니다. 군량미를 조금 더 나눠 주면 살 수도 있었을 백성들이었습니다만 이순신이 죽인 것이나 다름없습니다. 오로지 전쟁의 승리만을 위해서 힘없는 민초들만 희생양으로 삼았던 것입니다. 전쟁에 임해서도 영화나 드라마에서 나왔던 것처럼 앞에서 진두지휘한 것이 아니고 다른 장수들만 앞세우고 자신은 뒤에서 명령만 했습니다. 그리고 아빠는 이순신 장군

밑에 있었으며 이순신을 몹시 싫어했습니다.

나: 혹시 내 수호령을 불러내서 좀 더 자세히 알아볼 수 있나? 아무래도 수천 년 동안 나의 수호령으로 있었다면 내 전생에 대해서 더 자세히 알 수가 있지 않을까.

재천령: 수호령께서는 아직도 저에 대해서 경계를 많이 하고 계십니다. 아빠가 수호령 님을 한 번 배신한 적이 있다고 합니다.

나: 내가? 언제?

재천령: 아빠가 태어나기 3년 전에 수호령께서 와 계셨고, 그때의 일이라고 합니다. 지금 수호령님과 얘기하고 있습니다.

나: 아, 수호령님. 그런 일이 있었군요. 내막은 모르지만 일단 사과드립니다. 지금은 수호령님께 항상 고마움을 느끼고 있는데 배신할 일이 있겠습니까? 절대 그럴 일 없을 것입니다.

수호령: ……

재천령: 제가 일단 수호령님과 대화하고 있으니까 나중에 말씀드리겠습니다.

나: 알았어, 그럼 지금은 안 되고 나중에 다시 얘기하는 걸로 하자.

17. 모녀의 갈등, 그들의 전생

2018년 11월 24일 토요일

  2주 전 누나한테 전화가 와서 밥을 같이 먹자고 했다. 누나가 결혼한 후 내 생일이라고 같이 밥 먹은 기억이 없는데 올해는 동생의 회갑이니 밥을 산다고 했다. 오늘 아침에 나는 누나를 만나기 위해 외출 준비를 하고 있었다. 가까운 곳에서 자취를 하는 정원이하고도 11시 10분에 솔샘 역에서 만나서 같이 가자고 문자를 했다.

  숙영매는 이 사실을 정원이를 통해 알게 됐고, 상당히 섭섭하고 소외된 느낌을 갖게 되었다. 나는 누나 만나는 것을 숨기려고 했던 것은 아니고, 굳이 얘기할 필요성을 못 느꼈기 때문에 말을 안 했다. 나는 정원이한테 다음과 같은 문자를 보냈다.

  '일찍 일어나면 11시에 아빠 집에 들렀다가 여기서 같이 가자.'

  '솔샘으로 갈게.'

  정원이는 이렇게 짤막한 답장만 보냈다. 아마 늦게 일어나서 시간이 없었던 것 같다.

  "정원이와 같이 가는데 집에 잠깐 들렀다 가면 안 돼? 그 정도도 못해 주는 거야?"

  항상 딸을 보고 싶어 하는 마음 때문에 그녀는 내가 정원이와 몰래 만나서 가는 것으로 생각하고 섭섭한 마음이 들어 이와 같이 말했다. 나는 정원이한테 전화를 걸어 말했다.

"늦더라도 잠깐 집에 들렀다 가자."

그러나 정원이가 집에 왔는데도 숙영매는 화가 나서 정원이를 보려고 하지도 않았다. 결국 나와 숙영매는 몇 마디 싫은 소리만 나누고 집을 나와서 누나를 만나러 갔다. 저녁 때 집에 돌아왔지만 그녀의 화는 그때도 풀리지 않았다.

2018년 11월 25일 일요일

오늘 아침도 집안 공기가 냉랭하기는 마찬가지다. 어제는 대영령이 울며 징징거렸다.

"정원 누나가 왔는데 나를 불러 주지도 않고 아는 체도 하지 않았어."

나는 당장 대영령을 불러서 숙영매를 통해 얘기했다.

"이 세상 사람들 대다수가 영혼의 존재를 믿지 않아. 정원이도 마찬가지야. 아마 정원이 스스로가 그런 인사를 해야 한다는 것은 생각도 못했을 거야. 내가 영혼에 대해서 쓰는 글을 보내기는 하는데 걔는 전혀 읽지도 않아. 한마디로 관심이 없어. 대영이는 이것을 이해해야지 울기만 하면 어떻게 해."

숙영매의 딸에 대한 섭섭함은 옛날이나 지금이나 변함이 없다. 정원이의 엄마에 대한 원망도 마찬가지다. 나도 둘이서 잘 지내면 얼마나 좋겠는가. 그러면 '분가'라는 극단적인 선택을 하지 않아도 될 텐데 하고 생각하니 마음이 안 좋았다. 자식에 대한 섭섭함을 넘어 분노로, 분노를 넘어 증오로까지 발전한다면 이것은 또 다른 문제다. 해결책은 보이지 않는다. 그냥 방치하고 이대로 살아야 하는 건가?

박진여 선생이 본 그들의 전생으로 넘어가 보자. 전생에 숙영매는 일본 무녀였었고, 시대는 도요토미 히데요시 임진왜란 때였다. 그때 숙영매 무녀는 일본군을 따라 종군한 종군 무녀였었고, 조선의 지기를 없애는 것을 임무로 했다. 정원이의 전생은 같은 시대에 살았던 조선의 스님이었다. 어느 날 정원 스님은 일본군 진영에 붙잡히게 됐고 스님이 조선의 첩자라는 무녀의 거짓 증언으로 스님은 거기서 목숨을 잃었다.

다시 정원이의 전생은 내가 고려 말 젊은 장군이었을 때 나의 어머니였었다. 당시 이성계가 위화도에서 회군하며 군사 반란을 일으켰다. 나는 최영 장군 휘하에서 이성계 세력을 막아야 했고, 당시 어머니였던 정원에게 다음과 같이 말하고 전장에 나가 살아 돌아오지 못했다.

"나라가 없어지면 나의 존재의 의미도 없습니다."

이렇게 나는 어머니 정원을 끝까지 모시고 지켜 주지 못하는 불효를 저지른 것이다. 그녀는 지금 내 딸로 와 있다. 전생에 지켜 주지 못한 카르마가 남아서 이번 생에는 나의 딸로 태어나, 나의 카르마를 교정하는 의미로 상호 보완하고 돕는 관계로 살게 될 사명이 있는 것이다.

숙영매와 나 그리고 정원이와 나는 전생의 그런 인연과 카르마로 현생에서 만나게 됐지만, 숙영매와 정원이는 이렇게 악연으로 만나게 되었다. 숙영매는 정원이를 출산할 때 죽을 고비를 넘겼다. 탯줄이 자궁벽에 들러붙어 그것을 제거하지 않으면 산모가 위험했다. 정원이가 나오고 나서 의사는 손을 자궁에 집어넣어 그 탯줄을 뜯어냈는데 그때의 고통은 출산의 고통은 비교가 안 될 정도로 극심했다. 거의 실신 지경에까지 이르렀다. 출산 후에도 강한 항생제를 복용하여 남아 있는 탯줄을 녹여 없애야 했고, 그 때문에 정원이한테 모유 수유를 하지 못했다. 강한 항생제가 젖에까지 들어 있기 때문에 모유를 먹일 수가 없었던 것이다. 나는 전생으로부터 온 갈등의 카르마가 출산 때부터 나온 것이 아닐까 하는 생각이 들면서 소름이 끼쳤다. 그 악연은 지금 진행 중이며 끝은 언제가 될지 모른다. 어쩌면 나는 이 갈등을 풀기 위한 영적 사명까지 짊어지고 사는 것인지도 모르겠다.

2018년 11월 27일 화요일

"네가 지금 딸하고 싸울 때냐!"라고 산신령의 목소리가 숙영매의 머릿속에 울렸다. 숙영매는 즉시 무릎을 꿇고 사죄를 했다.

"딸 없다고 생각하며 살아라."

"있는데 어떻게 없다고 생각할 수 있냐고요!"

그녀는 산신령한테 반발했다. 그러자 귀례령이 두려운 목소리로 말했다.

"제발 그런 소리 좀 하지 마세요."

산신령의 말이 맞는 것 같다. 악연은 그것이 풀어지기 전까지는 만나면 안 된다. 만나서 대화하고 양보하며 화해를 할 수 있는 방법이 없으면 휴식 기간이 반드시 필요하다.

"왜 이렇게 그 애 속에 들어가 있는 영을 끄집어내기가 힘든 건가?"라고 산신령이 탄식을 한다. 산신령이 계신 토굴 옆에는 징벌방이라는 것이 있다고 한다. 잘못하거나 죄를 지은 영혼들을 그 속에 집어넣어 혼을 내 주는 곳이다. 귀례령이 죽어서 나쁜 신으로부터 벗어났을 때,

"이제는 자유다. 내 세상이다."라고 생각하며 편안하게 살 수 있다고 생각하고 있는데 산신령이 나타났다.

귀례령은 배움을 높이고자 하는 마음이 있었기 때문에 산신령의 명을 받들었다. 그녀는 비록 나쁜 신들 때문에 죄를 많이 짓긴 했지만 죄는 죄

다. 그 죄가 없어지지는 않는다. 귀례령은 징벌방에 한 시간 감금이라는 벌을 받고 나왔다. 비록 한 시간이라도, 너무나 무섭고 힘들었다. 육체적인 징벌을 하는 것은 아니지만 그 안은 깜깜하고 정신적으로 상당히 견디기 힘들다고 한다. 숙영매가 얘기를 하는 중에 산신령에게 말대꾸하는 듯한 말이 나오자 산신령이 화가 나서 징벌방에 집어넣는다는 말까지 나왔던 것이다.

오후 늦게 숙영매가 나한테 문자를 보냈다.
'정원 아빠! 당신은 너무 힘들어하지 마. 내가 부딪쳐 볼게. 다시 시작하는 마음으로 할게. 지금은 내 어깨가 무거워진 거야. 보니까 귀례나 재천이, 대영이 외 다른 영혼들이 날 감싸고 보호하려고 하는 게 다 뜻이 있었어. 내가 잘못되면 몇십 명의 영가들이 다 같이 잘못된다는 거야. 그래서 그렇게 감싸고 보호해 주나 봐. 내가 잘되면 그 영혼들도 잘되는 거래. 그러니까 우리 영혼들은 자신들을 위해서라도 딴마음 먹지 말아 달라고 그렇게 애원하며 매달리더라고. 내가 잘못 생각한 것 같아. 정원 아빠한테도 미안하고 다른 영혼들한테도 고개 숙여 미안함을 전하고 싶어.'

우리의 몸은 영·혼·육의 결합체다. 육은 물질 육신이고 혼은 우리의 마음이다. 불가에서는 오온이라고 하여 육신, 감정, 마음, 상상, 인식은 내 것이 아니라고 한다. 즉 무아 사상이다. 영은 우리의 마음속에 있는 큰 존재다. 영이 진정한 나, 신적인 나, 즉 참나이다. 그 존재가 나를 이렇게 살도록 하고 있는 것이다. 즉 우리가 전생의 인연을 다시 만나 카르마를 교정하는 과정이 우리의 영적 자아의 뜻이라는 것. 실제의 '나'인

참나는 영적 자아이며 그 영적 자아는 우리가 의식하지 못하는 상태에서 항상 움직이고 작용한다. 우리 주변에서 만나는 많은 사람들은 모두가 전생의 인연으로부터 온 사람들이다. 우리가 우리의 의지로 그들을 만났는가? 모두가 우연히 만난 것처럼 보이지만 모든 만남은 필연이다. 우리는 만난 상태에서도 전생의 인연이라는 사실조차도 깨닫지 못한다. 그것은 다시 말해 우리 영적 자아가 하는 일이기 때문에 그렇다. 종교에서는 그 영적 자아를 부처님 또는 하나님이라고 한다. 천주교에서는 삼위일체라 하여 성부, 성자, 성령을 말한다. 여기서 성령이 바로 우리 마음속에 계신 큰 영이다.

2018년 11월 29일 목요일

· 표미숙령: 여자, 1977년 2월 23일 21시생.

미숙은 12년 전 죽은 영가다. 6개월 전에 청계천에서 귀례령을 만나 알고 지내다가 영이 높아서 이틀 전에 우리 집에 왔다. 살아생전에 총명했고 무슨 일에도 신속히 대처하는 민첩성도 있었다. 결혼 후 남편과의 금슬은 좋았고, 서로가 너무도 사랑했다. 그러나 언제부터인가 의부증이 생기기 시작했다. 집에 있으면서 허구한 날 직장에 있는 남편한테 전화를 걸어 회사 생활도 제대로 못하게 했다.

"어디서 누굴 만나서 어디로 갔어?"

진짜 일어나는 일처럼 남편을 달달 볶았다. 그러나 시댁 식구나 친정 식구들이 오면 언제 그랬냐는 둥 예쁜 며느리, 착한 딸이 되었다. 음식도 잘하고 살림도 잘했다. 남편이 병원에 가 보자고 하면,

"너 지금 여자 숨겨 놓고 나 병원 입원시키려는 거지!"

라고 하기도 하고 멀쩡하게 길가는 여자 붙잡고,
"너 어제 내 남편이랑 뭐 했어! 솔직히 얘기해! 그럼 용서해 줄게."라고 말도 안 되는 행동까지 하자 당하는 여자들이 경찰에 신고하기까지 했다. 남편이 어느 날은 이렇게 말하기도 했다.
"공방을 만들어 줄 테니까 소일 삼아 한번 해 볼래?"
"나를 공방 속에 처박아 놓고 이 여자 저 여자 만나려고 하지?"
병원에 가 보자고 남편이 다시 제안했지만 그녀는 호되게 질타만 했다. 어느 날 남편이 술을 한잔하자고 제안했고 술에 독을 탔다. 미숙이는 술 한 모금을 마시자 맛이 이상해서 독을 탄 술인 줄 직감했다. 그러나 그녀는 그 술을 마셨다. 그때 당시에는 그냥 죽은 싶은 마음이 들었다. 미숙이는 죽고, 남편은 바로 자수하여 징역 12년 선고받고 수감 생활을 하다가 모범수로 9년 만에 출감한 후 석방됐다.

그녀는 죽고 나서야 자신이 남편을 의심했던 것을 알게 됐고 후회하고 심하게 죄책감을 느꼈다. 나중에 남편이 죽으면 저승으로 같이 갈 것이라고 한다.

다음은 미숙이와 나의 일문일답이다.

나: 죽을 때 저승사자가 왔었나?
미숙령: 예, 2명 왔었는데 내가 큰 나무 뒤로 숨으니까 못 찾고 그냥 갔습니다.
나: 그것도 갑자기 죽은 죽음인데 저승사자가 어떻게 알고 왔지?
미숙령: 사람이 죽으면 그 사람의 수호령이 즉시로 저승에 보고합니다.

제 수호령도 저보고 저승에 갔다 올 테니 기다리라고 했습니다.

나: 그런데 왜 가지 않았나?

미숙령: 저승사자가 오기는 했는데, 제가 나무 뒤로 숨자 못 찾고 한숨만 쉬고 그냥 갔습니다.

나: 저승사자가 오기까지 얼마나 시간이 걸렸나?

미숙령: 정확히 기억은 안 나지만 20분 정도 걸린 것 같습니다.

나: 저승사자의 나이와 복장은 어떠했나?

미숙령: 나이는 한 60정도로 보이고 복장은 현대식 복장이며 검은 단복에 소매에 흰색 띠가 둘러진 세련된 복장이었습니다.

나: 영혼이 저승에 가지 않으면 그의 수호령이 싫어할 텐데 저승사자는 네가 있는 곳을 왜 알려 주지 않았나?

미숙령: 제가 남편을 떠나지 못하고 있는 것을 알고 있기 때문에 그냥 눈 감아 준 것 같습니다.

나: 현생에서 의부증으로 살았을 때는 그럴 만한 이유가 전생으로부터 있었을 거야. 기억나는 전생이 있나?

미숙령: 없습니다.

나: 지금은 남편이 혼자 살고 있지만 재혼하게 되면 어떻게 할 건가?

미숙령: 그 여자를 혼내 줄 겁니다.

나: 허~~~

미숙령: 말은 그렇게 하지만 남편의 행복을 빌겠습니다.

2018년 12월 4일 화요일

숙영매는 꿈속에서 공부하고 있다. 귀례령이 가르치고 있다. 사실 가르치는 것이 아니고 타로 책을 그냥 읽어 주고 있다. 타로 학습에 조금이라도 도움을 주기 위함이다.

어제는 정원이가 집에 왔다. 엄마와 자식 간의 갈등은 없어지고 서로 간의 말투에서 상대방을 배려하는 것 같아서 안심이었다.

정원이는 엄마가 하려고 하는 타로 카페에 대해서 관심이 많다.

"엄마, 타로 카페는 언제 차릴 거야?"

"열심히 공부하면 6개월 안으로 차릴 수 있을 거야."

"홍대 주변에 타로 카페가 엄청 많아. 한 집 걸러 하나인 것 같아."

사주, 관상 수상 같은 것이 노년층에서 주로 배우는 것이라면 타로는 젊은 여성들 사이에서 인기가 많다. 어려운 한문에서 느껴지는 거리감 있는 사주보다 타로 카드 한 장, 한 장에 있는 그림의 의미와 호기심에 매력을 느끼는 것 같다.

2018년 12월 5일 수요일

숙영매 머릿속에 나래령의 목소리가 들려왔다.

"너 때문에 내가 이 고생이야. 가만 안 두겠어."

나래령은 저승에 끌려가서도 반성하는 일 없이 숙영매 탓을 하고 있다. 숙영매는 산신령에게 즉시로 도움을 요청했다. 그러자 산신령은 저승사자에게 노발대발했다.

"어디 감히 귀신이 산 사람에게 협박을 해! 저승사자는 뭐하는 거야?"

아마도 나래령은 어딘가는 모르지만 나쁜 곳으로 떨어져서 죗값을 받는 것 같다. 자신의 죄를 뉘우치지 못하고 남 탓만 하는 것은 사람이나 귀신이나 별반 다를 바가 없는 것 같다.

2018년 12월 9일 일요일

오늘 아침 모처럼 시간을 내서 숙영매, 재천령, 나의 수호령과 대화할 시간을 가졌다. 대화의 요지는 내가 태어났을 때 나의 수호령은 나보다 3년 일찍 와 있다가 나를 기다렸다는데, 그 이유를 물어보기 위해서였다. 숙영매는 귀례령, 대영령, 재천령과의 대화가 원활한데, 영가들이 도와준다고는 해도 수호령하고는 대화가 어렵다. 머릿속에서 윙윙거리면서 잘 들리지 않기 때문이다. 영혼들보다는 사람의 수호령하고의 대화는 결코 쉽지 않기 때문이다.

"내 주인은 주인의 작은형의 몸속으로 들어갔어야 했어."라고 수호령이 말했다.

나한테는 바로 위 3살 많은 55년생 형이 있다. 수호령의 얘기로는 내가 그 몸을 받고 태어났어야 했다고 말하는 것이다. 작은형은 초등학교 때 총명하고 공부도 잘했다. 당시 우리나라 최고 명문 상고인 덕수상고를 나와 은행에 취직했다.

내가 그 몸으로 들어갔어야 했다는 얘기다. 나는 어렸을 때 몸도 작았고 똑똑하지도 못했다. 자존심은 강해서 무언가를 하려고 노력은 했지만 잘되지 않았다. 더군다나 중학교 때 가세가 기우는 바람에 중퇴를 하면서 인생이 심하게 꼬이고 내 꿈을 펼치기가 힘든 상황이 되었다. 나는 중학교를 중퇴하고 식당일, 공장, 신문 배달을 전전하면서도 공부의 끈을 놓지 못하고 공부해서 검정고시를 통과했다. 그 후 육사에 들어가 첩보장교가 되는 꿈을 꿨지만 그 꿈을 이루지는 못했다. 그러나 나는 이 나라를 위해 자랑스럽게 목숨을 걸고 싸우는 국가주의적 사고방식이 많이 있었다. 그때와 지금의 차이가 있다면 당시의 국가주의가 지금은 민족주의로 변했다는 것. 나의 수호령은 아마도 내가 나라를 위해 영향력 있는 사람이 되기를 원했던 것 같다. 그러나 나의 영이 스스로 그것을 포기했는지 아니면 무언가 잘못됐는지는 모르겠지만 같이 들어가기로 해 놓고, 내가 들어가지 못함으로써 결과적으로 수호령을 배신한 원인이 되었던 것이다. 어찌 됐건 내가 왜 그 자리에 못 들어가고 수호령의 속을 썩였는지, 숙영매가 제대로 듣지 못하고 시간도 많이 걸리고 해서 대화는 중지됐다. 이것은 다음에 다시 대화를 나누면서 풀어야 할 문제인 것 같다.

2018년 12월 12일 수요일

내일 새벽 2시에 재천령이 내 꿈속에 들어오기를 허락해 달라고 수호령에게 부탁하자 수호령은 그렇게 해주겠다고 했다. 내가 숙영매한테 물었다.

"수호령님이 보이나?"

"아니, 잘 안 보여."

"너무 밝아서 그러나? 불을 꺼 볼까?"

그녀는 집 안에 있는 불을 껐고 스마트폰의 불빛만 희미하게 비추었다.

"보이네, 굉장히 멋지시네. 하얀 복장에 목과 팔에 검은 테두리."

"현대식 복장인가?"

"응, 현대식이야."

나는 한 가지 수호령에게 물어봤다. 수호령이 3년을 먼저 와서 나를 기다렸다고 하는데, 그 이유가 내가 추측만 하는 것보다는 좀 더 구체적인 이유가 있을 것 같아서다.

"내가 55년도에 태어나겠다고 약속해 놓고, 왜 그때 태어나지 못했는지요?"

그러자, 수호령의 말은 나의 형의 영혼이 나보다 먼저 들어가는 바람에 내가 들어가지 못했는지 또는 나를 물리적으로 재치고 들어갔다는 것인지, 전에도 말했다시피 그녀는 수호령의 말을 듣기 힘들어한다. 머릿속에 윙윙거리며 소리가 흩어진다. 재천령이 그나마 옆에서 도와주니까 그 정도로 이해할 수 있는 것이다. 어쨌든 대화는 중단되었고 서로 들어가려는 경쟁이 있었던 듯싶다. 작은 형의 수호령도 엄청나게 세다고 한다.

2018년 12월 13일 목요일

새벽에 잠에서 깼다. 시계를 보니 1시 55분. 2시에 재천령이 오늘 밤 들어오기로 했는데 5분 전에 깨다니! 다시 잠을 청하려다가 화장실에 갔다 와서 자려고 나왔는데 숙영매가 거실에서 안 자고 있었다.

"왜 잠을 안 자고 있지?"

"재천이가 당신 꿈속에 들어가서 얘기하는 모습을 보고 싶어서… 근데 당신 지금 깨면 어떡해?"

"몰라, 나도 깨어 보니 1시 55분이네."

재천령도 내 방으로 들어와서 내가 잠자는 모습을 확인하고 들어오려는 순간 내가 잠에서 깨어나 있어서 들어오지 못했다. 허 참 어떻게 이런 일이…

나는 그녀와 조금 얘기하다가 수면제를 먹었다.

"30분 이내로 잠들 거니까 그때 들어오라 그래."

나는 이렇게 말하고 다시 잠자리에 들었다. 그러나 깨어나 보니 5시 반. 어떻게 된 건가? 그녀는 자고 있고, 나는 다시 잠들었다. 다시 일어나

보니 7시. 그녀는 그 시간까지 계속 자고 있어 방에서 나오지 않고 있다. 10시 반 그녀가 일어나자 나는 어떻게 된 일인가 물어봤다.

"당신이 다시 잠들 때를 기다렸다가 들어가려고 했는데 수호령이 또 막는 바람에 들어가질 못했어…"

간밤에 그렇게 약속을 했는데 또 막았다. 나는 재천령을 부른 후 수호령을 불렀다.

"수호령님, 얘기할 것이 있는데 나와 주세요."

나도 숙영매도 불렀지만,

"……"

묵묵부답 반응이 없다. 아마 나와 봤자 할 말이 없어서일 것이다. 오늘 약속을 안 지켰다면 앞으로도 허용을 하지 않을 가능성이 크다. 수호령은 내가 수호령을 배신하고 다른 신을 섬길까 봐 그러는 것인지 이유를 알 수가 없다.

그래도 나는 재천령한테 말했다.

"내 수호령이 허락을 안 한다고 하더라도 절대 싸우거나 다투지는 마라. 이분은 내가 죽을 때까지 나를 지켜 주는 분이시니까. 인내심을 가지고 기다리자."

2018년 12월 15일 토요일

간밤에는 동창 친구 두 명 만나서 저녁을 먹었다. 술과 고기를 끊었으니 1차에 2차까지 가는 과정이 답답했다. 지난 추석이 지나고부터 고기를 끊었다. 공장식 축산 그리고 동물 학대, 환경오염. 고기 1kg을 얻기 위해서는 곡물 6~9kg이 필요하다. 식량난을 해결하기 위해 유전자 조작

곡물을 먹어야 하는 상황에서, 세계 식량 1/3이 가축을 기르기 위해 사용된다. 축산업에서 배출되는 메탄은 자동차에서 나오는 이산화탄소보다 30배 유해하다. 지구에 있는 동물의 총중량 중 90%가 가축인데 이는 심각한 생태계 파괴다. 그리고 동물 학대. 소, 돼지, 닭 등의 동물들은 평균 수명의 약 10분의 1 나이가 되기 전에 잡는다. 이런 모순점까지 감수해서 동물을 먹어야 하나? 마음이 몹시 불편하다. 내가 할 수 있는 일은 육식을 금하는 것밖에는 없다.

숙영매는 거의 이틀을 자고 오늘 아침에 일어났다. 자는 동안 수시로 귀례령, 대영령, 재천령이 꿈속에 드나들면서 대화를 했다. 주로 귀례령과는 교육에 관한 대화, 대영령과는 잡담을 많이 하고, 재천령은 필요한 말만 잠깐 하고는 가곤 했다. 너무 무뚝뚝한 모습에 좀 답답한 마음이 들기도 한다.

꿈속에서 대화할 때는 수면 효과가 별로 나지 않는다 한다.

영혼을 꼭 봐야만 하는가?

나는 돌아가신 어머니가 오셨을 때 보고 싶다. 그것이 아마도 가장 큰 소망일 것이다. 그러나 나의 수호령은 그것을 못하도록 한다. 그렇게 됐을 때 나에게도 수호령에게도 득보다는 실이 많다고 판단했을 것이다. 어쩌면 이런 글은 영안을 가진 사람이 쓰는 것보다 영혼을 볼 수 없는 사람이 쓰는 것이 좀 더 설득력이 있을 수 있다.

미국 버지니아대학의 이안 스티븐슨 박사는 환생과 전생을 과학적으로 증명하기 위해서 한평생을 바쳐 연구했고 《전생을 기억하는 아이들》이라는 책을 완성했다. 그는 전 세계 2,500여 건의 환생 사례를 정리하여 논문을 발표했었다. 자신의 나라인 미국의 사례도 있지만 주로 인도, 스리랑카, 미얀마 같은 불교적 색채가 짙은 나라들이 등장한다. 그의 제자 짐 터커 박사는 《어떤 아이들의 전생 기억에 관하여》라는 책을 통해서 그 사실을 구체적으로 입증하려 노력하고 있다.

이런 것은 국가적으로 지원해 주지 않으면 불가능한 일이다. 우리나라는 60년대 개발독재 시대에 미신 타파라는 기치를 내걸고 영혼의 존재를 부정하고 무속인과 토속신앙을 탄압했던 때가 있었다. 또 그때 살았던 현재 노인 세대와 중년 세대는 미신이라는 관념이 강하게 박혀 있다. 지금은 탄압을 하지는 않지만 그런 현상을 연구하도록 지원해 주지도 않는다. 특히 과학 기술이 발달하면서 "과학 시대에 무슨…" 하며 비웃는다.

저승, 저승사자, 산신령, 수호령, 귀신, 영혼 등 이런 단어는 단지 사람들이 재미로 또는 환각으로 만들어 놓은 전설 같은 것으로만 치부한다. 나는 단어가 존재하는 한 실체가 존재한다고 생각한다. 신, UFO 외계인, 인어, 용 등 혹시 그중에서 몇 개는 왜곡되어 표현된 것이 있을지라도 실체는 분명히 존재하거나 존재했었다는 것. 특히 인어는 《어우야담》에서 상세히 기록해놓았지만 지금은 극렬히 부정한다. 우리가 물질세계에서 보고 느끼는 것이 전부라고 생각하면 몽매한 것이고, 무한히 펼쳐진 우주와 다른 차원이 무수히 존재한다는 것을 이해하지 못한다면 결국 우리는 우물 안의 개구리와 같은 존재가 된다. 우리는 좀 더 이 세상을 넓게 봐야 하고, 보이는 것보다는 보이지 않는 게 더 많다는 것을 이해할 필요가 있다.

"재천이는 계속 밤에 잠잘 때 내 방에 들어오나?"

내가 묻자 숙영매가 말했다.

17. 모녀의 갈등, 그들의 전생

"응, 매일 새벽 2시면 들어가."

"요즘 수호령은 어떤가? 많이 누그러졌나?"

"아직도 요지부동이야. 당신보다 3년 먼저 와 있을 때 엄청 힘들었고, 배신에 대한 트라우마가 심한 것 같아."

"그건 내 잘못이 아니잖아? 내가 경쟁에서 밀려서 못 들어간 건데. 아니면 내가 양보했나?"

"그래도 3년 동안 엄청 힘들었대. 서러움도 많이 받고. 수호령은 자신의 주인이 없으면 힘이 많이 약해져서 다른 영혼들의 해코지도 받는다고 하더라고."

"결국 내가 형의 몸속으로 들어가지 못하자 3년 동안 어머니의 주위를 맴돌면서 임신할 때까지 기다렸다는 말이구나."

"그렇지."

"당신은 당신의 수호령과 대화하고 싶은 마음은 없어?"

"재천이나 귀례, 대영이하고는 잘 통하는데… 내 수호령하고는 나중에 한 번 얘기해 봐야지. 그리고 나의 깊은 곳에 큰 영이 있고, 내가 그걸 끄집어내려고 노력해야 해. 그것은 내가 해야 한다 하더라고."

2018년 12월 16일 일요일

"정원 아빠, 빨리 좀 나와 봐!"

새벽에 자고 있는데 그녀가 밖에서 누구와 얘기하는 소리가 들리더니 나보고 나오라고 소리쳤다.

"지금 무당령들 5명에서 나보고 자신들을 받으라고 하는 거야. 난 싫다고 하는데 계속 강요하네. 그래서 애들이 무당령들을 감싸며 내쫓으려고 하고 있어."

그녀가 영가들이 있는 방에서 공부하고 있는데 갑자기 그들 5명이 찾아온 것이다

"차라리 나를 죽이고 데려가!"

숙영매는 화가 나서 소리쳤다.

귀례령, 재천령, 대영령 그리고 수백 명의 영가들이 무당령들을 붙잡고 있다.

"안 끌려 나가려고 발버둥 치네."라고 숙영매가 말했다.

무당령들이 들어올 때 영가들이 막았지만 그들은 확인이나 해 보고 가겠다고 해서 강제로 들어온 것이다. 약 10분 정도 대치한 후 한 명씩 끌고 나갔다. 미아리고개 근방으로 데리고 갈 거라 했다.

"이제 1명 끌고 나갔어. 지겹다 진짜."

숙영매가 말했다.

전에 내림신이 왔을 때도 열흘 동안 영가들과 대치하다가 포기하고 갔지만, 신이라고 하는 존재들은 고집들이 세다. 아니 보통 무력으로 제압하려고만 한다. 사람들처럼 타협이라는 것이 없다. 물론 신을 받으라고 했을 때 "예" 하고 순순히 받아들이는 경우가 없기 때문에 그럴 것이다.

"이제 3명째 갔어. 하하, 초롱이 좀 봐. 무당령 머리끝에 앉아 있네."

숙영매가 웃으며 얘기했다.

"헤헤, 이런 건 나 혼자도 데려갈 수 있어. 이건 영도 없네."라고 초롱령이 말했다.

마침내 5명의 무당령들이 다 끌려 나갔다.

지금 집 안에는 영이 센 20여 명 정도의 영가들이 있고 집 지하실 안에

는 그보다 영이 약한 수십 명의 영가들이 있다. 모두들 숙영매를 수호할 사명이 있다.

"얘네들이 없었으면 난 어찌 됐을까? 아마도 아무 신이나 받아들이고 귀례령처럼 됐을 거야. 아니면 거부하다가 죽었을지도 몰라."

숙영매는 이렇게 혼잣말을 했고, 나는 영가들에게 수고했다는 말을 하고 다시 잠을 청했다.

18. 타로 수업

2018년 12월 17일 월요일

　숙영매의 타로 첫 강의가 시작됐다. 일주일에 한 번 월요일 5시간 강의다. 갈 때 귀례령, 재천령, 대영령, 초롱령 이렇게 네 영가를 보호령으로 데려가고 안으로는 대영령과 초롱령만이 같이 들어갔다.

　학원생들은 영혼을 보지는 못하지만 그것의 존재를 믿고 기본적으로 명상들은 다 한다. 학원 원장은 마흔살 가까이 됐고, 영혼을 볼 줄은 모르지만 영적 기운이 있기 때문에 다른 영가의 도움이 있으면 볼 수 있다. 숙영매가 대영령과 초롱령이 있는 상태에서 커튼을 치고 약간 어두운 환경을 조성해 주니 원장 눈에 그들이 보였다. 그녀는 영가들을 보고 깜짝 놀라며 물었다.
　"같이 왔어요?"
　"예, 제가 데리고 있는 영혼들이에요. 전에 전화상으로 얘기했잖아요. 데려간다고…"
　"아, 참 그랬죠. 정말 영이 맑은 애들이네요. 제가 학원을 하면서 영혼을 제대로 보는 사람은 없었어요."
　원장은 계속해서 말했다.
　"초롱이라고 했지? 우리 집에서 나하고 같이 살래?"
　"싫어요, 나 집에 갈래요."

초롱이가 대답하며 난처한 표정을 짓자 원장과 숙영매가 웃었다. 원장과 얘기를 하는 중에 산신령에 대해서도 말이 나왔는데 원장은 다음과 같이 말했다.

"아, 그래요? 저도 북한산신님 만나고 싶어서 북한산에 가서 기도도 드리고 했는데 만나지 못했어요."

숙영매가 대답했다.

"저도 목소리만 들었지 얼굴을 본 적이 없어요."

2018년 12월 24일 월요일

오늘은 수업 시작 30분 전에 와 달라는 원장의 부탁으로 그녀는 일찍 가서 원장과 얘기했다. 원장은 숙영매가 데리고 있는 영가들 중에서 2~3명의 영가를 보내 줄 수 있는지 요청했다. 숙영매는 한번 얘기해 보겠다고 했다.

오늘도 대영령과 초롱령은 학원 안에 같이 들어갔다. 학원생들 열 명 중 한 명의 오른쪽 어깨에 앉아 있는 영혼이 한 명 보였다. 스무 살 정도의 여자 영혼이었다. 숙영매 생각에는 그 학생의 어깨가 분명히 아플 것이라는 생각이 들었다. 그래서 숙영매는 무심코 말을 내뱉었다.

"너! 저리 안 내려와!"

순간 정적, 원장의 당황하는 얼굴이 보였다. 그녀도 순간 이런 말을 하면 안 되는데 하고 후회했다. 대영령과 초롱령은 즉시로 그 영혼을 끌고 밖으로 나갔다. 학원생들 모두는 영혼의 존재를 믿지만 낮에도 이렇게 활동할 것이라는 건 생각하지 못했다. 낮에는 양기가 강하기 때문에 영혼들은 대부분 활동이 위축된다. 수업이 끝난 후 원장은 숙영매를 불러서 조용히 얘기했다. 우선 그녀는 원장에게 사과했다. 원장의 자존심을 상하게 했을 것이라는 생각에서였다. 원장도 수업 시간에 대영령과 초롱령을 들어오지 못하게 부탁했다. 원장과의 얘기가 끝나고 엘리베이터를 타고 내려오는데, 그 영혼을 달고 있던 학생이 숙영매를 기다리고 있었다.

나이는 스물한 살이고 신기가 약간 있고 영혼을 느끼기는 하지만, 귀신을 볼 수가 없기 때문에 산에 가서 45일간 단식기도를 해 보기도 했다고 한다. 어떻게 하든 자신의 신기를 발전시키고 싶어 하는 것이다. 숙영매는 그 학생과도 영혼에 대해서 얘기를 하다가 집으로 갔다.

19. 어머니 제사 1

2018년 12월 26일 수요일

오늘은 어머니 제사. 나와 숙영매, 정원이 세 명만이 지낸 제사였다. 어머니는 저번 추석 때 형네 집에서 숙영매한테 오셨을 때 말씀하신 게 있었다.

"올해 제사 정원 아빠가 따로 지낼 거면 올 테니까 음식은 간단하게 차려라."

나는 점심때쯤 장을 보면서 최소한으로 사려고 노력했지만 그래도 과일, 고기, 나물이 15가지는 됐다. 재천령은 산신령을 통해서 저승에 계신 어머니에게 제사를 지내니 오시라고 알려 주는 수고를 아끼지 않았다. 우리는 저녁 8시까지 오시면 된다고 말했다. 그리고 나는 오늘 휴가이기 때문에 이것저것 개인 볼일을 보고 쇼핑을 하면서 하루를 보냈다. 오후 4시쯤 준비하기 시작했다.

"7시에 오신대요."

재천령이 산신령으로부터 연락을 받고 이같이 알려 줬다. 재천령 얘기로는 너무 또 거창하게 차릴까 봐 일찍 오신다는 것이었다. 이미 다 준비해 놨는데…

7시 5분 전, 어머니가 오셨다. 나는 볼 수가 없지만 며느리 숙영매는 울먹울먹 가슴이 벅차하는 것을 느낄 수 있었다.

숙영매: 어머, 오셨어. 여기 계시잖아. 아, 너무 추워. 이쪽으로 오세요.
나: 어머니하고 접촉은 안 했지? 접촉하면 안 된다.
숙영매: 어머니가 더 잘 아시고 피하시네.

어머니는 차림상 앞에 앉으셨다. 정원이와 나는 술잔을 따르고 절을 올렸다. 숙영매는 계속 추워하면서 밖에서만 서 있었다. 영혼이 있으면 한기가 든다는 것을 경험 있는 사람은 다 안다. 물론 영적으로 무딘 사람들은 그런 일이 없다. 바로 나 같은 사람을 말한다. 저승에 있는 조상이 자손들의 제삿밥을 먹으러 올 때는 1시간의 시간을 준다고 한다.

다음은 어머니와의 대화인데, 전과 마찬가지로 어머니와 나 사이에 숙영매가 대화를 전달해 줬지만 편의상 직접 대화하는 형식으로 정리했다. 1시간이 지난 후 어머니의 저승 남편과 교신을 하여 1시간 더 연장을 하였고, 2시간 정도 얘기를 나누었다.

나: 어머니 그동안 잘 지내셨죠?
어머니: 그래, 잘 지냈다. 음식 차리지 말라니까 왜 이렇게 많이 차렸어! 다음에 올 때는 차리지 마.
나: 그래도 음식을 차려야지 오셔서 굶고 가실 거예요? 조상들은 자손들이 제사 지내는 것을 어떻게 알고 오시죠?
어머니: 거기서는 알 수 있는 방법이 있다.
나: 저승에서는 아버지하고 같이 계신 거예요?
어머니: 아니, 아버지는 제사 때만 몇 번 만났고 어디 계신지 모른다. 나는 지금 다른 사람하고 결혼해서 살고 있다.

나: 결혼했다고 해도 애까지 낳는 건 아니겠죠?

어머니: 애를 안 낳을 거면 왜 결혼을 하겠냐? 지금 애가 두 살이다.

(어머니는 지금 나이가 32세가 되셨다. 28세에 결혼해서 애를 낳았는데 두 살 됐다. 저승에서는 나이를 거꾸로 먹는다. 20세까지 젊어졌다가 다시 나이를 먹고 28세에 결혼을 하여 지금 32세란다. 나는 저승에 가면 나이를 거꾸로 먹는다는 것을 평소 공부를 통해서 알고 있었고 일 년에 한 살씩 젊어진다는 것으로 알고 있었지만, 어머니는 살아생전 착하게 사셨기 때문에 젊어지는 속도가 상당히 빨라졌다고 한다. 그리고 다시 늙고 다시 젊어지고 도저히 우리는 이해할 수 없는 저승과 영혼의 세계다. 대영령이 지난 해 4월 갓난아기서부터 시작해서 지금 열아홉 살로 나이가 먹은 것과 같은 이치인 것 같다.)

나: 어머니 돌아가셨을 때 우리가 장례식 치르는 것을 다 보고 가셨나요?

어머니: 아니, 장례식 중간에 저승사자를 따라서 바로 갔다.

나: 우리가 명절 제사를 지낼 때 어떤 조상님이 오시나요?

어머니: 너의 증조할아버지, 증조할머니, 할아버지, 할머니. 아버지 그리고 나까지 6명에서 오지만 잘 안 오신다. 오셔도 음식에 불만이 많으시다. 성의들이 없어.

나: 음식에 마늘이 들어가서 그런가요?

어머니: 그렇지, 계속 마늘을 넣으면 조상들을 오지 말라고 하는 거야. 계속 넣다가 저번 추석에만 넣질 않았어.

나: 그건 제가 넣지 말라 그래서 안 넣었을 거예요. 혹시 제사 지낼 때 조상님이 드실 시간이 충분한가요? 제 생각에는 제사상을 너무 빨리 치우는 것 같은데.

어머니: 그래, 안 그래도 내가 말을 하려고 했다. 그렇게 빨리 치우면 먹을 수가 없지.

나: 그러면 시간을 얼마나 드리면 되나요?

어머니: 적어도 20분은 줘야 된다. 조상님뿐만이 아니라 집에 있는 영혼들까지 먹게 해 줘야 한다.

나: 저승에는 TV도 있나요?

어머니: 그런 건 있을 필요가 없다. 내가 생각만 하면 앞에 스크린이 펼쳐지면서 화면이 나온단다.

나: 교통수단이 필요 없을 것 같아요. 순간 이동으로 가면 되니까요.

어머니: 이승이나 저승이나 사람의 삶은 똑같다고 보면 된다. 농사짓는 사람도 있고 공장에서 생산하는 사람도 있고.

나: 저승에 지옥이 있나요?

어머니: 있고말고. 살아생전 나쁜 짓을 한 영혼들은 나쁜 곳에 가서 먹을 것도 없고 고생하며 일만 많이 한단다. 사창가도 있다.

나: 거기서도 남묘호렌게쿄 믿으시죠.

어머니: 그럼.

나: 그럼 저승에서도 남묘호렌게쿄를 믿는 사람들끼리 모여서 좌담회도 하나요?

어머니: 그럼, 난 반담이 됐다.

어머니는 살아생전에도 남묘호렌게쿄 좌담회에서 반담이었었는데, 저승에서도 같은 일을 하고 계신다. 반이란 그 종교에서 가장 작은 규모의 모임이고 거기에 반장, 반담이 있다. 대화가 1시간이 거의 지나갈 때 어머니는 북한산신을 통해서 남편에게 1시간만 더 연장해 달라고 요청했다.

숙영매: 어머, 하하. 어머니 참 귀여우시네. 남편한테 애교 부리면서 말씀 하셔.

내가 형네 집에 가서 제사 지낸 후 조상님들이 다 드실 때까지 20분은 기다려야 한다고 하면 나보고 미쳤다고 그럴 것이다. 하지만 고집을 피워서라도 그것만큼은 실현하도록 해야겠다. 조상님께 지내는 제사가 예의 없이 진행된다면 안 지내는 것만 못하다. 어머니는 사실 지금 생각하면 나의 스승 같은 분이고 살아생전에 영적인 일에 대해서 대화도 많이 했다. 큰형과 작은형보다는 유독하게 나와 가깝게 지냈다.

나: 어머니와 저는 인연이 깊은 것 같은데 혹시 전생의 저와는 어떤 관계였는지 생각나세요?
어머니: 과거세에 너는 나의 아버지였던 적이 있었다. 죽고 나면 모든 걸 다 알게 된다. 정원 엄마가 신기 있다는 것도 내가 죽고 나서 바로 알게 됐다.
나: 저승사자가 와서 망자를 데려가는데 장례식 절차가 끝난 후 간다고 그러면 기다려 주나요?
어머니: 그럼, 얼마든지 기다려 주지. 못 데려가는 경우도 많으니까. 못 데려가면 저승사자가 추궁을 받는다.
나: 지금은 가실 때 어떻게 가시죠?
어머니: 지금은 내가 혼자 찾아갈 수 있다. 금방 간다.
나: 저승에서 이렇게 1시간 휴가를 나올 때는 남편이 없는 경우 누구의 허

락을 받나요?

어머니: 법칙은 정해져 있지만 누가 통제를 하는 것은 아니고 자연스럽게 그렇게 된다.

나: 저승에 가면 재판을 받나요?

어머니: 그럼 당연히 받지.

나: 음식은 어떻게 해요?

어머니: 캡슐만 먹으면 된다. 밥 캡슐, 반찬 캡슐, 영양제 캡슐 다 있다.

숙영매: 그건 외계인 세상인데요.

어머니: 나도 외계인을 본 적이 있고, 거기서도 외계인에 관심이 많다. 그리고 저승에서도 열심히 공부하고 착하게 살면 더 높은 차원으로 갈 수 있고, 높은 영을 가진 외계인도 만날 수 있다. 이승에서의 삶이 가장 낮은 수준의 삶이다.

나: 저는 어머니 살아 계실 때 어머니와 외계인에 대해서 얘기한 적이 없는데…

실제로 어머니에게서 외계인 얘기가 나오는 것이 신기했다. 어머니는 저승에 가서 지적 수준이 높아진 것 같은 생각이 든다.

나: 거기에도 농장 같은 데서 식량을 생산하나요?

어머니: 식량 생산하고 그것을 가지고 공장에서 캡슐을 만드는 거다.

나: 저승이 오히려 이승보다 과학이 더 발달했네요. 그럼 저승 생활이 이렇게 편한데 육신의 옷을 입고 환생을 하는 이유는 뭐죠?

어머니: 자기가 보고 싶고 관계를 맺고 싶은 사람을 만나기 위해서다. 또

한 미워하는 사람도 풀어야 하기 때문이다.
숙영매: 어머니 가실 시간이 다 되어 가네. 어머, 어떻게 이렇게 시간이 빨리 가나?
(어머니 가시는데 문을 열어드렸다. 가시면서 한 말씀을 하셨다.)
어머니: 밖에 영혼들이 많으니까 고수레 좀 놔 줘라.

숙영매는 급히 들어와서 그릇에 음식을 몇 가지 놓고 밖에 놔 뒀다.
그렇게 해서 어머니는 가셨다. 산 사람들, 아니 물질적 육신의 옷을 입고 있는 사람들이 이해할 수 없는 영혼과 저승의 세계. 산 사람들이 굳이 알 필요가 있을까 하는 생각을 할 수도 있다. 그러나 막연히 아무것도 모른 채 죽음을 두려워하고 슬퍼하는 일에서 벗어나는 것 또한 우리에게는 중요한 일이다. 그리고 우리가 어떻게 살아야 하는지 그 방향과 방법을 제공한다. 그것이 마음공부다. 위의 대화는 2시간 동안 지속된 것이지만 요점만 정리한 것이다.

2019년 1월 4일 금요일

기해년이 밝았다. 작년 무술년은 숙영매가 아기령을 만나 영적으로 성장하는 과정이었다면 올해는 영적으로 좀 더 성숙해지거나 완성이 되는 해가 될 것으로 생각한다. 며칠 전 그녀는 가만히 있는데도 몸이 더워지면서 속에서 무언가가 올라오는 느낌을 받았다. 나와 귀례령은 속에 잠재되어 있는 영적 감각이 올라오는 것이 아닌가 하고 추측을 했다.

2019년 1월 9일 수요일

타로 학원에서의 숙제는 상당히 많다. 외울 것도 많다. 학교 졸업 후 살면서 무엇을 배우고 작성하는 일을 하지 않았던 숙영매로서는 버거운 일임에는 틀림없다. 그렇다고 귀례령이 과제를 도와줄 수는 없다. 힘들더라도 스스로 하면서 실력을 키워 나가야 하기 때문이다. 몸도 아파서 너무 힘들다고 귀례령한테 불만을 토로하자 그 말을 들은 산신령은 다음과 같이 말하며 격려했다.

"그렇다고 죽지는 않을 것이니 참고 견뎌라."

죽지는 않는다? 사람이 너무 고통스러울 때 죽겠다는 소리를 습관적으로 한다. 그렇다고 죽는 사람은 물론 없다. 산신령이 하는 말은 너무도 당연한 말이지만 당연한 말 속에 또 기운을 북돋우는 힘이 들어 있다.

"그래, 맞아. 죽지는 않지. 전에는 이보다 더한 고통도 있었으니까. 육체적 고통이건, 정신적 고통이건 이겨 나가면 된다."라며 숙영매는 마음을 가다듬었다.

학원 원장은 숙영매가 영능력이 있고 학습에 열성이 있으니까 자격증을 따고 난 다음에 학원에서 강사로 쓸 계획이 있는 것 같다. 유독 그녀한테만 강도 높은 학습을 시켰고, 교육 기간도 3개월에서 2개월로 단축시키고 싶어 하는 것 등 눈치가 그렇다.

20. 조부모님 제사

2019년 1월 24일 목요일

    어제는 할아버지·할머니 제사였다. 아버지·어머니 제사처럼 할아버지 제사 날짜에 할머니를 합친 것이다.
    이혼한 숙영매를 큰 집에 가게 할 수는 없고, 내가 재천령하고 같이 큰 집에 갈 생각이다. 그리고 두 분께서 오시는지 제삿밥은 드시는지 재천령을 통해 그녀한테 알려 주고 바로 폰으로 나한테 보고하게 했다. 그리고 식사를 끝내시면 또 바로 보고하게끔 했다. 그렇게 식사할 시간을 드리도록 하려고 했다. 사실 이 일을 하는 것도 내가 꼭 해야 하는지 갈등이 많았다. 보나마나 믿지 않을 것이고 언쟁과 갈등이 있을 것이다. 그런데 변수가 생겼다. 내가 퇴근하고 집에 일이 있어서 먼저 들렸는데 7시쯤 큰형한테 전화가 왔다.

"어디냐? 언제 오냐?"

"지금 가려고 하는데요. 8시에 지내지 않나요?"

"사람들 다 왔으면 지내면 되지 기다릴 거 뭐 있냐? 시간 얼마나 걸리냐?"

"한 40분 걸릴 것 같은데요."

"그래? 그럼 지금 지낼 거니까 그렇게 알고 있어."

"알았어요. 지금 택시 타고 갈게요. 좀 기다려 줘요."

    나는 급하게 나와서 재천령하고 같이 택시 타고 가니 7시 25분쯤 됐다. 다들 와 계신데 사촌동생은 아직 오지 않았다. 그럼에도 그냥 지내겠다고 해서 내가 말했다.

"올 사람이 있는데 조금 기다렸다가 같이 지내요."

나는 숙영매한테 급히 문자를 넣었다.

'제사를 일찍 지내려는 모양인데 할머니랑 할아버지 오셨나?'

문자를 보내고 조금 있다가 사촌동생이 왔다. 그러자 큰형이 제사를 지내려고 하자 내가 말했다.

"그래도 8시에 지내기로 했는데 이렇게 마음대로 제사를 지내면 어떻게 해요. 8시까지는 기다려야죠."

그러자 큰형수가 소리쳤다.

"그냥 지내! 그때까지 언제 기다려!"

할 수 없이 나는 내 주장을 포기할 수밖에 없었다. 예상은 하고 있었지만 마음이 허탈했다.

숙영매한테 문자가 왔다.

'안 오신다니까 그냥 지내. 누가 우리 말을 듣겠어? 8시도 안 돼서 난리를 치니까 오늘 안 오신대. 북한산신도 몹시 언짢아하셔.'

작년 말 어머니 제사 때 산신령을 통해 어머니가 오셨던 것처럼 이번에도 재천령이 부탁해서 산신령을 통해 할아버지, 할머니에게 연락을 했던 것이다. 나중에 사촌동생이 말했다.

"그렇게 제사에 대해서 참견할 거면 형이 제사를 인수해서 해요. 얼마든지 가능하니까요."

이 말은 사실 빈정거리는 말이기는 해도 나로서는 할 말이 없다. 제사장에게 감 놔라 대추 놔라 하는 식의 참견이 되었기 때문이다. 마음은 안 좋았지만 더 이상 내가 제사에 대해서 말할 자신이 없다. 믿지도 않을뿐

더러 미쳤다는 소리를 더 듣고 싶지도 않다. 제사 끝나고 식사 시간 20분 이상은 드려야 된다는 어머니 말씀도 언급하지 않았다. 또 다른 논쟁과 분란을 일으킬 수 있기 때문이다. 그런데 작은아버지 두 분이 조부모님 제사를 더 이상 지내지 말자고 제안한 모양이다. 무슨 마음이지 모르지만 제사를 지내든 안 지내든 그건 후손이 그렇게 결정하면 된다. 그러면 조상님이 안 오시면 되니까. 단지 후손들이 잊지 않고 제사를 지내니 정성이 갸륵해서 오시는 것이다. 그러나 이왕 지낼 거면 다 알고 분명히 오시니까 그분들이 편히 식사도 하시고 대접받고 갔다는 생각을 하시도록 하자는 것이 내 뜻이었지만 그것을 이루지 못했다.

또한 명절 때 고조할아버지와 고조할머니께서는 안 오시니까 지내지 말자는 내 말도 무산됐다. 작년 추석 때도 확인했고, 작년 말 어머니께서도 그렇게 말씀하셨기 때문에 그렇게 얘기한 건데 내 뜻과는 무관하게 비웃음을 받는 꼴이 됐다. 남들은 아무도 모르는데 나 혼자만 알고 있는 것처럼 외롭고 힘든 상황은 없다.

집에 돌아와서는 재천령과 오랜만에 대화를 나누었다. 그는 요즘 떠도는 영가들 천도하느라 바쁜 나날을 보내고 있다. 이런 일도 있었다고 한다.

나래령처럼 못된 짓만 하고 다니는 여자 영혼이 있었다. 저승으로 보내 준다고 하니 다음과 같이 말하고 도망갔다.

"저승에 가면 재판받고 지옥에 가는 거 아니에요? 싫어요. 절대 안 갈래요."

이승에서 나쁜 짓을 하고 다니지 않으면 굳이 안 가겠다고 하는 거 보낼 필요는 없다. 하지만 이런 종류의 악귀들을 사람들에게 해를 끼치도록 내버려 둘 수는 없다. 하여 그것도 역시 붙잡아서 산신령의 도움을 받아 저승으로 가게 했다.

2019년 2월 16일 토요일

"엄마, 밖에 나가자~~ 응?"

대영령이 숙영매에게 졸라 댄다. 대영령은 재천령과 영혼들 구제하고 천도하느라고 밤만 되면 외출한다. 그러나 숙영매와는 외출한 지가 오래되었던 터라 엄마를 졸라 대는 것이다. 잠자리에 들려고 했던 그녀는 할 수 없이 대영령, 초롱령, 민재령과 외출을 하고 산책 겸 운동하러 나갔다가 새벽 2시 반에 들어왔다. 산책 중에 떠도는 영가 2명을 만나서 얘기하고 둘 다 천도를 해 줬다.

여자 영혼은 30대로 보이고 고등학교 다닐 때 왕따를 많이 당했다 한다. 소위 '삥 뜯기'를 당한 것이다. 폭력도 많이 당했다. 많이 맞고 다니면서 수치심과 고통에 시달렸고 이렇게 맞다가 병신이 되는 게 아닌가 하는 두려움과 고통에 목 매달아 자살했다. 죽고 난 후 저승사자가 오지 않아서 저승에 못가고 떠돌아다녔는데 부모한테 그렇게 천도재를 지내 달라고 말을 했다는데 해 주지 않았다. 그것도 당연한 것이, 영혼이 된 딸의 소리를 들을 수가 없었기 때문이다.

또 다른 영혼은 남자인데 40대쯤 돼 보였고 살아생전에 사업을 하다가 실패하여 자살을 했다고 한다. 삶이 너무나 힘들어서 사는 게, 사는 게 아니었다. 둘 다 지금은 저승에 가고 싶어도 자살한 죄가 무서워서 꺼렸다. 하지만 숙영매는 다음과 같이 말해주며 산신령을 통해 천도해주었다.

"일단 가고, 지은 죄가 있어서 벌을 받아야 한다면 기꺼이 받고, 거기서도 기도와 함께 명상하고 선을 쌓으면 좋은 곳으로 갈 수 있다."

21. 지하철 성추행 영혼

2019년 2월 24일 일요일

숙영매는 타로 자격 시험에 합격했다. 지금으로서도 어디서든지 타로 상담을 할 수 있다. 그러나 타로 심리학을 더 공부하기 위해서 다시 3월부터 다닐 예정이다. 요즘은 학원에서 내담자와 타로 상담을 해 주기도 한다.

숙영매는 몸이 약하다. 산신령이 항상 염려하는 것도 그것이다. 산신령은 나같이 영적 능력이 없는 사람이야 별 관심이 없지만 영적 능력이 있는 사람은 교육을 시켜야 한다. 앞일을 알지 못하는 사람들을 도울 수 있는 일을 하도록 하기 위해서다.

저녁 때 재천령과 얘기를 나누었다. 요즘도 계속 영혼들 천도하는 일을 계속하고 있다.

나: 천도하면서 특기할 만한 사건이 있나?
재천령: 지하철에서 성추행하는 영혼을 강제 천도하게 해 준 적이 있습니다.
나: 영혼이 사람을 성추행해?
재천령: 그게 아니고요. 지하철에도 많은 영혼들이 있는데, 이 질 나쁜 영혼이 남자들로 하여금 강제 추행하게 하는 거예요. 그 추행한 남자는 자신도 모르게 한 일이기 때문에 추행한 사실을 기억하지 못해요. 그런데 여자는 성추행을 당했으니 남자를 고발하고 그 남자는 억울하게 성추행범으

로 몰리는 거죠.

나: 그러면 그 영혼은 그 짓을 하면서 일종의 쾌감을 느끼는 거구나.

재천령: 예, 그런 거예요.

나: 그래서 어떻게 했나?

재천령: 그 영혼을 붙잡아서, 저승으로 보내 줄 테니까 가자 그랬더니 가겠다고 해서 북한산신께 데려가는 도중에 도망갔어요. 그래서 순간 이동을 할 수 있는 애들을 풀어서 붙잡아 왔고 데려가려는데 또 도망갔어요. 그래서 다시 붙잡아 왔고… 그렇게 두 번 잡았다 놓치면서 결국 강제 천도를 하게 된 거죠.

나: 아마도 그놈은 살아생전에 지하철에서 성추행하던 습관 때문에 그 짓을 하는 모양인가 본데, 아무튼 잘했다.

22. 일루미나티

나: 그런데 재천아, 혹시 일루미나티에 대해서 알고 있나?
재천령: 잘 모르겠는데요… (조금 있다가) 북한산신님도 잘 모르신다네요.

나는 재천령으로부터 거기에 대해서 들을 만한 정보가 있는지 물어봤는데 오히려 내가 설명해 주었다.

일루미나티는 음모론이다. 음모론은 현재 권력에 반하여 나오는 다른 목소리다.

일루미나티는 딥스테이트 또는 네오콘이라고도 한다. 순화하여 쓰면 유대인 금융 세력을 주축으로 하는 미국의 주류 세력으로 쓸 수도 있고 세계를 지배하고자 하는 세계주의 세력이라 할 수도 있다. 반면에 부동산 재벌인 트럼프는 미국의 비주류 세력이라고 말할 수 있지만 그는 미국 중심주의다. 미국 역사상 처음으로 비주류 세력이 대통령이 된 것이다. 시간의 흐름 속에서 미국이 변하고 있다는 증거다.

현대사에서 미국이 관련되어 일어난 테러와 전쟁 대부분이 딥스테이트와 관련이 있다.

미국 자체로는 케네디 암살, 9·11테러 등이 이들과 관련이 있다.

대한민국의 차원에서 보자면 6·25 남북전쟁, 광주학살, 아웅산테러, KAL 858기 폭파사건, 천안함 사건 등 굵직한 사건들이 직간접으로 이들

세력과 은밀히 관련되어 있다. 각 사건 사건마다 설명을 하자면 책 한 권씩 써야 하기에 여기선 그러지 못한다.

그러나 한국전쟁에 관해서는 미국의 책임론을 주장한 브루스 커밍스의 《한국전쟁의 기원》 그리고 박병엽의 증언록인 《김일성 박헌영 그리고 여운형》을 참고하면 한국전쟁의 새로운 시각을 엿볼 수 있다. 특히 《한국전쟁의 기원》은 1980년대 전두환 정권 시절 금서로 지정되었고 당시 한국전쟁은 김일성의 적화야욕 이외에 어떤 다른 주장도 허용되지 않던 시절이었다.

또한 아웅산테러에 관해서는 강진욱 기자의 《1983 버마》, KAL 858기 폭파에 관해서는 신성국의 《만들어진 테러범 김현희》, 천안함 사건에 관해서는 신상철의 《천안함은 좌초입니다》에서 북한의 소행이라고 하는 것이 사실은 북한이 하지 않았다는 것을 설명하고 있다.

이 모든 것은 한국의 독재정권과 미국의 딥스테이트 세력이 깊이 관여했다고 볼 수 있다.

중국의 슝훙빙이 쓴 《화폐전쟁》에서는 근대사의 거의 모든 전쟁에서 유대인을 주축으로 한 자본 세력들이 얼마나 깊이 관여되어 있는지 설명하고 있다.

《사후세계의 비망록》에서 자세한 설명을 할 수 없는 것이 아쉽다.

2019년 3월 4일 월요일

숙영매가 산책 운동을 하면서 집 근방 공원에 가게 되면 항상 거기 있는 아줌마를 본다. 아들 찾는 아줌마. 그녀는 오로지 그것밖에는 모른다. 아들을 찾는 일. 자신이 죽었는지 아들이 언제 왜 나갔는지 어디쯤 있을 거라든지 아무것도 모른다. 아들 찾는 그 원념 하나밖에 없다. 우리 집에 있는 영혼들이 지하실까지 합치면 100명 정도 있지만 그들은 자신의 정체성을 안다. 살아생전 무엇을 했고 지금 상황이 어떻다는 것을, 그러나 영혼 상당수는 자신이 죽었다는 사실을 모른 채 이 아줌마처럼 떠돌아다닌다. 재천령, 대영령, 귀례령처럼 살아생전뿐만이 아니고 전생의 일까지 기억하는 경우는 드물다. 대영령은 갓난아기 때, 재천령은 열두 살 어린 나이에 죽었는데 어떻게 그렇게 영이 높은가?

우리가 살아 있는 이 한평생, 길어 봐야 100년 안팎의 시간은 영혼의 나이로 보면 순간에 불과하다. 우리의 영혼이 수만 또는 수억 년을 살았을지 모르지만, 우리 영혼의 나이가 중요한 것이지 지금 물질적 나이는 별로 큰 의미가 없다는 말이다. 오래된 영혼, 공부를 많이 한 영혼, 특히 명상을 많이 한 영혼일수록 영이 높을 수밖에 없다.

임사 체험은 의학적으로 사망 선고를 받고 나서 다시 살아난 사람들이 죽은 상태에서 겪은 일을 말한다. 사람에 따라서 그 체험이 조금씩 다르다. 어떤 사람은 자신이 유체 이탈이 되어 공중에 떠서 자기 자신을 내려다봤고, 주위 사람들의 행동과 말하는 내용까지 전부 얘기하는 경우가 있다. 어떤 경우는 저승사자를 따라갔다가 아직 올 때가 안 됐다고 다시 돌아왔다는 경우도 있다. 터널을 통과해 가다가 흰 빛을 따라 나갔다는 경우나 우주로 나아갔다는 경우 등등 천양각색이다. 나의 어머니의 외할머니, 즉 나의 증조외조모님도 임사 체험을 했는데 어머니가 당시 일곱 살이었고 어머니가 그 이야기를 살아생전에 나한테 하신 일이 있다. 증조외할머니는 저승사자에 이끌려 저승에 갔는데 재판관인 듯한 사람 세 명이 있었고 그중 가운데 있는 분이 다음과 같이 말했다고 한다.

"너는 아직 올 때가 안 됐는데 왔구나. 이왕 왔으니 저승 구경이나 하고 가거라."

그래서 외조모는 저승 생활을 구경하고 오셨다는 말을 어머니가 당신의 외할머니한테 들은 이야기를 나한테 해 주셨다.

"어느 방에 가니까 선비들이 공자 왈 맹자 왈 글을 읽고 있더래. 그리고 어느 방에 갔더니 아기들이 울고 있었다고 했어."

그리고 증조모는 개구리나 뱀 같은 동물령의 모습들 등등 이것저것 구경하고 나서 인도자인 노인이 강아지를 하나 주길래 받는 순간 이승으로 돌아오셨다고 이야기했다.

당시 그분은 꽁꽁 묶여 있는 상태에서 살아나셨고 사람들이 화들짝 놀라며 소동이 났다고 하는데 증조모가 깨어나면서 다음과 같은 말을 하셨다 한다.

"아, 참, 이상한 꿈도 다 꿨다."

증조모는 그로부터 10여 년 더 살다가셨다 한다.

그러나 죽었다 살아났다고 해서 전부 임사 체험을 얘기하는 것은 아니다. 미국의 경우에 심폐 소생술을 해서 살아나 임사 체험을 얘기하는 것은 18% 정도 된다. 나머지 80%는 아무것도 체험하지 않았다는 말이다. 그리고 체험했다고 하는 것도 실제 영혼이 빠져나가 체험한 것인지 거의 죽음에 이르는 극한 상황에서 죽음과 관계된 꿈을 꾼 것인지는 확실치 않다. 다시 말해서 죽음이라는 극한 상황에서 평소에 자신이 갖고 있던 사후세계에 관한 관념이 잠재의식을 통해서 꿈으로 나타났을 가능성도 충분히 있다. 과연 저승에 도착한 영혼이 죽을 때가 안 됐다고 되돌려지는 경우가 가능한지는 나중에 좀 더 분명히 알아볼 일이다.

영혼이 자신의 정체성을 누구는 알고 누구는 모르는가 하는 문제는 정말 모르겠다. 단지 영적 발달 정도나 영혼의 나이와 관계가 있지 않을까 추측해 본다. 미성숙한 영혼들은 아직 삶과 죽음에 대해서 깊이 생각하고 이해할 준비가 되어 있지 않다. 그리고 그것은 직업의 귀천이나 금전적 또는 물리적 성취도와는 관계가 없을 것이라고 생각한다.

23. 유체 이탈

2019년 3월 15일 목요일

　오늘 새벽 2시경 깨어나서 잠깐 앉아있는데 숙영매가 밖에서 나를 부르는 소리가 났다. 내가 바로 일어나서 나가자 그녀가 말했다.
　"조금 전에 자다가 유체 이탈을 한 것 같아."
　"어떻게 했는데?"
　"내가 일어났는데 내가 잠을 자고 있는 거야. 잠자는 내 모습이 보이는 거야. 그런데 옆에 강아지들이 많아. 너무 당황이 돼서 옆에 엄마를 찾으려고 했어. 그런데 소리를 지르는데 목소리가 나오질 않았어."
　"꿈을 꾼 거 아냐?"
　"아니야, 처음에 내 모습을 봤을 때 내가 죽었나? 저승사자는 안 왔나? 이런 생각이 들더라고. 그래서 나가려고 문고리를 잡으려고 했는데 잡히질 않았어."
　"당연히 영혼의 상태니까 문고리가 잡히질 않지."
　"그리고 다시 소리를 지르려고 했는데 목소리가 나오질 않았어. 한참을 그렇게 헤매다가 갑자기 여기는 엄마가 있는 곳이 아니고 정원 아빠가 있는 곳이지 하고 깨달았어. 그런데 그때도 목소리가 나오질 않아서 너무 무섭고 이러다가 내가 그냥 죽는 거 아닌가 겁이 나더라고 이렇게 한참을 헤매다가 '들어가야지' 하고 마음을 먹으니까 깨어난 거야."
　유체 이탈을 한 것이 맞는 것 같다. 내가 알고 있는 유체 이탈 경험자들의 얘기는 대부분 몸에서 빠져나온 즉시 의식적으로 자신의 몸을 보았다고 말한다. 그런데 숙영매는 빠져나온 직후에 자신의 정체성을 느끼기는 했어도 현재 상황을 정확히 파악을 못하다가 시간이 조금 지나서야 파악했던 것 같다. 강아지를 많이 봤다고 하는 것으로 보아, 옛날에 그녀가 강아지를 좋아해서 키운 경험이 많기 때문에 아마도 순간적으로 젊은 시절의 의식으로 돌아가서 환상을 본 것이 아닌가 생각한다.

꿈이라고 하는 것은 영혼이 빠져나가 활동하는 것이라고 말하는 사람도 있는데 내 생각은 아니다. 꿈은 잠재의식의 발현이다. 우리의 영혼은 잠잘 때라도 육신을 그렇게 자유롭게 들락날락할 수는 없다.

귀례령과 재천령은 숙영매가 유체 이탈이 된 상태를 옆에서 보고만 있었다 한다. 스스로 깨우치고 알아차리게 하기 위해서였다. 그리고 재천령이 말했다.

"앞으로 이런 일이 계속 일어날 겁니다. 그리고 유체 이탈을 자유의지로 할 수 있는 날이 올 거고요. 그리고 문고리를 잡고 나가려고 했는데 그럴 필요 없습니다. 그냥 문을 통과해서 나가면 됩니다."

숙영매는 현재 데카메론 카드를 공부하고 있다. 그것은 부부의 성생활 상담을 위한 카드이고 일반 타로카드보다는 더 어렵다고 한다. 4월 말경 시험을 위해서 공부하고 있는데, 요즘 계속 잠이 와서 밤낮없이 잠을 잤다. 그렇게 잠을 자면서 새로운 변화가 있을 것이라고 생각했는데 이렇게 유체 이탈이 일어난 것이다.

2019년 3월 16일 토요일

저녁에 숙영매한테 최면을 걸어 전생 여행을 유도했다. 유럽에서 귀족으로 살았던 전생을 말하는데 연대와 나라를 이끌어내지 못해서 아쉬웠다. 그녀는 2년 전쯤 전생이 궁금해서 정신과 의사로부터 전생 최면을 받은 적이 있다고 한다. 그때도 똑같은 전생이 나왔다고 하는데 아마도 바로 지금 이전 생이었던 것 같다.

　귀족의 딸로 태어나 행복한 결혼, 행복한 인생을 살다가, 전쟁이 났는지 무슨 이유인지 몰라도 온 집안이 풍비박산 나면서 가족들이 살해당하며 부모가 배에 칼이 찔려 죽고 자신을 죽이려고 다가오는 모습이 보였다. 그때 너무 고통스러워하여 빨리 행복했던 시절로 유도를 했다.

2019년 3월 17일 일요일

　다시 숙영매에게 전생 최면을 했다. 요번에는 일본에서 어린 시절 무녀로 간택되어 무녀 훈련을 받고 시모노세키에서 치노키라는 이름을 가진 영주의 측근에서 점술을 봐 주는 일을 했던 것으로 나왔다. 그리고 몽고에서도 어린 시절에 영적 수업을 받는 모습을 얘기하며 역시 비슷한 일을 한 것으로 말하면서 전생 체험을 마쳤다.

2019년 3월 20일 수요일

　새벽 2시경 숙영매의 두 번째 유체 이탈이 일어났다. 잠자는 상태에서 그대로 빠져나왔고 나오자마자 자신의 잠들어 있는 모습을 바라보고 자신이 둘이라는 사실에 신기해했다. 유체 이탈이 되어 영혼인 자신이 투명한 물체가 아니고 실제 육신과 같은 모습이라고 하니 자신이 둘이라고 느낄 수밖에 없다. 잠시 집 안을 서성이다가 밖으로 나가려 하니 재천령이 말렸다.

"엄마, 스스로 유체 이탈이 가능할 때까지는 밖에 나가지 마세요. 위험한 일이 벌어질 수가 있어요."

실제로 유체 이탈을 경험한 사람들 얘기를 들어보면 귀신과 시비가 붙어서 싸우거나 도망가거나 하는 경우가 있다고 한다. 재천령도 그런 사례를 알고 있기 때문에 극구 말린 것이다. 그리고 실제에서 영혼을 볼 때는 희미한 영상과 같은 모습으로 보이는데 유체 이탈 상태, 즉 자신이 영혼이 된 상태에서는 영혼이 실제 사람의 모습으로 뚜렷하게 보인다고 한다. 대화는 입을 벌려 말을 하는 것이 아니고 생각이 그대로 상대방에게 전달이 되고 전달받는다. 즉 텔레파시 소통인 것이다. 다시 그녀는 몸속으로 들어가고 나를 깨워 얘기를 나누다가 4시경 나는 방에 들어와 잠잤다.

작년 9월 16일 영미(가명)라고 하는 이십 대 중반의 여성을 만난 적이 있었다. 그때 이후로 만나지 않다가 오늘 전화가 걸려와서 다시 그녀를 만났다. 그 자리에는 영미, 그녀의 남편, 숙영매, 나 그리고 영미한테 영내림을 받았다고 하는 30대 청년 이렇게 5명이 미아사거리 근방 커피숍에서 얘기했다. 재천령과 대영령도 같이 가서 옆자리에 앉아서 우리의 이야기를 들었다.

영미는 전생에 다른 행성에서 살았었고 지금 지구에 살면서 영적인 일을 하고 있다고 했다. 명함에는 애니멀커뮤니케이터라고 쓰여 있는데 동물과 대화하는 사람이라는 뜻이다. 그런 것이 나에게는 상당히 인상 깊었다.

그들과 1시간 반 이상 대화를 나누었는데 영미는 다음의 두 가지를 숙영매한테 제시했다.

1. 숙영매에게 영내림을 해주어 영을 높여 주겠다.
2. 집안에 있는 100여 명의 영혼들을 강하게 만들어주어 숙영매의 강력하고 우수한 수호신 역할을 할 수 있게 해주겠다.

영내림은 비용이 100만 원이고 하게 되면 숙영매가 너무 강력한 영능력자가 되기 때문에 다른 영혼이 필요 없게 된다.

2번 수호신 사항에 대해서는 재천령이 강력하게 반대했다. 물론 현장에서는 보류하자고 했지만 집에 와서 강력한 의사 표시를 한 것이다. 재천령은 그들을 사기꾼이라고 말한다. 어찌됐건 숙영매는 지금 한창 영적 성장을 하는 과정이니 그 두 가지가 불필요할 듯하여 하지 않기로 했다. 나는 남의 말을 굳이 불신하는 성격은 아닌데 재천령과 숙영매의 뜻이 그러하니 나도 관심을 접기로 했다.

그런데 작년 영미를 만났을 때 여러 가지 이야기를 나누면서 그녀가 이런 말을 한 적이 있었다.

"지금 우리가 얘기하고 있는 상황에서도 우리 수호령들은 서로가 얘기를 하고 있어요. 재미있게요. '진작 만났어야 할 건데 왜 이제 만났어~~~ 앞으로 잘 지내자고…' 하면서요."

그래서 나는 그때 일을 상기하며 내 수호령을 불러내어 재천령-숙영매 전달 과정을 거치면서 실제로 그랬는지 확인을 했다.

"그런 일 없어."

수호령은 부인했다. 그러면 영미가 그때 거짓말을 했다는 것이다.

사실 그때 영미로부터 그 이야기를 들은 이후로 사람들이 만날 때 수호령끼리도 서로 대화를 하는 줄 알았는데 그게 아닌 모양이다. 그것에 대해 물어보니까 수호령은 다시 단호하게 말했다.

"나는 주인이 사람을 만날 때 상대방 수호령하고 말을 안 해."

그리고 계속해서 나에게 충고했다.

"주인은 사람을 만날 때 상대방이 하는 말을 아무거나 믿다가 당하지 말아야 해."

숙영매도 나중에 한 얘기지만 그들이 영혼을 볼 줄 아는지 모르는지 여러 가지 은밀하게 실험을 했다고 한다. 그들은 영혼을 보는 척은 하지만 볼 줄 모르는 사람들이라 했다. 결국 그들은 약간의 영능력이 있는지 모르지만 어디서 들은 얘기와 화려한 말솜씨로 영적 현상에 관심이 있는 이들에게 접근해서 영내림이라는 들어보지도 못한 말로 사기를 치고 다니는 사람들이었던 것이다.

24. 작은형과의 인연

2019년 3월 30일 토요일

집에 있는 영가들 중에 4명의 영가가 저승으로 갔다. 그들은 다음과 같이 말하고 갔다.

"정말 황송할 정도로 큰 환대를 받았습니다. 고맙습니다."

숙영매는 유니버설 타로를 넘어서 데카메론 카드, 타로 심리학까지 계속 공부하고 있다. 내가 할 수 있는 지원은 계속해 줄 생각이다. 저녁에는 나의 수호령과 대화를 했다. 이번에는 나의 작은형과 전생에서의 인연을 물어봤다.

현생에서 나한테는 형 두 명과 누나 한 명이 있는데 작은형과의 인연을 얘기했다. 조선 시대 임진왜란 전후 당시에 나에게는 형 한 명, 남동생 한 명, 여동생 한 명이 있었다. 작은형은 그때 나의 동생이었다고 말했다.

그리고 다시 한번 나의 출생에 관해 아쉬운 듯이 말을 했다. 무슨 이유인지는 정확히 모르겠지만 1954년 어머니가 임신할 당시 그 태아 몸속으로 내가 들어가기로 약속이 되어 있었고 들어갔어야 했는데 동생(현생에서는 작은형)이 들어가는 바람에 나는 들어가지 못해 저승에 그대로 있고 수호령은 3년 동안 집 주위를 맴돌면서 나를 기다리면서 다른 영혼들로부터 서러움을 받으며 힘들게 생활을 했다는 것이다. 또 그때 내가 그 태아 속으로 들어갔으면 국가적으로 큰 인물이 되었을 텐데 나중에 태어나서 공부도 제대로 시키지 못했기 때문에 이렇게 살고 있다며 크게 아쉬워했다.

　나로서는 몸이 바뀌었든 어찌됐건 이것 모두가 카르마의 법칙에 따른 영의 뜻이 아닌가 생각한다. 사실 작은형은 나에게 은인이기도 하다. 나는 초등학교를 서울 미아리에서 다녔는데 여름방학만 되면 경기도 송촌리에 있는 외가에 놀러가곤 했다. 그리고 근방에 있는 개울가에서 물장구를 치며 놀기도 하고 산에 개구리도 잡으러 다녔다. 내가 5학년 여름방학 때도 외가 근방 개울가에서 물놀이를 하고 있었다. 당시에 시골 친구들도 있었고 이종사촌형도 있었고 작은형도 있었다. 물놀이를 하고 있던 중에 나는 갑자기 깊어지는 곳에 빠져서 허우적대고 있었는데 나중에는 힘이 빠지고 도저히 헤어 나오지 못할 것 같아서 그냥 포기했다. 수영을 하지 못하는 상황이었기 때문에 그렇다. 그래서 포기하고 몸을 축 늘어뜨렸다. 물은 계속 내 입으로 들어왔고 내 몸은 한없이, 한없이 밑으로 가라앉는 느낌이 들었다. 이렇게 죽는구나 생각했다. 나중에 안 사실이지만 내 몸이 물에 떠내려가고 있었다고 한다. 그때 당시 작은형은 중학교 2학년이었고 헤엄을 쳐서 나를 구해 줬다. 물 밖에 나온 나는 물을 많이 마셨기 때문에 물을 토하고 외가로 귀가했다.

　두 번째는 내가 고입 검정고시를 볼 수 있도록 도와주고 합격 후 고등학교 다닐 때 등록금 거의 대부분을 내주기도 했다. 이렇게 작은형과 큰형 그리고 어머니의 식모살이로 번 돈으로 나는 겨우 고등학교를 마칠 수 있었다.

　이런 얘기를 하자 수호령은 말했다.

　"당연히 도와줘야지. 내 주인이 들어갈 몸을 차지했으면 도와줘야 하고 말고."

그리고 다시 내가 물에 빠졌을 때의 상황을 물어보았다. 혹시 내가 물에 빠진 것이 물귀신의 작용은 아니었을까 하는 생각을 했었다. 내가 어느 날 셋째 외삼촌께 물에 빠져 죽을 뻔했다는 이야기를 했을 때 외삼촌은 다음과 같이 말했다.

"그 개울가에서 빠져 죽은 서울 애들이 많이 있었어. 큰일 날 뻔했었구나. 조카 하나 잃을 뻔했네."

수호령은 그때의 일을 계속 얘기했다.

"거기에 물귀신이 많은 것은 사실이야. 그러나 당시에는 낮이었고 물귀신이 잠을 자고 있는 상황이기 때문에 힘을 쓰지 못했지. 당시 그 개울에는 소용돌이치는 곳이 있었고 빠져나올 수 없는 곳이야. 그런데 운이 좋게도 그곳은 약간 벗어나 있었고 물귀신들이 큰 힘을 쓰지 못해서 그곳을 빠져나와 떠내려가는 것을 작은형이 구해줄 수 있었던 거야. 만약 소용돌이에 빨려 들어가는 상황에서 작은형이 구하러 들어왔다면 둘 다 죽었을 거야."

그리고 계속해서 말을 했다.

"그래도 작은형은 쌀쌀맞은 것 같아도 주인을 제일 생각하고 걱정해주는 것은 사실이야."

"재천이는 어떤가요?"

"훌륭한 청년이지."

이제는 수호령도 재천령을 인정해주기는 하는 모양이다.

"수호령님은 예지력이 있나요?"

"직관력과 예지력은 주인과 같은 수준이야. 주인이 영이 높아지면 나도 같이 높아지는 거야."

　여기서 주인과 같은 수준이라는 뜻은 몸 주인과 수호령의 능력이 같다는 의미가 아니고 항상 수호령의 영능력은 주인보다는 높지만 몸 주인의 영능력이 높아지는 만큼 같은 비율로 높아진다는 뜻일 것이다.

25. 집단령

2019년 4월 7일 일요일

　숙영매가 다시 어려움을 받고 있다. 지금 수백 명 정도 되는 악귀들이 집에 쳐들어와서 집에 있는 백여 명의 영가들과 사투를 벌이고 있다. 그들의 숫자는 정확히 세기가 힘들다. 영혼들은 자신을 크게도 하고 작게도 한다. 자세히 보기도 힘들고 겹치고 날아다니고 백여 명이 힘들게 사수하는 것으로 보아 수백 명이 될 것으로 짐작할 뿐이다. 숙영매는 춥다며 온몸을 이불로 감싸고 있다. 귀례령, 재천령, 대영령 모두 자신의 할 일을 잠시 접고 그들과 대치하고 있다. 원인은 정확히 알 수 없지만 숙영매가 영이 높아지면서 집단령들이 쳐들어온 것 같다. 산신령도 염려가 돼서 그런지 숙영매를 재우라고 명령하는데 쉽질 않다.

　내가 숙영매에게 물었다.

　"그 악귀들이 어떻게 생겼지?"

　"머리들이 헝클어지고 수염이 터부룩하고 아무튼 모두가 생김이 꼬질꼬질한 모습이야."

　영을 높이는 과정이 이렇게 힘들다.

2019년 4월 10일 수요일

　잡귀들이 끈질기다. 항상 집에 버티고 있는 것이 아니고 낮이 되면 어디로 흩어졌다가 밤이 되면 나타나서 집안 영가들과 대치한다. 이것들은 퇴치하기가 쉽지 않을 것 같다.

잡귀들을 한 명씩 잡아다가 산신령을 통해서 저승으로 쫓아 버리기로 했다. 산신령에게 데려갈 때는 많이는 못하고 한 번에 3~5명 정도 된다. 산신령이 저승사자에게 부탁했다.

"너무 많으니까 일일이 사례하기도 어렵고 힘들더라도 수고 좀 해 주시게."

"아닙니다. 저희가 고맙죠. 당연히 데려갔어야 할 놈들인데 놓쳐서 못 데려갔으니까요."

하루에 1명씩 하다가 많으면 5명 정도다. 그렇게 하면 도망가는 것들도 있지만 도망가지 않는 놈도 있다. 의식도 없이 본능만 가지고 다니기 때문이다.

2019년 4월 16일 화요일

재천령에게 물었다.

"지금 남아 있는 잡귀는 몇 명이나 되나?"

"약 80명 정도 됩니다."

"최고로 많이 모였을 때가 몇 명 정도 됐지?"

"낮에는 어디론가 갔다가 밤에 다시 몰려들면서 계속 들락날락 했었고, 최고 300명 정도까지 모인 적도 있습니다."

"이런 식으로 하게 되면 일주일에서 열흘이면 저승으로 잡혀가는 놈, 도망가는 놈 해서 다 퇴치가 될 것 같네."

"예, 그럴 겁니다."

2019년 4월 20일 토요일

잡귀들은 이제 60~70명으로 줄었다. 재천령과 귀례령이 부지런히 작업을 하고 있지만 빨리 끝내기가 힘들다. 많기 때문에 잡아다가 저승에 보내기 전까지는 일단 징벌방에 넣어 놓는다. 징벌방은 죄를 지은 영혼을 가둬 두는 방인데 무척 고통스럽다고 한다. 산신령이 다시 한마디 한다.

"저런 것들 때문에 사회가 안정이 안 되고 이렇게 혼란스러운 거야."

즉 이 말은, 묻지 마 범죄라든지, 정신병으로 인한 범죄라든지 하는 것들은 거의 대부분 이런 근본도 모르는 잡귀들의 소행이라는 뜻이다.

2019년 4월 22일 월요일

"징벌방을 하나 더 만들어야겠다. 쟤가 나타나 가지고 별일이 다 생기는구나. 앞으로 뭐가 되려는지…"라고 산신령이 말했다.

잡귀들은 30~40명이 남았다. 그들을 세상에 돌아다니도록 내버려 두면 인간에게 악영향만 끼치다 보니 그대로 둘 수는 없다. 그래서 징벌방에 처넣어 나오지 못하도록 하다 보니 꽉 차서 또 하나 만들어야 한다는 뜻이다.

2019년 4월 25일 목요일

그들도 살아생전에는 육신을 가지고 팔팔하게 돌아다니던 사람이었을 텐데 지금은 저렇게 건망증 환자처럼 아무것도 모르고 본능만 가지고 돌아다닌다. 집에 있는 영가들은 자신의 정체성을 알고 있지만, 그렇지 않으면 아무것도 모른 채 돌아다니면서 사람들에게 해악을 끼친다.

오늘 아침 신문에도 18세의 조현증 환자가 위층에 사는 할머니를 특별한 이유 없이 살해하는 사건이 일어났다. 그는 망상을 보고 이상한 소리가 들리는 증세에 시달렸다고 한다. 귀신 들림의 가능성이 크다.

　잡귀들은 지금은 다 처리하고 5명 정도 남았다가 다시 100명 정도 다시 쳐들어왔다. 이번에는 그냥 내쫓을 수도 있지만 재천령이 가만 놔뒀다. 왜냐하면 그들을 처리하는 것이 그의 임무이기 때문이다. 그들을 내쫓으면 세상 밖에 떠돌아다니면서 못된 짓들을 하고 다니기 때문이다. 재천령은 숙영매한테 말했다.

"엄마, 힘들면 그냥 보낼 수도 있어요."

"아니다, 내가 조금 힘들더라도 네 뜻대로 해라."

　산신령은 이번에도 하나하나 저승으로 보내든지 징벌방에 가둬 놓든지 할 것이다. 그러나 징벌방은 지금 꽉 찼다. 그래서 산신령을 모시는 분이 기거하는 곳에 있는 창고에 일단 처넣을 예정이다. 그리고 사람들을 시켜 굴 하나를 더 파게 하여 징벌방을 하나 더 만들 것이다. 영혼들이 징벌방에 들어가면 몹시 고통스러워한다.

26. 이순신 장군

2019년 4월 24일 수요일
수호령과 대화를 나누었다.

나: 내가 춘추전국시대에도 장군이었었는데 그때 나라 이름을 기억하나요?

수호령: 너무 오래돼서 기억이 안 나. 그런 걸 왜 자꾸 알려고 해.

나: 그럼 임진왜란 때 얘기를 하죠. 내가 이순신 장군 밑에 있었다면 이순신 장군에 대해서 기억나는 것이 있나요?

수호령: (분통을 터뜨리며) 역사가 심하게 왜곡되어 있어. 이순신이 승리는 했지만 야비한 승리야.

나: 왜 그러죠?

수호령: 거북선을 제작하는 데 너무도 많은 사람들이 죽었어. 밥도 제대로 먹이지 않고 일만 시키니 굶어 죽는 사람이 허다했어. 차라리 그런 노력으로 전쟁에 임했다고 하더라도 거북선 없이도 승리했을 거야.

나: 그래도 이순신은 연전연승하지 않았나요?

수호령: 영리하고 실력은 있으니까 그 자리까지 올라가기는 했지. 그러나 이순신이 너무나 지독하게 병사들을 부렸고, 죽기살기로 임하게 하고, 또 패하면 삼족을 멸한다면서 협박을 가하는데 질 수가 있겠어? 그런데 자신은 뒤에서 숨어 있고 군사들만 앞세게 했던 비겁자였어.

나: 이순신이 죽은 원인에 대해 여러 가지 설이 있는데 끝까지 왜군을 쫓

아가다가 장렬히 전사했다고 하는 것은 역사적인 기록이고, 두 번째는 살아서 돌아가 봤자 조정에서 다시 모함받고 죽을지도 모르니까 차라리 스스로 죽음을 택했다는 설, 세 번째도 살아서 돌아가 봤자 또 모함받고 죽을 테니까 그때 죽은 척하고 다른 곳에 도망가서 살았다고 하는 설, 이렇게 있는데 수호령님의 의견은 어떠신가요?

수호령: 이순신은 부하 장수들에게 살해당했어. 그를 싫어하는 장수가 많았기 때문에 죽음의 진실을 덮을 수가 있었지. 주인도 그때 이순신을 엄청 싫어했어.

나: 이순신의 성품은 어떠했습니까?

수호령: 만날 거북선에서 기생을 불러놓고 술판을 벌이고 형편없었지.

나: 전생의 나와 이순신 사이에 갈등이 심했다는데, 구체적으로 기억나는 사례가 있으면 말씀해 주실 수 있나요?

수호령: 거북선에 기생을 불러다 놓고 연회하는 것에 대하여 다른 사람들은 아무 말 못했는데 주인만 거기에 대해서 싫은 소리를 했어.

나: 그럼 경상우수사 원균은 어땠나요?

수호령: 둘 다 똑같아. 원균도 형편없는 인간이었어. 둘이서 티격태격 엄청 싸웠어.

나: 박정희의 전생이 이순신이라는데 맞나요?

수호령: 맞아.

수호령과의 대화는 가히 충격적이라 할 만하다. 위의 대화 내용은 충분히 논란을 일으킬 수도 있는 것이라 묻어 두려고도 생각했지만 여러 번 생각한 끝에 정리하기로 마음먹었다. 나야 전생에 이순신과 같이 있었다고는 해도 그때 일을 기억하지 못하니까 지금 내가 감히 이순신을 비하하는 말은 할 수 없다.

이순신은 드라마나 영화를 통해서 성인 반열에 우뚝 올라섰다. 지금 어느 누구에게라도 이순신을 비난한다면 돌팔매질을 당할 정도로 이순신은 성역화되었다. 특히 이순신의 후손들에게 고소당하기 딱 맞다.

나는 항상 역사적 인물에 대한 영웅주의 또는 엘리트주의를 싫어했다. 임진왜란을 극복한 것은 수많은 장수들, 의병장들, 의병들과 민초들의 저항, 명나라 군사들을 끌어들인 한음 같은 선비들의 합작품이지, 이순신 혼자서 영웅시되는 것은 바람직하지 않다는 것이다. 군인과 애국은 별개의 문제다. 군인은 수많은 직업 중의 하나일 뿐이다. 이순신을 포함한 당시의 장수들은 자신의 직업에 충실했을 뿐이지 애국하고는 상관이 없다.

전생에 왜군과 싸웠던 이순신이 왜 박정희로 환생해서 일본군 장교가 되어 민족의 가슴에 총부리를 겨누었을까?

현대사에서 젊었을 때 진보적 가치를 가지고 노동운동을 하며 투쟁했지만 나중에 극우보수로 변한 정치인들도 다수 있다. 사람은 시대가 변하고 상황이 변하면 자신의 본성이 드러나기 마련이다. 정치인들뿐만이 아니고 나이가 들면서 변해 가는 사람들이 있는데, 그것이 바로 그가 가지고 있는 본성이라는 말이다. 현생에서도 그러한데 환생했을 때는 기억상실증 환자처럼 전생의 모든 기억을 잊고 전생에서의 본능만 가지고 태어난다. 이순신의 본능은 한 목숨 바쳐 민족을 수호하는 것이 아니라 장수로서 긴 칼을 옆에 차고 지휘하는 야망이다. 이순신은 당시에 남해안을 지키던 장수였다. 그때는 어찌됐건 그 전쟁에서 싸워 이기는 것이 최선의 선택이었다. 일본군에 투항하여 조선군에 총을 겨눌 이유가 없다. 다시 말하면 전쟁이 났을 때 그는 그 자리를 지키던 장수였다. 군인으로서의 본분을 다한 것뿐이다. 오히려 자신의 목숨을 바쳐서 의병을 일으켰던 의병장들과 의병들의 기개를 더 높이 사 주어야 할 것이다.

독립투사였던 형 박상희와 달리 박정희는 독립군의 대열에 끼지 않고 민족을 배신하여 일본군 장교가 되었던 것도 군 장성으로서 성공과 야망을 위한 자기 나름대로의 최선의 방법이었을 것이었다. 또한 그가 '독재와 인권 탄압, 민주주의 말살'이라는 악행을 저질렀지만 군인이라는 신분만 가지고 보면, 일본군 장교 그리고 일본군 장성으로서 크게 성공했을 것이다. 일본 육사를 3등으로 졸업했을 당시에 육사 교장이 박정희 생도를 일본인보다 더 일본인다운 훌륭한 군인이라고 극찬했던 것으로 보아, 해방이 되지 않고 그가 일본 군인으로서의 길을 계속 걸었다면 독립군들에게 큰 위협이 되었을 장군으로 성장했을 것이다.

또한 군사 쿠데타의 주역들은 살생의 죄로 많은 사람의 지탄을 받고 있지만, 그들도 다른 나라로부터 침략을 받고 있는 상황이었다면 훌륭한 장군으로서 나라를 지켰다는 칭송을 들을 수도 있었을 것이다. 역사와 시대의 흐름은 사람을 죄인으로도 만들고 영웅으로도 만든다.

조선 시대에는 자서전이라는 것이 없었다. 《난중일기》의 형식은 일기지만 이순신의 자서전이라고 할 수도 있다. 남이 볼 것을 염두에 두고 쓴 일기는 자기 합리화가 될 수밖에 없다. 독재자들이 쓴 자서전은 후대의 역사가가 그 책들만 가지고 판단한다면 그들은 모두가 구국의 영웅이 될 수밖에 없을 것이다. 박정희 역시 많은 책을 썼고, 그 책들만 보면 그는 민족의 영웅이 된다. 그러나 지금 보수와 진보는 박정희를 중심에 놓고 극명하게 갈려 서로를 비난하고 있다.

이순신의 죽음에 관해서는 의문이 많았었는데 살해당했다는 수호령의 말에는 공감한다. 수많은 전투에서 살아남았던 이순신인데 치열한 전투였기는 해도, 일본군이 도망가는 시점에 전사했다는 말은 선뜻 납득이 가지 않는다. 그래서 나는 전쟁 끝나서 돌아가 봤자 또 선조에게 죽임을 당할 것이 뻔하기 때문에 일부러 죽음을 택했다는 설에 무게를 많이 두었었다.

사실 이순신은 일제 강점기 이전에는 그렇게 영웅시됐던 장수는 아니었다. 이순신을 영웅화한 사람들은 공교롭게도 친일파들이었다. 친일파 작가 이광수는 그의 저서 《이순신》에서 주위 사람들은 모두 멍청하고 소인배들인데 이순신 하나만을 영웅으로 묘사했다. 친일파 일본장교 박정희도 대통령이 된 후 이순신을 영웅화하는 데 앞장섰다. 참고로 유관순 열사도 해방 전에는 아무도 몰랐지만 해방 후 박인덕·신봉조와 같은 친일파들에 의해서 이름이 알려지고 3.1 운동 당시 유관순만이 독립운동을 한 것 같은 착시를 일으키게 하고 있다. 유관순은 3.1 운동 당시에 죽은 7천여 명의 투사들 중의 한 명이다. 아니 당시에 일본군의 총칼에 죽은 7천여 명의 사람들은 모두가 유관순들이다. 실제로 북한에서는 유관순이라는 인물을 모른다고 한다. 이런 것들은 모두 역사적 영웅주의이고 스타 한 사람을 만들어 자신의 이익을 극대화시키는 일, 우리가 조심하고 자제해야 한다. 연예계의 스타, 스포츠계의 스타 같은 것들이 모두 영웅주의에 의한 이익의 극대화를 노린 것이라고 봐야 한다.

[박정희는 대통령 시절 집착이라고 생각하리만치 이순신을 성역화했다. 현충사를 확장하여 새로 지었고, 《난중일기》 국보 지정(76호), 홍보 책자 발간, 이순신 이야기 교과서 등재, 글짓기 대회, 각종 기념행사, 현충사 성역화와 국민 참배, 수학여행 의무화, 탄신기념일 제정, 국가 제사, 통영을 충무로 이름 변경, 이순신 동상 건립, 영화 제작과 단체 관람 …'
- 최상천의 알몸 박정희]

이런 사실은 자신의 전생이 이순신이었다는 것을 알았다는 게 아니고 영적 이끌림이었을 것이다.

전생연구소 박진여 선생도 박정희의 전생을 이순신으로 봤고 이것만큼은 재천령, 수호령, 박진여 선생의 말이 일치하는 것을 보니, 나 개인적으로는 틀림없는 사실이라고 생각한다.

그리고 윤회란 '습'이다. 즉 전생에 했던 일이 반복되는 경우가 많다. 가령 전생에 자살을 했다면 현생에서도 자살 충동이 강하게 일어난다. 전생에 공부를 많이 했다면 현생에서도 공부를 하려는 강한 충동이 일어난다. 이순신의 암살과 박정희의 피살도 습이라는 연결점으로 해석할 수가 있겠다.

이순신과 박정희의 어린 시절을 보자.
[이순신은 다른 아이들과 모여 놀라치면 나무를 깎아 활을 만들고 그

것으로 동리에서 친구들과 전쟁놀이를 했다. 자기 뜻에 맞지 않는 자가 있으면 눈을 쏘려 하여 어른들도 감히 그의 문 앞을 지나치기를 꺼려했다. - 유성룡의 징비록]

[박정희는 국민학교 시절 전 학년 동안 급장을 했다. 당시에 같이 다녔던 급우들은 그에게 따귀를 맞지 않은 학생이 없을 정도로 자신의 권한을 지나치게 행세했다. 심지어는 동네 형님뻘 되는 급우의 귀싸대기를 후려칠 정도로 자기가 가진 권력을 휘둘렀다. - 최상천의 알몸 박정희]

이순신과 박정희의 어릴 적 이런 모습들은 까칠함을 넘어 못된 성품을 잘 보여 준다.

[박정희는 문경보통학교 교사로 재직하던 중 긴 칼을 옆에 차고 싶은 욕망을 위해 "진충보국 멸사봉공", 즉 "충성을 다해 일본에 보답하고, 나를 죽여 국가를 받들겠다"며 일왕에게 바치는 충성혈서를 써서 만주 신경군관학교로 보냈다.'
- 조갑제의 내 무덤에 침을 뱉어라]

이와 같은 사실은 그가 옳고 그름을 떠나서 군인이 되어 출세의 길을 얼마나 갈망했었는지 보여 준다.

이순신은 거북선을 제작하는 과정에서 역사에는 알려지지 않았지만 수호령과 재천령의 증언대로라면 많은 백성들이 노역과 굶주림으로 희생됐고, 그 바탕 위에서 전쟁에 임해 승리했다. 이는 박정희가 민중들의 노역과 희생으로 경제가 발전했던 것과 비슷한 흐름을 갖는다.

[경부고속도로를 건설하는 과정에서 수많은 노동자들이 열악한 노동 환경 속에서 산업 재해로 사망했고, 수많은 건설 하청업체들이 도산했다. 이것은 그들에게 적절한 재정 지원을 해 주지 않았기 때문이다.'
- 강준만의 한국 현대사 산책]

한편으로 박정희는 운이 좋은 남자였었다. 5·16쿠데타는 얼마든지 실패할 수도 있는 정변이었지만 운이 좋게 성공했고, 그때 당시 미국의 동아시아 정책은 대만, 남한, 일본 등의 나라들에게 적극적으로 경제 발전 지원을 시작할 시점에 있었다. 1965년에 있었던 한일협정도 경제 발전이라는 명분으로, 미국의 압력으로 이루어진 일종의 강제 결합이었다. 그것도 일본은 형, 한국은 동생이 되는 굴욕 협정이었다. 그때 박정희가 대통령이라는 자리에 있었다는 것이다.

이런 것들은 아마 전생에 이순신이라고 하는 큰 흐름에 따른 카르마 법칙의 결과였을 것이라 생각한다.

결국은 그렇게 독재와 경제 발전이라는 두 가지 무기로 철권 정치를 휘두르다가 직속 부하에게 살해당하는 걸 윤회의 습으로 이해할 수도 있을 것 같다.

수호령은 이순신의 기생 연회를 말하는데 《난중일기》에도 술과 기생 또는 관노에 대해서는 간혹 나오기도 한다. 여인들과 동침을 했느니, 안 했느니 설왕설래 말이 많다. 기생이나 관비와 동침한 것에 대해서는 명확하게 쓰인 것은 없고 같이 있었다는 정도다. 해석에 따라 코에 걸면 코

걸이, 귀에 걸면 귀걸이다. 또한 박정희의 술과 여자에 관해서 알 만한 사람들에게는 많이 알려져 있는 내용이기도 하다.

27. 이진 장군

2019년 4월 28일 일요일

전에 읽었던 《난중일기》를 집어 들어 읽다가 문득 이런 생각이 들었다. '내가 임진왜란 당시 장군이었다면 《난중일기》에 내 이름이 나오지 않을까?'

나는 즉시로 숙영매에게 가서 수호령에게 당시의 내 이름을 물어보게 했다. 전주 이씨였으며, 이름은 진이었고, 효령대군의 후손이었다는 말을 들었다. 그래서 《난중일기》를 읽으며 '이진'이라는 이름을 찾기 시작했다. 《난중일기》에는 많은 장군들이 나오고 이진(李璡)에 대한 내용도 나오지만 너무 짧아서 이 사람이 내 전생이 맞는지 숙영매와 얘기하고 있는 중에 수호령이 부르지도 않았는데 나왔다. 이런 일은 없었다. 몹시 화가 난 표정이었다고 한다.

"이순신은 그래, 이진 장군하고는 앙숙이었어. 바른말 하기 좋아하는 이 사람을 제거하지 못해서 항상 벼르고 있었지."

수호령이 이순신 얘기만 나오면 화를 내는 이유가 뭘까? 그때 당시에 뭔가 이순신과 나와의 심한 갈등 때문이었던 것 같다. 수호령은 항상 내 편이니까 그렇다.

병신년(1596년) 2월 23일부터 25일까지 이진에 대한 이야기가 간략하게 나오는데 그가 둔전으로 돌아갔다는 이야기가 나온다. 둔전이란 고려 시대 때 만든 것인데 병영 주변에 경작지를 마련하여 군량을 조달하는 역할을 했다고 한다.

내가 수호령에게 물었다.

"내가 당시에 둔전을 관리하는 장군이었었는지요?"

"맞아."

2019년 5월 3일 금요일

숙영매는 오늘 산신령과 대화가 가능한 사람들 6명과 쌍문동에서 미팅을 가졌다. 학원 원장이 그들과 오래부터 알고 지냈기 때문에 그녀의 소개로 만나게 된 것이다. 여자 3명, 남자 3명인데 그중…

당시에 그 사람들에 대해서 긴 글을 쓰기는 했지만 나중에 그들이 사기꾼들로 밝혀져서 전부 삭제했고 나중에 다시 등장하게 된다.

인간은 영과 육의 결합체다. 외형적으로 우수하게 보여도 영적으로 형편없는 인간들도 많이 있다. 영혼과 육체가 결합하다 보니 둘의 밸런스가 맞지 않는 경우가 있다는 뜻이다.

형편없는 영혼이 우수한 육신으로 들어가 처음에는 공부도 잘하고 인재인 것처럼 보였다가 육신이 나이가 들어 늙으면서 형편없는 인간으로 변해간다.

또는 우수한 영혼이 질 나쁜 육신으로 들어가 처음에는 둔재인 것처럼 보였지만 나이 들어가면서 인재로 변한다.

세상을 살면서 사람들의 모습을 관찰하다 보니 이렇게 느껴진다. 높은 영혼이 우수한 육신으로 들어가 인류 사회에 봉사하고, 낮은 영은 그것에 걸맞은 육신으로 들어가서 배우고 성장하는 것이 바람직하나 밸런스가 맞지 않는 것도 물론 영의 뜻일 것이다.

인간들끼리는 영적으로 높은지, 낮은지 구분이 안 된다. 그냥 각자의 외모, 돈, 두뇌 등 물질적인 조건으로 사람을 판단한다. 그러나 영혼의 세계에는 마음을 알기 때문에 상하 관계가 뚜렷하다. 영혼들끼리는 보자마자 자연스럽게 서열이 정해진다. 악한 영이냐 착한 영이냐 하는 문제는 또 다른 문제다. 지금 집에 계속 꼬여 드는 잡귀들은 분명히 집에 있는 영가들보다 힘이 약하다. 다만 집단으로 몰려다니다 보니 큰 힘을 낼 수 있는 것이다. 재천령이나 대영령, 초롱령 등 집 안에 있는 영혼들은 그들을 손쉽게 제압할 수 있다.

숙영매는 유니버설 타로 시험에는 합격했지만 다시 데카메론 카드 시험 준비를 하고 있다. 그 와중에도 계속 내담자들의 타로 상담을 해 주고 있다. 학원 원장이 신기해하는 것이 있다. 숙영매가 학원에 오기 전에는 내담자들이 연초에나 좀 오고 평상시에는 거의 오지 않았는데, 요즘은 하루에 1~3명 정도 꾸준히 온다는 것이다. 그것도 숙영매가 학원에 있어야만 온다. 원장은 숙영매가 사람을 끌어들이는 힘이 있다고 생각하니 그녀를 좋아할 수밖에 없다. 학원에는 경력이 오래된 강사가 2명 있는데도 내담자들이 오면 그들에게 맡기지 않고 이제 막 유니버설 카드 자격증을 딴 숙영매에게 상담을 시키는 이유는 내담자들이 숙영매의 손님일 거라는 생각 때문이다.

2019년 5월 10일 금요일

집 안의 잡귀들은 한도 끝도 없이 꼬여 든다. 산신령은 집 외부에 결계를 쳐 잡귀들이 들어오지 못하도록 해 주겠다고 했다. 귀례령, 재천령이 너무 힘들어하기 때문이다.

28. 최미숙령

2019년 5월 11일 토요일

오전 9시

숙영매는 계속 며칠째 아프다. 지금 날씨에 못 견디게 춥다고도 한다. 너무 힘들어서 산신령에게까지 짜증을 부렸다.

"도대체 언제까지 이렇게 아파야 하냐고요!"

"어허, 내가 말을 안 하려고 했는데 아마도 이것이 마지막인 듯싶다. 조금만 더 참아라."

산신령이 이렇게 위로해 주었다.

숙영매는 앞으로 이틀은 계속 잘 것 같다며 방에 들어갔다.

오후 1시경

그녀의 3번째 유체 이탈이 일어났다. 이번에는 자다가 한 것이 아니고 명상을 하면서 유체 이탈을 해야겠다고 생각하니 몸에서 빠져나오게 됐다. 그런데 아직도 숙영매한테 문제가 있다. 영혼인 상태에서는 육신에 있을 때보다는 정신 상태가 명료하지 못하다. 즉, 이성보다는 본능적인 행동이 먼저 나온다는 말이다. 오늘 유체 이탈을 해서 간 곳은 북한산이었다. 물론 재천령이 따라갔다. 그곳이 북한산이라는 것을 재천령이 말을 해 줘서 아는 것이지 숙영매는 몰랐다. 거기서 고등학교 동창인 최미숙 영혼을 만났고, 미숙령이 말을 붙이려고 해도 숙영매는 바쁘다, 할 일이 많다고 외면했다.

2019년 5월 12일 일요일

오늘 새벽 4번째 유체 이탈을 했고, 다시 북한산에 갔다. 거기서 또 미숙령을 만났지만 말을 걸려고 하는 미숙령을 뿌리치고 자신이 얼마만큼 멀리 갈 수 있을지만 생각하고 저승까지 갔다 올 생각만 했다. 옆에서 재천령이 말했다.

"엄마, 저분이 뭔가 할 얘기가 있는 것 같은데 무슨 얘긴지 들어 보죠?"

그러나 그녀는 자기 갈 길이 바빠서 외면했다. 나중에 몸속에 들어오고 나서야 자신이 왜 그렇게 행동했는지 후회하고 자책을 하며 울기까지 했다. 결국 숙영매는 영혼이 육신에 있는 상태보다는 나왔을 때 판단력이 흐리고 본능적으로만 행동한다는 말이겠다. 재천령은 죽었을 때 육신에서 빠져나오고 처음에는 정신이 명확하지 못했지만, 완전한 정신 상태로 돌아오는 시간까지는 무척 빨랐다고 한다. 숙영매도 영혼이 몸에 있을 때나 몸 밖에 있을 때나 똑같은 상태 또는 그 이상의 영적 감각까지 되려면 어느 정도의 훈련이 필요할 것 같다.

아무튼 미숙령 문제는 재천령이 내일 새벽 2시에 혼자 북한산에 가서 그녀를 데려올 것이라고 약속했다. 그래서 미숙령이 왜 죽었는지, 말하려고 하는 것이 무엇인지, 무슨 억울한 죽음을 당했는지를 들어 보고 해결하며, 편안하게 저승으로 갈 수 있도록 해 줘야겠다고 했다.

미숙령은 대전 호수돈 여고 동창이자 짝꿍이었으며 아주 가깝게 지냈다고 한다. 졸업 후 헤어졌다가 20년 전 동창인 황말자를 길에서 우연히 만났고, 말자를 통해서 미숙이도 만나게 되었다. 당시 무척 반가웠고 몇 번 만나다가 사는 게 바쁘다 보니 다시 연락이 닿지 않았다.

재천령은 숙영매 때문에 상당히 불안해하고 있다. 유체 이탈이 된 상태에서 돌아다니다가 자신의 육신을 찾지 못하면 그냥 죽는다. 그녀가 위험성을 모르고 마구 돌아다니는 모습이 상당히 위험하게 느껴진 것이다.

그런데 여기서 의문점이 하나 있다. 왜 유체 이탈을 할 때마다 미숙령이 있는 북한산으로 가게 되는가? 재천령도 명확한 대답을 주지 못한다. 이유는 모르지만 유체 이탈보다 더 미스터리한 일이다.

숙영매한테 물었다.

"신체에서 이탈된 상태로 다른 영혼이나 자신의 몸을 만지면 느낌이 어떤가?"

"살아 있는 상태에서 만지는 것과 똑같아. 물질이 그대로 느껴져."

"유체 이탈이 돼서 사람을 본 적이 있나?"

"아니."

"사람을 본다면 사람과 영혼을 구분할 수 있나?"

"느낌으로 구분할 수 있을 것 같아."

2019년 5월 13일 월요일

새벽 3시 반 숙영매는 내 방문을 두드렸다. 재천령이 북한산에 있는 미숙령을 데려왔는데 그녀의 스토리는 이렇다.

1년 전 미숙은 식구들과 한탄강 계곡에 놀러 갔었다. 남편은 텐트 치고 있었고 그녀는 무엇인가를 사기 위해 잠시 식구들로부터 이탈했다. 시장 근방에 사창가가 있었는데 그 근방에서 대낮인데도 낯선 남자들 3명한테 납치를 당했다. 그녀는 거기서 윤락녀들에게 밥과 빨래를 하라고 강요받았다. 만약에 도망가기라도 하면 자신도 그리고 식구들까지 전부 죽여 버리겠다는 협박도 받았다. 범죄자들이 협박을 할 때 사랑하는 가족을 인질 삼아 하는 일은 늘 하던 것이다. 처음에는 무서워서 일을 해 주다가 미숙은 이렇게 살 수 없다 생각했고, 도망가다가 붙잡히고 끝까지 저항했다. 그들은 그녀를 구타하기 시작했고 끝내는 사망하게 되었다. 시신은 암매장되었고 억울한 죽임을 당한 그녀는 북한산 일대를 떠돌아 다녔다. 주변에 있는 다른 영혼들과 다투기도 했다. 그러던 중 숙영매의 소식을 듣게 되었다. 영혼들에게 밥을 차려 준다는 소문이 거기까지 퍼진 것이다. 그러나 숙영매가 자신의 친구라는 사실까지는 몰랐다. 미숙령은 기도하며 북한산에 머물면 언젠가는 올 것이라고 생각했다. 그들의 만남은 풀기 힘든 미스터리지만 미숙령의 강한 염원이 숙영매로 하여금 그곳에 가게끔 했다고 해석할 수밖에 없다.

앞으로 우리가 해야 할 것은 그들에게 보복을 하는 것인데 경찰에 신고하는 방법을 쓸지 아니면 귀례령과 재천령이 그들의 머리에 최고로 강력한 심을 심어 고통을 받게 한 후, 거의 죽기 직전 경찰에 수사를 요청할지는 차후 생각하기로 하고 나는 다시 잠자리에 들었다.

2019년 5월 14일 화요일

잠깐 생각했다. 경찰에 알리더라도 그들이 믿어 줄 것인가. 혹시 우리를 의심하지는 않을까. 숙영매는 부천에 사는 미숙령의 남편을 만나고 왔다. 재천령과 귀례령의 도움으로 공간 이동 기법을 사용하여 갔다 왔다. 물질적으로 이해는 가지 않지만 그렇게 말하니 믿을 수밖에 없고, 이 문제는 나중에 시간을 내어 동영상을 찍으면서 입증을 해 볼 생각이다.

또한 아직은 나 자신도 믿지 못하는 일이기 때문에, 그냥 차를 타고 갔다 왔다고 쓸까 했지만 일단 숙영매의 말대로 쓰기로 했다.

　미숙령 남편은 놀라워했고 또 고마워했다. 그도 평소에 영혼의 존재를 믿었고, 여러 가지 미숙령에 대한 스토리를 얘기하니 더욱 신뢰했다. 미숙령의 말로는 경찰에 신고할 필요가 없다고 한다. 그녀는 자신의 능력을 최대한 발휘해서 그들 3명을 병신으로 만들어 놨고, 평생을 빌어먹으며 쓰레기통을 뒤지며 살도록 해 놨다 한다. 오히려 재판을 받고 감옥에 가면 그곳에서 밥도 주고, 잠자리도 주고 더 편해진다는 것이다. 미숙령은 살아생전에도 영혼의 존재를 믿었고 죽고 난 후 원수를 갚기 위해 잠도 거의 자지 않고 명상을 하면서 자신의 영을 높였다. 그래서 그들 3명을 몰락시키는 데 자신의 온 힘을 다 쏟았던 것이다. 시신은 깊이 묻혀 있지 않고, 흙으로 살짝 묻은 뒤 낙엽으로 덮었다고 한다. 시간을 내서 경찰 입회하에 발굴할 생각이다. 그리고 한두 달 이승에서 지내다가 저승으로 갈 계획이다.

2019년 5월 15일 수요일

　숙영매와 순간 이동에 대해서 얘기했다. 도무지 이해가 안 가는 일이라서 그렇다. 영혼이 공간을 이동한다는 것은 충분히 이해가 가지만, 물질이 공간 이동하는 것은 상식적으로 납득이 가지 않는다. 공상과학에서나 나오는 얘기다. 양자역학에서 전자가 공간 이동을 하는 것이 과학적으로 증명된 건 사실이다. 인간이 공간 이동하기 위해서는 인간을 전자 상태로 분해하고 이동한 다음 다시 조립하면 된다. 이론적으로 가능하지만 황당하기도 하고 위험할 수밖에 없다. 실제로 재천령도 위험하다는 말을 한다. 위험하기는 해도 숙영매가 미숙령의 남편을 꼭 만나야 하겠기에 재천령에게 부탁을 한 것이다. 그녀는 공간 이동을 하고 난 후 살이 아프다고 한다. 방법은 그녀가 앉아서 고개를 수그리고 눈을 감고 있으면 귀례령과 재천령이 그녀를 감싼다. 시간은 약 5초 정도 걸리는데 몸이 꽉 조여드는 느낌이 난다고 한다. 그리고 이동한다. 이것은 함부로 할 수 없는 것이니까 나중에 기회를 봐서 내 눈으로 봐야겠다. 내가 글로써는 받아서 쓰고 있지만 눈으로 보기 전에는 나 자신도 믿을 수 없다. 원장한테 얘기했더니 원장은 그냥 믿었다 한다.

미숙령은 자신의 시신을 그냥 놔두라고 하는데 아무리 그래도 그럴 수는 없다. 문제는 그녀의 남편과 얘기한 후 경찰의 입회하에 수습을 해야 한다는 것. 그렇지 않으면 살해 혐의를 받을 여지가 있기 때문이다. 경찰이 과연 수긍하며 믿어 줄 것이냐 하는 문제가 남았다.

미숙령은 원장과 함께 학원에 잠시 머물다가 저승에 가기로 했다. 그녀는 살아생전에도 종교 수행을 열심히 했고, 죽어서도 끊임없이 수행을 했지만 집에 있는 다른 영가들보다는 영이 낮다.

2019년 5월 17일 금요일

"왜 이렇게 아프냐고요?"

숙영매는, 어떨 땐 영하의 날씨에 있는 듯이 춥기도 하고 어떨 땐 덥기도 하며 살도 아픈 고통을 산신령한테 호소했다.

"네가 신을 받지 않았기 때문에 고통스러운 걸 나보고 어떻게 하라는 거냐!"

신병이 있을 때 신을 받으면 고통이 깔끔히 해소된다고 한다. 그녀는 이런 고통을 감수하면서도 신 받는 것은 거부한다.

산신령이 말했다.

"네가 아직 완전히 영을 끄집어내지 못해 불완전한 상태에서 그렇게 먼 길을 갔다 오면 위험하다는 것은 생각을 못했냐?"

"그래도 미숙이 남편은 꼭 만나야 되겠기에 무리인 줄 알면서도 했어요."

숙영매는 계속 몸이 아프면서 나에게 많이 의존한다. 내가 영에 대해서 이해해 주지 않았으면 상당히 힘들었을 것이다. 나도 없고, 재천령과 귀례령도 없고, 수십 명의 영가들도 없고, 대영령만 있으면 헤쳐 나가기가 힘들었을 것이다. 당신의 배우자가 어느 날 귀신이 보인다고 무서워하며 얘기한다고 가정해 보자. 당신은 어떠한 말과 행동을 취할 것인가?

나는 원래 영혼의 존재에 대해서 믿었고 관심도 많았지만 본격적으로 공부하고 상당한 이해를 하기 시작한 것은 3년 전부터였다. 만약 그 이전에 숙영매에게 이런 일이 벌어졌으면 나도 많이 당황했을지도 모른다.

2019년 5월 21일 화요일

집에서 활개 치던 잡귀들은 다 사라졌다. 산신령이 집 주위에 결계를 쳐 놓아서 더 이상 접근을 못하게 만들어 놨고 잡귀들을 다 잡아갔기 때문이다.

29. 원장의 접신

2019년 5월 31일 금요일

    오늘은 숙영매가 미숙령이 매장되어 있는 곳에 가기로 약속한 날이다. 미숙령의 남편, 원장, 숙영매, 그리고 영가들과 함께 가기로 되어 있었다. 그런데 숙영매가 요 며칠 동안 비교적 상태가 좋았었는데 오늘 또 춥고 몸이 아프다. 남편과 원장은 일단 둘이 만나서 우리 집에 왔다.

    산신령은 다음과 같이 말했다.

    "몸도 아픈데 가서 험한 꼴 보고 싶으냐? 넌 집에서 일단 쉬면서 영을 높이는 데 힘을 쓰거라"

    시신이 묻혀 있는 곳을 가려면 미숙령이 인도해야 하는데 숙영매가 없으면 사실상 힘들다. 원장은 영이 약하기 때문에 미숙령과 대화가 불가능하고 일이 원활치 않을 것이다. 남편이 말했다.

    "귀례님이 내 몸속으로 들어오면 어떨까요?"

    그러나 귀례령이 그의 몸속으로 들어가는 것은 불가능했다. 수호령이 강력하게 막기 때문이다. 그러자 원장이 자신의 몸속으로 들어오도록 제안했다. 원장도 과거에 신내림을 받은 적이 있었기 때문에 가능했다. 귀례령이 원장 몸속으로 들어가는 일은 수월했고 원장 몸속에는 두 인격이 존재하는 상태에서 11시쯤 집을 출발했다.

오후 1시경

숙영매는 집에 있는 상태에서 재천령과 교신을 했다. 남편은 시신을 보자 오열을 터뜨렸다고 한다.

나는 증거를 남길 수 있도록 원장한테 사진을 찍어 두라고 요청했지만 원장 몸에는 귀례령이 들어가 있고, 그렇다고 정신없이 오열하는 남편한테 사진을 찍으라고 할 수는 없다. 거기에 육신을 가진 사람은 두 명밖에 없다. 그리고 또 원장이라고 해도 남편이 오열하고 있는데 거기서 사진을 찍는다는 것도 바람직하지는 않은 것 같다.

오후 2시경

준비해 간 삽으로 그곳에 땅을 판 다음, 갖고 온 상자에 유골을 담아 그 자리에 묻어 줬다. 경찰에도 알리지 말고 그 자리에 그냥 묻어 달라는 미숙령의 부탁이 있었기 때문이다. 유골을 묻고 난 후 남편은 원장의 몸속에 있는 귀례령한테 고맙다고 하며 큰 절을 올렸다. 그리고 이것저것 물었다. 귀례령은 원장 몸에서 빨리 나오고 싶었지만 남편의 궁금증을 마다하고 나올 수 없어서 계속 이야기를 나누고 있었다.

오후 3시 40분

귀례령은 원장의 몸에서 빠져나오고 남편은 숙영매에게 전화를 하며 너무나 고맙다고 말했다.

원장은 기억이 가물가물하고, 긴 터널을 빠져나온 듯한 느낌이 들었다고 한다. 아련한 것 같은 기억은 차차 정리하면 될 것 같다. 현재 아프지는 않지만 내일 아플 것 같고 학원에 못 나오면 일 좀 봐 달라고 숙영매에게 부탁했다. 미숙령은 얼마 안 있다가 저승으로 갈 계획이었지만 마음을 달리 먹었다. 그녀의 넷째 딸인 막내가 곧 결혼을 한다. 그래서 막내의 자식으로 태어날 것이라고 맘을 먹었다. 아마 수정 착상하자마자 들어가야 되지 않을까 생각하는데 남자가 되느냐, 여자가 되느냐 하는 문제는 어떻게 될지 모르겠다.

2019년 6월 1일 토요일

원장은 몸이 아파서 학원에 나오지 못했다. 대신 숙영매한테 자신의 자리를 지켜 달라고 부탁했다. 남편은 어제 있었던 일을 자식들에게도 아무에게도 알리지 않았다. 아마도 설명하기가 난감했을 것이다. 보통 사람들은 정말 믿기 힘든 얘기다. 미숙령은 학교 다닐 때 공부도 잘하고 착했다. 결혼해서 4명의 자녀를 연달아 낳고 자식을 키우며 열심히 살았다. 작년 가족들이 한탄강 계곡에 놀러간 것은 생전 처음 있었던 일이었다 한다. 모처럼 온 가족이 모여서 놀러 갔는데 그런 참변을 당한 것이다. 미숙령은 아무튼 자신을 죽인 3명을 전부 병신으로 만들어 놨고, 빌어먹도록 해 놨기 때문에 원한은 일단 갚은 것이다. 경찰에 알리지 말라고 한 것도 그들이 감옥에 들어가서 편히 지내는 걸 원치 않았던 점도 있었고, 또한 경찰에 알렸을 때 그들이 믿어 주느냐 하는 문제가 있기 때문이다. 미숙령이 3명을 범인으로 지목했다고 하더라도 증거가 없을 테니까 역시 법적으로 처벌하기도 힘들고, 경찰이 믿지 않았을 때 누군가가 죄를 뒤집어 쓸 수 있는 위험도 있기 때문이다.

2019년 6월 2일 일요일

원장은 계속 아프다. 숙영매는 아픔이 일주일 정도 가지 않을까 생각했다. 작년에 숙영매처럼 영혼이 꿈속에 들어오거나 스치고 지나가는 것보다 접신하는 것이 훨씬 강하기 때문에 그렇다. 아침에는 미숙령이 와서 숙영매와 얘기하고 있었다. 그 와중에 나는 그녀에게 이것저것 질문을 했다.

나: 북한산에 있으면서 숙영매가 올 줄 알았나?
미숙령: 영혼들에게 밥을 차려 주는 사람이 있다는 소문을 듣고 알고는 있었지만 그가 친구인 줄 몰랐고, 나도 그때 이 친구가 나타나서 깜짝 놀랐습니다.
나: 그 병신이 된 세 사람은 어떤 식으로 그렇게 만들어 놓을 수가 있었나?
미숙령: 심을 박아놓고 차 사고가 나든지, 위에서 떨어지게 하든지 했습니다.
나: 그렇게 하면 죽을 수도 있는데 그렇게 안 되도록 조절할 수 있나?
미숙령: 심을 박을 수 있는 영혼이면 그 정도는 조절할 수 있습니다. 너무 한이 맺혔기 때문에 나의 온 힘을 다해서 했습니다.
나: 지금 상황을 남편 이외에는 아무도 모르는데 자식들에게 얘기는 하기 원하나 아니면 비밀로 하기를 원하나?
미숙령: 이제는 얘기를 해야 할 것으로 생각합니다. 이해할 수 있도록 잘 얘기하면 될 겁니다.
나: 막내딸의 자식으로 들어가려고 맘을 먹고 있는데 남녀 성별을 들어가서 선택하여 만들 수 있나?

미숙령: 아니오, 남자가 될지, 여자가 될지는 이미 결정되어 있기 때문에 그냥 들어가면 됩니다. 딸이 될 겁니다.

2019년 6월 3일 화요일

오늘은 효령대군 족보를 보기 위해서 방배동에 있는 청권사를 찾아갔다. 사무실 직원이 이진이라는 이름을 찾았는데 그런 이름은 없다고 했다. 나는 집에 와서 다시 인터넷으로 찾아봤지만 진이라는 이름을 찾을 수 없었다. 너무 당혹스럽다. 다시 재천령, 숙영매를 통해서 수호령에게 물어봤는데 다음과 같은 대답만 들었다.

"잘 찾아 봐. 있을 거야."

어떻게 해야 하나? 무엇이 잘못됐나? 아무리 찾아봐도 없는데 수호령이 잘못 기억하는 건가? 혼란스럽다.

2019년 6월 6일 목요일

오늘은 학원에서 데카 카드 강의가 시작되는 날이지만 원장은 일주일 동안 계속 아프다. 아프니 잠도 잘 못 자고 회복이 더디다. 원장은 숙영매에게 학생들 입학과 수속 절차를 맡겼다. 숙영매는 급히 수강생들에게 연락하여 입학 절차를 끝내고, 숙영매 포함 8명의 강의가 시작됐다. 원장의 아픔은 언제 끝날지 모른다. 접신을 하면서 아플 것을 예상은 했지만 생각보다 오래간다. 그리고 아픔을 감수하면서도 접신을 감행한 것은 그만큼 영적 성장의 염원이 강한 것이겠다.

저녁때는 재천령과 이야기를 나누었다.

나: 어디 있다 왔나?

재천령: 불광동에 나쁜 영혼이 있다길래 거기서 영혼들 천도해 주는 일을 하다 왔습니다.

나: 재천이는 10년 후에 환생할 거라 했는데 왜 하필 10년이라는 기간을 정하는 건가?

재천령: 그때쯤이면 영이 상당한 수준으로 올라가 있을 것이고 그러면 내가 원하는 최적의 자리로 들어갈 수가 있기 때문입니다.

나: 그러면 성별까지도 자신이 만들 수 있나?

재천령: 성별을 만드는 것이 아니고, 남자가 태어날지, 여자가 태어날지 알 수 있기 때문에 내가 원하는 성별로 들어가면 됩니다.

나: 새로 태어날 때 수호령은 어떻게 되나?

재천령: 수호령은 항상 대기 상태에 있습니다. 착상이 됐을 때 같이 들어가면 됩니다.

나: 카드를 뽑는데 영적 기운이 있는 사람 앞에서 뽑는 것과 일반 사람 앞에서 뽑는 것과 차이가 있을까?

재천령: 그럼요, 당연하죠. 특히 데카 카드는 영적 능력이 있는 사람이 하면 더 정확합니다.

나: 전에 엄마가 쓴 글을 손으로 복사하고 거울에 나타나게 한 적이 있는데 지금 그것을 나한테 보여 줄 수 있나?

재천령: 꼭 필요한 경우에는 해야겠지만 실험용으로 보여주기 식으로 하면 안 됩니다.

나: 이승을 맴도는 영혼들 중에는 백 년 이상 오래된 것들도 있나?

재천령: 예, 수백 년 또는 천 년 이상 된 것도 있습니다.

나: 집 안에 결계를 쳤다고 그러는데 어떻게 친 것인가?

재천령: 그건 북한산신께서 하시는 일이라 저는 잘 모르겠습니다.

나: 조상님들이 제사나 명절에 오실 때 어떤 때는 노인의 모습으로 때로는 젊은 모습으로 오시고, 특히 어머니는 젊은 모습으로 오셨는데 왜 이렇게 다른가?

재천령: 그것은 저승 생활이 다르기 때문에 뭐라 말할 수가 없습니다.

2019년 6월 8일 토요일

원장은 아직 회복이 되지 않았고, 오전에 잠깐 나왔다가 들어갔다. 고통이 많아서인지 얼굴이 반쪽이 되었다. 그녀는 강사 2명과 경리 등 직원들을 모아 놓고 내담자가 왔을 때, 왜 숙영매한테 상담을 맡겼는지를 설명하면서 미숙령의 얘기도 했다. 원장 자신이 아픈 이유가 접신 때문이었고, 왜 접신할 수밖에 없었는지 등 그동안에 있었던 일을 대략적으로 설명했다. 그동안 강사들은 내담자가 왔을 때 자신들에게 맡기지 않고 이제 타로를 배우고 있는 숙영매에게 상담을 맡겼는지 이해하지 못했다. 평소에는 내담자가 없었지만 숙영매가 있을 때만 내담자가 있는 것은 그들이 숙영매의 손님들일 것이라고 원장은 생각했던 것이다. 30대 여성들인 그들은 원장의 설명을 듣고서야 숙영매가 영적 능력이 있다는 것을 이해하고 숙영매에게 그동안 했던 불손한 행동에 대해서 사과했다.

2019년 6월 13일 목요일

숙영매는 현재 대영령이 없어도 밤에는 영혼의 형체가 보인다. 밤이 깊어 2시에서 4시 사이에는 좀 더 뚜렷하게 보인다. 낮에는 안개 낀 듯이 희미하게 보이기는 하지만 영혼이 있다는 것 정도는 알 수 있다. 그러나 낮이라도 그들과의 대화는 가능하다. 이 정도 상황이면 악귀가 공격해 와도 물리칠 수 있을 것 같다고 말한다. 대영령이 숙영매에게 처음 나타난 이후부터 14개월이 흐른 지금 시점에서의 숙영매의 영능력 수준이다. 강사들은 숙영매에게 영혼들과 미숙령에 대한 질문을 많이 한다. 많이 신기해하면서 그들 중 한 강사는 절에도 다니면서 참선 기도를 많이 하는데 역시 영적 수준을 높이기는 쉽지 않다고 말한다.

2019년 6월 16일 일요일

원장은 거의 다 회복되어서 오늘 숙영매와 얘기를 나누었다.

"그때 접신이 된 상태에서의 일은 다 기억해?"

"예, 다 기억하는데 내 입과 몸이 내 뜻대로 움직이질 않고 지 마음대로 움직였어요."

이 말은 영혼 둘이 한 육신에 들어 있는 상태에서 귀례령이 원장을 누르고 몸을 지배했다는 얘기다. 남편과 원장 육신이 대화를 할 때 미숙령의 말을 받아 귀례령이 대신 대화를 해 주었다. 귀례령이 미숙령의 목소리와 똑같이 흉내를 내며 대화를 하자 남편도 놀라고 슬퍼하며 더욱더 그 상황을 신뢰하게 되었다.

원장은 진실로 영혼과의 교류를 갈망한다. 때문에 영적 수준을 높이기 위해서 시간이 날 때마다 명상한다. 영혼과 직접 교류하는 것은 사실상 보통 영적 능력으로는 힘들다. 이를 해결하기 위한 방법은, 아는 영혼을 통해서 다른 영혼을 보는 것이다. 숙영매도 지금까지는 어느 정도 영혼을 보긴 하지만 재천령, 귀례령, 대영령을 통해서만 다른 영혼을 완전하게 볼 수 있다. 원장은 이런 영혼들이 없는 것이다. 학원에도 영혼 한 명이 있기는 한데 영이 약해서 그녀를 도와주기에는 역부족이다. 원장도 귀례령, 재천령, 대영령이 있으면 다른 영혼을 볼 수가 있다. 물론 나같이 영적 기운이 전혀 없는 사람은 재천령 아니라 그 이상이 있어도 영혼을 볼 수는 없다. 신기하리만치 이렇게 센 영혼들 세 명이 숙영매 곁에 있는 건 기적 같은 일이다. 아마도 그들 영가들이 숙영매의 능력을 알고 좀 더 발전시킬 생각으로 있는 것이 아닐까 싶다. 산신령도 그녀의 능력을 알고 좀 더 키워 주려고 하는 것이다. 안 그러면 평범한 타로 리더나 무속인으로 살면 간단한 일이다. 무엇인지는 알 수가 없어도 어쩌면 이것은 피할 수 없는 숙명인지도 모르겠다.

2019년 6월 18일 화요일

새벽 2시, 숙영매가 잠을 자는데 다시 영혼이 몸에서 빠져 나가려는 기운이 느껴졌다. 그녀는 그것을 억눌렀다. 어제도 그 시간에 그런 현상이 있는 것을 느꼈지만 역시 그때도 억눌렀다. 그녀의 그 문제에 대해서 재천령은 다음과 같이 말했다.

"시험이 끝날 때까지는 공부에만 집중하시고요. 유체 이탈 현상이 나타나는 것은 지금 엄마의 영이 계속 높아지는 현상이니까 그것은 시험 끝나고 나서 조절하면 돼요."

2019년 6월 19일 수요일

"부탁이 있는데 언니, 귀례령, 재천령한테 부탁을 해서 미숙 씨를 보게 해 줄 수 있을까요?"

원장이 숙영매에게 이렇게 부탁했다. 그녀는 시험공부 때문에 바쁘다고 말은 하면서도 원장의 부탁을 들어줬다. 미숙령의 모습이 보이고 원장은 또 한 번 신기해했다. 신병으로 인한 아픔이 있던 것 때문인지 미숙령의 모습은 전에 봤던 것보다 좀 더 뚜렷하게 보였다. 미숙령은 고맙다고 원장에게 큰 절을 올렸다.

2019년 6월 21일 금요일
저녁때는 대영령, 초롱령의 나이에 대해서 숙영매에게 물었다.
"초롱이는 대영이에게 형이라고 하나?"
"응."
실제로 대영이는 2007년생이고 초롱이는 2005년생이기 때문에 나이는 초롱이가 2살 많고, 대영은 제 맘대로 19세까지 성장했다. 계속해서 내가 말했다.
"그래도 초롱이가 대영이한테 형이라고 하는구나."
"대영이는 스스로 나이를 먹은 것을 후회하고 있고, 19세 지 나이가 될 때까지는 더 이상 나이를 안 먹는다고 해."
"5년 후 초롱이 20세가 된 이후에는 형, 동생이 바뀔 거 아냐?"
"그런 건 아니고, 아마도 지금 초롱이가 대영이한테 형이라고 하는 것은 대영이가 초롱이보다 숫자로 나이가 많아서라기보다 영이 세기 때문에 그럴 거야"라고 숙영매가 말했다.

2019년 6월 24일 월요일
숙영매는 학원에 있을 때도 잡귀들로부터 공격을 받은 적이 있어 재천령은 귀례령에게 부탁을 했다.

"북한산신님께 부탁을 해서 학원에도 결계를 쳐 주도록 하시는 게 어때요?"

산신령은 그렇게 해 주기로 해주면서 다음과 같이 말했다.

"네가 고집부리고 신도 받지 않는데, 이런 사소한 것까지 내가 해 줘야 하냐?"

"신을 받을 거면 전 그냥 차라리 죽어 버릴래요."

"저 고집하고는! 그래 그렇다면 시험 끝날 때까지는 그렇게 해 줄 테니까 명상을 하루에 많이 해서 영을 높이도록 노력해라. 그리고 특히 몸이 약하니까 하루 운동 한 시간씩은 꼭 해라"라고 하고 결계를 쳐 주었다.

2019년 6월 27일 목요일

오늘 새벽에도 유체 이탈의 조짐이 많았지만 숙영매는 끝까지 억눌렀다. 그리고 산신령과 대화를 나누었다.

"그래, 그렇게 영혼이 빠져나가지 못하도록 억눌러야 하고, 네 스스로 그것을 통제하도록 조절할 수 있는 힘을 길러야 한다. 그리고 너는 공부도 중요하지만 지금으로서는 명상이 더 중요하다. 하루 세 시간으로는 부족하다. 하루 종일 할 수 있으면 해야 한다."

"그럼 시험은 어떡하라고요. 시험에 떨어지면 아무것도 아니잖아요."

"시험은 붙을 거니까 걱정하지 마라."

30. 산신령을 이용한 사기꾼들

2019년 7월 12일 금요일

오늘 숙영매는 북한산신과 교류한다고 하는 사람들 그리고 원장 포함 5명과 학원에서 미팅을 가졌다.

그들은 산신령과 교류한다기보다는 산신령을 믿는다고 봐야겠다. 왜냐하면 그들 모두는 신내림을 받았다고는 하지만 산신령을 보지 못하고 듣지 못한다. 숙영매만이 귀례령이 있기 때문에 산신령과 대화를 할 수 있을 뿐이다. 그들은 오늘에서야 숙영매한테 그렇게 고백했다. 첫 미팅을 가졌을 때, 그들은 산신령과 얼굴을 보면서 대화를 한다고 했다. 그것은 거짓말이었다. 원장도 몇 년 동안 그들에게 속았다. 그러나 오늘에서야 영이 높고 산신령과 제대로 대화가 가능한 숙영매에게는 더 이상 거짓말을 할 수가 없기 때문에 고백한 것이다. 그것 때문에 원장도 사실을 알게 됐고, 속은 것을 분하게 생각하여 앞으로 그들을 만나지 말자고 얘기했다. 한 달에 한 번씩 미팅을 가졌고 회비도 10만 원씩 냈는데 이 사람들 혹시 사기꾼이 아닌가 하는 의심이 들기도 했다.

2019년 7월 14일 일요일

원장은 산신령을 이용한 사기꾼들에게 분한 마음을 삭이지 못했다. 지금은 전화 연락도 안 된다. 알고 보니 대포폰을 썼다. 금요일 숙영매와 원장은 회비라는 명목으로 돈 10만 원을 내고 나서 얼떨결에 그들을 보내 버린 것이다. 원장은 몇 년 동안 그들과 교류하면서 매달 10만 원씩 냈기 때문에 분한 마음이 더 클 것이다. 숙영매는 재천령, 산신령과 의논을 했지만 전화번호도 주소도 모르는 상태에서는 그들을 찾을 도리가 없다. 내가 작년 영미라는 여자에게 속은 것과 비슷한 경우다. 물론 그때야 커피 값이 들어간 것밖에는 없지만 사기꾼들이 정말 많다. 그러니 영혼도 보질 못하면서 보는 척, 알지도 못하면서 점을 봐 주는 척하는 경우가 많고, 그렇기 때문에 사람들 사이에서의 불신감은 늘어만 간다.

2019년 7월 20일 토요일

간밤에 숙영매는 6시간 동안 명상을 했다. 보통 사람들은 30분 하기도 힘든 것을 어떻게 하는 걸까? 그녀는 깊은 명상 속에서 갖가지 신비한 체험을 한다. 그녀가 명상을 한 지 4시간 정도 됐을 때, 눈은 감고 있지만 주위의 사물들이 보이기 시작한다. 즉, 투시 현상이다. 우리는 이것을 송과체가 열렸다고 한다. 제3의 눈이라 하기도 하고 마음의 눈이라 하기도 한다. 《나는 생각한다. 고로 나는 존재한다.》라는 말로 유명한 17세기 프랑스의 철학자 르네 데카르트는 송과체가 영혼이 위치하는 장소라고 말하였고, 송과체는 역사적으로 많은 관심을 받아 왔다.

2019년 7월 22일 월요일

저녁때는 대영령과 대화를 했다.

나: 요즘 어떻게 지내나?

대영령: 엄마가 8월 2일 시험 볼 때까지는 옆에 꼭 붙어서 엄마가 합격할

수 있도록 도와주라고 그랬어요. 집중력이라든지 명상 공부 이외에는 딴 짓을 하지 못하게요.

나: 누가 그랬는데?

대영령: 북한산신님이요.

나: 그래? 대영이는 요즘 영을 높이는 데 명상하고 책도 많이 보나?

대영령: 예, 명상은 기본으로 해야 해요.

나: 대영이는 명상할 때 잡념이 많이 들어가나?

대영령: 잡념은 안 들어가는데 태어났을 때 죽은 트라우마 때문에 괴로울 때가 있어요.

나: 현재 엄마(숙영매)와의 전생 인연이 무엇인지 기억나나?

대영령: 전혀 기억이 안 나요.

나: 사람을 보면 그가 영이 높은지 어떤지 알 수 있나?

대영령: 그 사람의 눈을 5초 정도만 들여다보면 알 수 있어요.

나: 그럼 엄마의 눈을 보면 영이 얼마나 높은지, 어떤지 알 수 있나?

대영령: 당연히 영이 높죠. 그런데 북한산신님, 재천이 형, 귀례님이 얘기하는 것을 들었는데 얼마 안 남았대요.

2019년 7월 27일 토요일

"오늘 오랜만에 재천이와 얘기 좀 할까?"라고 내가 숙영매한테 얘기하자 재천령은 나의 말이 떨어지기가 무섭게 바로 나왔다.

나: 엄마가 부르지도 않은 상태에서 나왔다는 것은 내가 재천이라는 이름을 대화 도중에 쓰면 언제 어디서든지 알 수 있다는 말인가?

재천령: 집에서는 알 수 있지만 밖에서 하는 말은 제가 들을 수가 없어요. 만약 아빠가 어디 가는지 나한테 주소를 알려 주고 나가면 그쪽에 영적 에너지를 보내서 아빠의 말과 행동을 알 수 있지요.

나: 명상을 하는 데 최종적인 목표랄까, 최고점은 무엇이라고 생각하나?

재천령: 어느 단계까지 도달하고 싶으세요?

나: 나의 능력으로서야 할 수 없겠지만 시공을 뛰어넘는 능력까지 가야 하지 않을까?

재천령: 저도 그 정도까지는 모르지만, 명상을 하면서 저의 전생 또는 미래, 앞으로 태어날 집의 환경, 나의 모습까지는 볼 수 있어요.

나: 재천이와 현재 엄마와의 전생 인연을 볼 수 있나?

재천령: 저와 엄마와의 인연에서 제가 기억하는 한은 없고요. 대영이와 저와의 전생 인연은 신라 시대 때 형제로 살았던 전생이 있어요. 그때 대영이는 저의 형이었고요, 대영이와 엄마는 연인 관계였습니다. 그러나 신분의 차이로 결혼은 하지 못했고, 엄마가 다른 남자와 결혼한 후에 몰래 정을 통하는 사이가 됐습니다.

나: 신분 차이라면 누가 더 높은 신분이었나?

재천령: 엄마가 더 높았습니다.

나: 재천이는 하루 명상을 얼마나 하나?

재천령: 잠은 2시간 정도 자면서 영혼들을 천도해 주고, 하루 5시간 이상은 합니다.

나: 재천이는 명상할 때 투시력도 있고 명상 속의 사물들을 분해 조립하는 경우도 있나?

재천령: 그것은 기본으로 하고요. 명상을 하면 할수록 신비한 경험을 많

이 하게 됩니다.

다음은 수호령과의 대화.

나: 현재 어떤 사람과의 전생 인연을 물어봤을 때 알 수 있는 것은 어떤 원리입니까?

수호령: 사람은 전생이건, 내세건 모습이 비슷한 경우가 많아. 다르더라도 영적인 느낌으로 알 수 있고, 영혼의 모습은 육신의 옷을 입어도 그 모습으로 나타나는 거야.

이 말은 결국 영혼의 본모습이 있고 태어날 때는 부모의 유전자에 따른 모습이 혼합되어 태어난다고 해석한다. 모습이 다른 경우도 있다고 하는데 그것도 아마 영적 파장으로 같은 영혼이라는 것을 알게 되는 게 아닐까 생각한다.

2019년 7월 28일 일요일

숙영매는 새벽 1시부터 아침 7시까지 6시간 동안 명상을 했다. 눈감은 상태에서 앞의 사물이 보이고 그 사물을 분해 조립하기도 한다. 또한 그녀는 명상 중 앞에서 수없이 많은 영상이 지나가는 것을 보았는데, 너무 빨리 지나가서 캐치할 수가 없었다. 두 시간 동안 그것을 잡으려고 했지만 명상이 끝난 후 어떤 장면이었는지 기억이 나지 않는다.

그것에 대해서 재천령은 다음과 같이 말했다.

"영상을 잡으려고 하지 말고 그냥 놔두세요."

2019년 8월 2일 금요일

숙영매는 데카메론 시험을 치렀다. 유니버설이 일반 타로라면 데카메론 타로는 성 문제를 상담하기 위한 카드다. 필기시험은 100점 맞았고 그동안의 상담 경험으로 10명의 심사위원들을 만족시켰다고 하니, 합격을 100% 장담하면서 기분이 좋아져 있다.

2019년 8월 4일 일요일

"지금부터는 내가 너에게 해 줄 일은 없다. 앞으로는 스스로 모든 것을 해야 한다. 타로 시험에 합격한다고 해도 명상 수행을 멈추지 마라. 5시간 이상은 해야 한다. 앞으로도 갈 길이 멀다."

이렇게 산신령은 숙영매에게 말했다.

숙영매는 시험을 보고 오자마자 기분이 좋아져서 명함도 파고 이것저것 일을 벌이려고 한다. 금방이라도 내담자들을 끌어모아야 한다는 기분에 사로잡혀 있다.

나는 숙영매에게 다음과 같이 말했다.

"지금 당신한테 타로보다 더 중요한 것이 있어. 지금도 실력이 출중한 것은 내가 충분히 인정하지만 당신은 더 큰 것을 이뤄야 돼. 나라를 흔들 정도의 큰 영매가 되어야 해. 전생의 흐름대로라면 앞으로도 성장해야 할 것이 많아. 집 앞에 간판 하나는 내 줄 테니까 내담자가 얼마나 오든 상관하지 말고 북한산신 말씀대로 명상에 온 힘을 쏟아야 해. 그리고 시간이 지나면서 더 추진할 것이 있으면 생각을 해 보고 결정해도 늦지 않아."

"언니, 합격이에요. 축하해요."

밤에 원장이 숙영매한테 전화를 걸어 술에 취했는지 혀가 꼬부라진 소리를 내며 말했다. 그리고 앞으로의 일에 대해서 얘기하기 시작했다. 그러자 숙영매는 다음과 같이 말했다.

"난 앞으로 못 나가. 매주 화요일은 강의하기로 약속을 했으니까 강의는 한 달 동안만 해 줄게."

"언니, 왜 그러는데요. 난 언니하고 같이 학원을 하려고 마음먹고 있는데…"

원장은 울먹거리는 목소리로 말을 이어 갔다.

"이렇게 그냥 떠나 버리면 난 어떻게 해요."

"어쩔 수 없어, 산신님의 명령이야. 앞으로 학원에 나가지 말고 집에서 명상하라고 하셨거든. 미안해. 나도 너무 섭섭해."

2019년 8월 5일 월요일

숙영매는 오늘 학원에 놔둔 유니버설 자격증을 가지러 갔다. 원장은 산신령이 그랬다는 것을 믿을 수 없다며 확인시켜 달라고 요구했다. 숙영매는 재천령, 귀례령, 대영령 그리고 영혼들을 학원에 총집합시키고 커튼을 쳐서 방을 어둡게 한 다음 산신령과 대화를 시작했다. 방을 어둡게 하고 강력한 재천령이 있어야 원장 정도라면 희미하게라도 그들을 보고 북한산신의 목소리를 전달할 수 있기 때문이다.

"이놈들아! 이따위 사소한 일로 나를 부르고 난리들이냐? 너희들보다 훨씬 영이 센 사람들이 많고 다 관리해야 하는데 내가 그렇게 할 일이 없는 거 같아?"

산신령은 재천령, 귀례령들한테도 크게 나무랐다. 그 소리를 원장도

들을 수 있었다. 그래도 원장은 울음을 그치지 않았다. 원장은 울다가 웃다가 숙영매와 이런저런 이야기를 나누었고 숙영매는 그녀를 달래 주었다. 그 와중에도 내담자가 한 명 와서 숙영매가 타로를 봐 주었다. 숙영매는 원장의 섭섭하다는 말을 뒤로한 채 집으로 왔다.

사실 학원에 몇 달 있는 동안 원장은 그녀에게 잘해 줬다. 학원비를 반값으로 해 주기도 했다. 잘해 준 만큼 정도 들었을 것이다. 영적인 능력 때문에 숙영매에게 의지하고 싶은 마음도 들었을 것이다. 그러나 여기서 끊지 않으면 죽도 밥도 안 된다. 북한산신이 그렇게 생각하는 것은 아마도 숙영매가 성장하는 데 원장은 도움이 되지 않고 오히려 방해만 될 것이라는 판단이 있었을 것이다.

저녁때 재천령과 얘기를 나누었다.

나: 산신님한테 불려 가서 많이 혼났나?
재천령: 예.
나: 인간들은 자기 마음대로 정을 주고 상대방이 마음을 돌리면 배신했다고 생각하고, 이런 일이 부지기수로 일어난다. 그러나 그럼에도 불구하고 상처받은 사람은 달래 줘야 하고…. 원장도 결국은 그런 경우지. 이해해 줄 수 있지? 다음에도 이런 일이 발생하면 다시 그렇게 해 줄 수 있겠나?
재천령: 이해는 합니다만, 이런 일이 발생하지 않도록 해야지요.
나: 산신님께서 영적으로 센 사람들이 많다고 하셨는데 북한산 인근에는 종로구, 성북구, 강북구, 은평구 정도 있는데 그런 사람들이 그렇게 많은가?
재천령: 많기는 해도 노력을 하지 않습니다. 명상을 해서 영을 높여야 하

는데 물질적 욕심에만 사로잡혀 있습니다. 사실은 엄마도 과거에 그런 사람들 중에 하나였습니다.

나: 재천이는 10년 후쯤 환생을 계획하고 있는데 이미 정해진 곳이 있나?

재천령: 그런 것은 아니고요. 그때 가서 찾아야 합니다.

나: 그렇게 태어나서 20년 후면 스무 살 청년이 될 것이고… 전에 네가 얘기하기로 그때의 너의 모습이 어떤지 보인다고 했는데 그러면 그때쯤 이 세상이 어떤 모습일지도 느껴지나?

재천령: 그때는 지금보다도 더 타락한 세상이 되어 있을 겁니다.

나: 내 생각도 그렇다. 내가 살아온 느낌으로 지금 세상은 30년 전 또는 50년 전보다 더 타락해 있고, 물질 만능의 세계로 되어 가는 형국인데, 인간들이 영적으로 각성하지 않는 한은 타락을 피할 수 없을 거다. 빈부의 격차는 점점 심해지고 가진 자들이 더욱더 빈자들의 고혈을 짜는 모습을 보면 그렇다.

재천령: 그러니까 엄마처럼 영적으로 발달된 사람들이 더욱더 분발해서 사람들을 깨우쳐 줘야 합니다.

나: 이렇게 물질적으로는 풍요해지지만 핵무기를 포함해서 각종 살상 무기는 발달하고 환경파괴와 기후변화는 가속화되면서 인성이 점점 무너지고 타락하는데 인류가 멸망하지 않는 것이 더 이상하다.

한 가지 더. 산에는 산신님이 모두 계실 거고 안산이나 남산처럼 조그만 산은 사람들이 도로를 내고 건물을 지어 전부 파괴되어 있는데 그쪽 산신님은 거주하실 곳이 계신가?

재천령: 안산은 많이 파괴가 되었어도 산신님이 계시고요, 남산에는 산신님이 없어요.

나: 재천이가 감당할 수 없을 정도로 강한 악귀가 있나?

재천령: 예, 있습니다. 그런 경우에는 제가 알고 있는 영혼들을 총집합해서 제압합니다.

나: 그렇게 해서도 제압하기가 힘든 악귀들이 있나?

재천령: 그런 경우가 한 번 있었는데, 그때는 북한산신님의 도움을 받아서 제압하고 저승으로 쫓아버린 적이 있습니다.

31. 사촌 동생의 죽음

2019년 8월 10일 토요일

어제 사촌동생 병주(가명)의 장례식장에 갔다 왔다. 대장암으로 투병 생활을 하다가 그저께 죽었다. 투병 생활을 오래 해 왔기 때문에 저승사자가 오지 않을 리는 없지만, 어제 가기 전에 나는 재천령한테 저승사자가 와서 잘 데려갈지 혹시 안 오면 보내 주게 해 달라고 부탁했다.

밤 12시는 비교적 영기가 강할 때라서 재천령과 귀례령은 그 시간에 장례식장에 갔다. 확실히 장례식장이라서 영혼들이 많았다. 병주 영혼을 담당하는 저승사자도 와 있었다. 흰 수염이 나 있는 70대 노인이었다. 장식이 화려한 갓을 썼고, 옷은 개량식 한복으로 세련된 복장이었다. 재천령이 병주 영혼에게 다가가서 말을 붙였다.

"한병대 씨의 부탁을 받고 왔습니다. 병주 씨 맞으시죠?"

"예, 맞아요."

병주령은 놀라는 표정을 지으며 말했다.

"그 형은 영혼에 대해서 관심이 많았는데 집안 친척들이 다들 무시했어요. 나도 별로 관심이 없었고요."

어차피 좋은 데 가고 말고는 저승에 가서 재판을 받은 후에 결정되는 일이니까 재천령이 그런 것까지 관여할 수는 없고, 전후 사정을 들은 저승사자는 두 명을 더 불렀다. 병주령은 세 명의 저승사자가 편안하게 밤

12시쯤 저승으로 데려갔고 재천령은 저승 입구까지 배웅하고 왔다.

옛날에 장례식 풍속을 보면 저승사자들은 세 명이 온다고 해서 삼사자라 하여 삼 인분의 사자 밥을 차려 대접했다. 망자가 가는 길에 노잣돈도 놔 주고 "이제 가면 언제 오나"를 외쳐 부르며 상여를 메고 나간다. 그러나 요즘은 "그런 게 어디 있나" 하며 모든 것을 무시한다. 옛 선조들은 물질에 젖어 사는 우리들보다 영적 각성이 뛰어났고, 죽은 후 영혼은 다른 차원의 세계로 간다는 것을 알고 있었으며, 그곳을 《저승》이라고 이름 붙였다.

2019년 8월 11일 일요일

오늘 원장이 1급, 2급 타로 자격증을 집으로 갖고 왔다. 숙영매와 나는 서둘러 배너를 세우고 여러 가지 개업 준비를 했다. 오후 4시쯤 명함을 받은 40대 여성 한 명이 와서 숙영매에게 상담을 받고 갔다. 개업 후 첫 내담자였다.

2019년 8월 17일 토요일

숙영매는 하루 대부분의 시간을 명상하는 데 할애하고 있다. 산신령이 권유한 5시간을 넘길 때가 많다. 7시간, 8시간까지 간다. 그녀는 명상하며 눈을 감고 있으면 주위의 사물이 보이기 시작한다. 그 사물들은 하나하나 분해된다. 그리고 굴 또는 터널이 보인다. 그 굴속을 통과한다. 그러나 다시 짙은 안개가 시야를 가로막는다. 현재 상황이 여기까지다. 귀례령이나 재천령에게 물어보기도 하지만 그들은 가르쳐 주지 않고 다음과 같은 말만 한다.

"그냥 계속 깊은 명상에 드시면 됩니다. 그러다 보면 깨우치는 날이 올 겁니다."

2019년 8월 18일 일요일

명상 중에 앞에 있는 사물을 부수고 터널을 통과하여 안개가 자욱한 곳으로 가, 딱딱한 것이 앞에 있다. 전에는 그것에 막혀 진행되지 않았는데 오늘은 마음의 힘으로 그 벽을 부수니 안개도 약간 걷혔다. 사람들이 보인다. 숙영매는 갑자기 405호로 가려고 마음먹었다. 이유는 뭔지 모르겠다. 그냥 그래야만 될 것 같다. 엘리베이터를 탔다. 그러나 405호에서 서질 않았다. 그래서 다시 밖으로 나왔다. 사람들이 많이 보이지만 그중 어떤 사악해 보이는 할매가 숙영매의 손을 잡았다. 어디론가 끌고 가는데 이상하게 거부를 할 수가 없었다.

"지금 몇 살인고?" 하고 할매가 물었다.

"쉰일곱 살이오."라고 대답하자 그 할매는 슬그머니 손을 놓고 가 버렸다. 이상은 숙영매가 오늘 새벽 2시부터 아침 8시까지 명상을 했는데, 그 속에서 일어난 일이다. 여기에 대해서 재천령과 얘기를 나누었다. 명상 속에서의 그녀의 경험은 일종의 자각몽 같은 것이라고 생각되는데, 명상을 하면서 경험하는 것은 사람마다 다 다르고 자신의 영적 자아 속에 있는 것이 상징적으로 나타나는 게 아닐까 생각한다. 재천령도 그럴 것이라고 했다. 명상 속의 할매는 잠재의식 속에 있는 사악한 기운일 것이라고 생각한다. 재천령은 그 할매가 엄마의 잠재의식 속에 있는 포주일 것이고, 사창가로 데려가려다가 엄마의 나이가 많은 것을 알게 되자 손을 놓고 가 버렸을 거라고 말했다. 그리고 이런저런 얘기를 마치고 그녀는 방에 들어가서 일진을 떼어 보았다. 9번 은둔자가 나올 것 같은 강한 기분이 들었다. 그 이유는 405라는 숫자는 '4+0+5=9'이고 은둔자는 '진리를 찾는 사람'이라는 뜻이 들어 있기 때문이다. 아니나 다를까 9번 은둔자가 나왔다. 숙영매는 소름이 끼쳤다. 결국 명상 속에서 진리를 찾아 헤매는 자신의 모습과 나쁜 길로 인도하는 또 다른 자신의 모습일 것이라고 나와 재천령은 해석했다.

그리고 다시 재천령한테 물어봤다.

"항상 드는 의문이지만 영혼들 중에 자신의 정체성을 모르는 영혼들이 많은데, 도대체 어떻게 살다가 죽으면 모든 것을 잊고 저렇게 다니는 건가?"

"정확하게 '누구는 어떻다'라고 말하기는 힘들지만 영적인 것에는 전혀 관심이 없고, 물질적인 것에만 집착하며 살다가 갑자기 죽으면 그럴 거라고 생각합니다."

"나도 그렇게 생각한다. 이성보다는 본능만으로 사는 사람들, 사색하는 일 없이 되는 대로 물질만 좇는 사람들이 죽어서 그런 영혼이 되는 것이 아닐까 생각한다."

옛날 유럽의 어느 역사학자가 집필을 하고 있는데 밖에서 싸우는 소리가 났다. 그는 창문 밖을 내다보며 사건이 어떻게 돌아가는지 파악할 수 있었다. 그런데 다음 날 아침 신문을 보니 가해자와 피해자가 뒤바뀌어 있었다. 바로 앞에서 역사적 진실이 달라진 것이다. 그는 좌절감을 느끼고 그 자리에서 역사를 기술하던 펜대를 꺾었다 한다. 역사란 이렇게 편파, 왜곡이 심하다는 뜻이다. 역사는 승리한 자의 역사다. 패배한 자는 말이 없다. 다만 야사에서 진실을 밝히고 싶어 한다. 단재 선생도 《조선상고사》에서 기록된 한 줄의 역사적 진실을 밝히기 위해서 수백 권의 책을 조사했다고 말했다.

현대사를 언급하는 것도 각자가 습득한 정보를 바탕으로 논쟁이 오간다. 광주항쟁을 두고서도 현재의 시각에서 폭도냐, 폭력에 저항했던 시민군이냐를 놓고 서로가 핏대를 올린다. 토인비 박사의 도전과 응전은 해석하기에 따라서 침략과 방어의 차원으로 말할 수 있겠지만 거짓된 역사라는 도전에 진실을 밝히는 응전으로 말할 수도 있다.

박진여 선생이 본 전두환의 전생은 이성계다. 그는 조선의 창업자 태조이며 악인이라는 것으로 배우지는 않았다. 그러나 그것은 승자의 역사일 뿐이다. 그가 위화도에서 군사 반란을 일으켰고 군사 반란은 필연적으로 살생을 동반한다. 위화도회군을 하지 않았다면 어떻게 됐을 것인가? 학교에서 배운 4대 불가지론은 어디까지나 승리자의 기록이다. 그때 최영 장군의 명령을 듣고 요동 정벌에 성공했다면 한반도 지형이 압록강 북쪽까지 펼쳐졌을지 누가 감히 부정할 수 있을까. 역사적 판단은 오로지 기록에만 의존한다. 이성계는 쿠데타에 성공함으로써 자신과 후손들이 부귀영화를 누렸다.

나는 젊었을 때도 이성계의 위화도 회군은 쿠데타라고 규정했다. 젊었을 당시에야 몰랐지만 내가 이성계의 반란에 대항하여 전사한 전생이 있기 때문에 일종의 한(恨)이 잠재의식 속에서 남아 있었던 것일 수도 있다. 또한 12·12와 5·18을 겪으면서 군사 반란에 대한 극도의 저항감도 있을 것이다. 더욱이 이성계가 고려를 멸망시키고 조선을 건국하는 과정에서 얼마나 많은 사람이 죽었는가. 드라마에서나 위인전에서 그를 영웅으로 묘사하는 것을 보면 구토가 나올 지경이다. 모든 역사에서 엘리트주의, 영웅주의는 자제해야 할 사항이다. 군사 쿠데타는 반드시 인명 살상이 동반된다. 살생이 지금은 죄가 되고 600년 전에는 영웅이 되는가?

이성계가 위화도회군을 하여 상관인 최영을 친 것이나 12·12쿠데타에서 상관인 정승화 참모총장을 체포한 것은 하극상이며 같은 연결점으로 보인다.

또한 우왕을 강제 퇴위케 하여 실권을 잡은 것이나 최규하 대통령을 강제로 퇴위시켜 실권을 잡은 행위도 역시 같은 연결점이다. 광주학살과 이성계의 왕씨 학살 행위도 같은 연결점이다. 왕씨들에 대한 탄압과 말살 정책은 정사에도 기록된 사실이다. 이성계가 왕직을 버리고 함흥에 가서 은둔했던 것과 전두환의 백담사행도 같은 연결점이다. 대학살극을 벌이고 뉘우침 없이 절에 가서 사는 것도, 그런 자를 덥석 받아 주는 스님들도 이치에 맞지 않다. 이러한 것들을 억지로 끼워 맞췄다고 생각할 수도 있겠지만 깨달음 없이 윤회의 굴레를 벗어나지 못하면 다람쥐가 쳇바퀴 돌듯이 그 습성을 버리지 못하는 것이다.

2019년 8월 19일 월요일

집에 있는 영가들 중 14명의 인터뷰는 이미 끝났고, 남은 영가들 프로필이 계속될 것이다. 잠시 인터벌이 생겼던 것은 숙영매의 시험공부 때문이었다.

· 한아름령: 여, 1992년 8월 21일생.

4년 전에 사창가에 있었다. 그 당시에는 돈도 좀 벌었고 가불도 많이 해

주었기 때문에 사치스러운 생활을 하고 있었다. 어느 날 손님과 관계를 하려고 옷을 벗은 후 침대에 올라갔다. 손님이 올라오는가 싶더니 엉덩이가 뜨끔하는 느낌이 났다. 손님이 몰래 마약 주사를 놓은 것이다. 그날 밤 이 손님과 관계를 맺고, 시간이 되면 또 카드를 긁어 밤새도록 성관계를 했다. 그날 이후 그 손님은 이틀에 한 번 정도 왔다. 한아름령은 마약의 기분을 느끼며 관계를 했고, 계속 그 손님을 기다리게 됐다. 손님이 오지 않으면 혼자서도 마약을 하고선 헤어나지 못했다. 돈을 계속 가불하면서 탕진했고 결국 마약중독자가 된 것이다. 마약을 하지 않으면 손과 발이 떨리고 어지럽고 견딜 수가 없었다. 마약을 하고 성관계를 하면 그 쾌감이 너무 좋아서 빠져나올 수가 없었다. 어느 날 잠을 자다가 깨어 일어났는데 자고 있는 자신을 발견했다. 죽어서 영혼이 빠져나온 것이다. 과도한 마약 부작용이었을 것이라 생각된다. 그렇게 허무하게 죽고 거지처럼 돌아다니다가 재천령을 만나 지난날을 회개했다. 공부하고 명상하여 영이 높아지면 죗값을 치를 수 있을 것이라고 하여 지금은 열심히 노력하고 있다.

· 조인영령: 여, 1979년 4월 23일생.
아주 평범한 가정에서 태어나 가족들과 우애도 좋았고 행복하게 살았다. 대학교를 다닐 때 일이다. 미팅을 하고 재미있게 놀다가 집에 들어가는데 치한을 만났다. 성폭행을 하는 그에게 소리치고, 빠져 나오기 위해 몸부림쳤다. 치한이 조용히 하라며 옆에 있는 벽돌을 집어 내리쳤는데 그만 죽고 말았다. 죽은 지는 오래됐지만 아직 명상 수행 등 공부해야 할 것이 많아 좀 더 수양을 쌓은 후 저승에 갈 생각이다.

32. 원장과의 갈등

2019년 8월 21일 수요일

어제 원장이 숙영매한테 전화했다.

"언니, 집 앞까지 왔었는데 발길이 떨어지지 않아서 들어갈 수가 없었어. 내일 학원에 와 줄 수 있겠어?"

해서 숙영매는 아침 10시에 학원에 갔다.

"나는 언니가 그렇게 매정하게 갈 줄 몰랐어."

"나는 이렇게 혼자서 개업하면서 명상을 더 해야 돼. 내가 얘기했잖아."

"언니가 돈이 없으면 내가 타로 카페를 차리고 같이 하면 되잖아."

"지금 나한테 중요한 것은 그게 아냐. 명상을 해야 하고… 너도 나처럼 명상해라. 그것처럼 중요한 거 없어."

"요즘은 잘 안 돼. 그냥 잡념만 많이 들어가고… 미숙 언니도 10월에 간다면서요?"

미숙령은 딸이 10월에 결혼하는데 신혼여행지에 같이 간다고 한다. 그 때 임신을 할 거고 수정란에 들어가려고 생각하고 있다.

"언니, 그러면 영혼 두 명만 나한테 보내 줘요. 지금 나한테는 아무도 없잖아요."

"그것도 내 맘대로 안 되지. 집 안에 있는 영혼이라도 내가 강제로 가라 마라 그럴 수는 없는 일이야. 그리고 학원에서의 너와 나는 선생과 학생이었을 뿐이야."

"언닌 그런 식으로밖에 생각 안 했어요?"

이런 식으로 한 시간을 넘게 얘기하고 학원을 나왔다. 그녀는 마음이 안 좋았지만 겪어야 할 일이다. 원장은 숙영매의 영적 능력을 알고 나서 그녀에게 의지하고 싶었을 것이고, 앞으로 숙영매와 어떻게 할 것인지 자기 나름대로의 계획도 세워 놨던 것 같다. 그러나 그녀는 지금 너무 상심하고 있다. 지나친 집착은 결국엔 고통을 부른다. 그리고 숙영매가 학원에 발길을 끊은 후에는 내담자들이 한 명도 없었다고 한다. 결국 내담자는 숙영매의 영적 자아가 내담자들을 끌어들이는 것이라고 이해할 수밖에 없다. 종교에서는 열심히 절대자를 믿고 기도하면 이루어진다고 한다. 이 말은 결코 허튼 말이 아니다. 간절히 바라면 이루어진다. 대학 입시 때 어머니들이 교문 앞에서 간절히 기도한다. 그것은 기도하는 만큼 영적 자아가 작용하고 어머니들의 영이 자녀들의 힘을 증가시키는 요인이 있다는 것을 과학적으로 증명할 수는 없지만 분명히 존재하는 것이다.

2019년 8월 25일 일요일

어제 원장이 전화하여 숙영매한테 오겠다고 했고 오늘 2시에 왔다.

숙영매는 오늘 일진을 떼어 보니 다른 건 다 무난한데 결론 부분에서 악마가 나오니 그녀는 원장과 또 안 좋은 일이 있을 것을 예감하고 또다시 마음을 단단히 먹었다. 이런저런 얘기를 나누며 불평을 털어놓기 시작했다. 원장은 이렇게 하지 말아야 할 말을 했다.

"언니가 가고 난 다음에 학원생들이 확 줄었어. 언니가 저주를 놓은 거 아냐?"

숙영매는 너무 기가 막혀서 말문이 막혔다.

"내가 무당이냐? 내가 그런 저주를 내릴 능력이나 있냐? 무슨 소릴 하는 거야!"

이렇게 원장이 도가 지나친 말을 하니 숙영매가 열이 받아서 먹지도 못하는 술을 한 잔 마셨다. 그러고는 다시 말했다.

"네가 그런 식으로 하면 나도 불편하고 기분이 안 좋다. 우리 인연은 여기까지로 하고 앞으로 관계를 끊자."

"언니 미안해. 내가 잘못했어."

원장은 이렇게 울면서 숙영매한테 사과했다. 원장이 상처를 많이 받은 것은 사실이다. 어찌됐건 믿었던 사람이 떠나가고, 떠난 후 학원 운영도 어려워지니 좌절감도 생겼을 것이다. 아마도 숙영매가 학원에 있었던 7개월 여 정도는 학원생도 많았고, 평소 있지도 않았던 내담자들도 있다가 숙영매가 간 후로 갑자기 뜸해지게 된 것 같았다. 원장이 다시 물었다.

"그럼 1년 후라면 나하고 동업할 거야?"

"1년 후엔 나의 인생 지도가 달라질지도 몰라. 그때는 지금 상황하고 전혀 딴 판이 되어 있을 거야. 그때도 타로를 하고 있을지는 알 수도 없고."

"그럼 언니는 타로를 왜 배운 거야?"

"타로는 그냥 나의 영적 능력을 높이는 과정에서 스쳐 지나가는 하나의 과정이야."

원장은 얘기하는 중에 영혼 두 명만 보내 달라고 다시 요청했다.

"아무래도 집에 있는 영혼 말고 다른 곳에 있는 애들 두 명만 보내줘야 겠네요."

재천령은 나중에 숙영매에게 이렇게 말했다. 그러나 영혼을 잘 보지도 듣지도 못하면서 같이 있는 게 무슨 의미인지 모르겠다. 혹시 영혼들이 무슨 도움이라도 줄 것이라고 생각하는지도 모르겠다.

원장은 이렇게 숙영매와 3시간 정도 얘기하다가 돌아갔다.

2019년 8월 26일 월요일

[집에 있는 영가들 인터뷰]

· 강대한령: 남, 음력 1989년 4월 22일생, 경기도 수원.

고등학교 3학년 때 세 살 많은 형의 주민등록증을 훔쳐 들고 강남의 호텔 나이트를 갔다. 거기서 진탕 먹고 마시고 놀다 돈이 없어서 꾀를 내었다. 미성년자를 받았으니 신고하겠다고 협박을 하려고 했지만 기도들이 와서 끌려가 구타를 당하다가 사망하게 되었다. 거기서 탈출한 친구가 신고하였고, 그들은 붙잡혀 옥살이를 치렀다.

나: 죽었을 때 저승사자가 안 왔나?

대한령: 안 왔습니다.

나: 죽은 후 바로 자신의 정체성을 알게 되던가? 이를테면 나는 누구이고, 내가 왜 죽었고, 내가 어떻게 살아왔고 이런 것들을 다 기억했나?

대한령: 예.

나: 죽고 난 후 집안 식구들이 많이 슬퍼해 주던가?

대한령: 제가 워낙 사고도 잘 치고 다녔던 문제아였기 때문에 크게 슬퍼하지는 않은 것 같습니다.

나: 죽고 난 후 그 기도들에게 복수했나?

대한령: 예. 그놈들이 감옥에 있어도 분이 안 풀려 제가 할 수 있는 모든 것을 다 동원해서 괴롭혔습니다. 그놈의 몸속에 들어가서 괴롭히기도 했

습니다.

나: 그에게도 수호령이 있을 텐데 어떻게 뚫고 들어갈 수 있었지?

대한령: 그놈 수호령은 너무 약해서 문제될 것이 없었습니다.

나: 그들 머릿속에 심도 심었나?

대한령: 그때 당시에는 그런 걸 몰랐습니다. 하지만 그때 당시에는 내가 그렇게 하는 것이 죄가 되는 건지도 몰랐고 하고 나서도 허무한 마음만 들었습니다.

나: 그것도 당연한 것이, 상대방을 괴롭히더라도 그가 왜 괴로움을 당하는지 누가 괴롭히는 것인지 알아야 보복을 한다는 기분이 들기 마련이지만 그런 것이 없었다. 그리고 그 후엔 어떻게 살았나?

대한령: 여기저기 떠돌아다니다가 1년 반 전 재천님을 만났습니다.

나: 여기서의 생활은 어떤가?

대한령: 너무 좋죠. 특히 재천님은 명상을 게을리하거나 하지 않으면 즉시 혼냅니다.

· 육숙해령: 여, 음력 1983년 6월 29일생, 서울.

아빠가 마장동에서 정육점을 했고 집도 마장동이다.

18살 어느 날 호기심에 아빠 가게에 있는 냉동실 문을 열고 안으로 들어갔다가 열리지 않아서 안에서 얼어 죽고 말았다. 아마도 냉동실 문이 안에서는 열리지 않는 모양이다. 아니면 여는 방법을 몰랐던 건지, 잘은 모르겠다. 아무튼 거기서 밤새도록 몸부림치다가 결국 죽어서 발견됐다. 역시 숙해령도 여기저기 돌아다니다가 3년 전 귀례령이 무속인으로 살고 있을 때 그녀에게 찾아와 같이 살게 됐다. 숙해령의 경우도 죽은 후 자신의 정체성을 바로 찾았다고 한다.

· 김민주령: 음력 1998년 3월 25일생, 서울 장안동.
2017년 고등학교 3학년 때 설악산으로 MT를 갔다. 갈 때부터 기분이 안 좋았다. 팀을 6명씩 짰는데 민주가 싫어하는 애들만 5명이 한 팀이 되었기 때문이다. 그날 밤 1206호와 1207호 두 방의 학생들 10명이 함께 술을 마셨다. 선생도 같이 마셨다고 한다. 그러다가 1207호 학생들이 자신들 방으로 돌아가고 그 5명과 술을 마시고 있었는데 술이 약해서 일찍 방에 들어와 잤다. 자고 있는데 엄마에게서 전화가 왔고, 통화한 후 끊었다. 이때 같은 조 5명이 비밀 번호가 풀린 휴대폰을 봤고, 그 안에 일기장을 보게 됐다. 일기장에는 그들 5명을 싫어한다는 내용으로 가득 차 있었다. 화가 난 그들은 민주를 때리고 화장실 변기에 처박고 온갖 수모를 주었다. 민주는 학교에서 공부도 잘하고 모범생이었다. 왕따를 당한 적도 없었다. 그녀는 순간적인 분노와 수치심에 사로잡혀 1206호 12층 베란다에서 몸을 던져 자살했다. 그리고 자신의 딸이 갑자기 자살한 것에 의문을 품은 그녀의 부모가 경찰에 수사를 요청했고 선생들은 징계, 그 학생들은 정학 처분을 받는 등 일 처리가 되는 것을 봤고, 자신을 괴롭힌 그들에게 별다른 보복은 하지 않았다. 그리고 얼마 지나지 않아 재천령을 만났고, 재천령의 도움을 받으니 영적 성장 속도가 무척 빠르다.

· 김민석령: 음력 1998년 6월 2일생, 서울 신설동.
2016년 가을 계룡산으로 온 가족이 단풍 여행을 가던 중 교통사고로 부모와 형 이렇게 네 가족이 모두 사망했다. 민석령은 차 안에서 자고 있어서 사고 원인을 정확히 모르지만 죽은 후 영혼이 빠져나와 본 바로는 차가 담벼락에 부딪쳐 있었던 것으로 보아 아마도 아빠의 졸음운전 때문이 아닐까 추측된다. 사고 이후 경찰이 오고 사고를 수습하는 과정을 지켜보면서 민석령은 식구들한테 여기서 할 일이 있으니 저승에 가지 않고 남겠다고 했다. 그리고 1~2시간 정도 지나자 저승사자 6명이 와서 나머지 식구들만 저승으로 데려갔다.

나: 저승사자들이 안 간다고 하니까 순순히 놔주던가?
민석령: 아니오, 가족들에게 미리 얘기했고 나중에 가서 만나자고 하고 나는 뒤로 빠졌습니다.
나: 여기서의 생활은 어떤가?
민석령: 잘 지내고 있습니다.

위의 4명의 사례에서 보면 민석령의 경우를 제외하고는 저승사자들이 오지 않았다. 그러나 민석령의 경우 1시간 이상 걸려서 저승사자가 온 것으로 보면 이렇게 추론해 볼 수 있다. 사람이 갑자기 죽으면 수호령이 저승에 가서 보고하고 저승사자를 데려오는 데 시간이 오래 걸리다 보니 영혼은 자리를 이탈하고 저승사자가 왔을 때는 찾지 못하고 그냥 가는 것이 아닐까 생각해 본다. 우리는 사람이 늙고 큰 병에 걸려서 거의 죽을 때가 되면 그의 명을 알고 미리 저승사자가 와서 대기하고 있는 것으로 알고 있다. 그렇지 않으면 그의 수호령이 저승에 가서 주인이 죽을 때가 됐으니 저승사자한테 와서 대기하라고 요청하는 건지는 모르겠다. 인명은 재천이란 말이 있는데 수명은 정해져 있지만 상황이 급작스럽게 바뀌

면서 운명이 바뀐다고 말할 수 있는 것 같다

2019년 9월 5일 목요일

현재 숙영매가 명상을 들어가면 진행이 빠르다. 명상에 들어가서 곧 주위의 사물이 보이고, 그 사물을 분쇄하여 터널을 통과하고, 안개를 걷어 앞에 나타나는 영혼인 듯 보이는 존재들을 하나하나 퇴치한다. 그러나 그 수가 너무나 많아서 힘이 들고 시간이 많이 걸린다. 여기서 내가 실수를 하나 했다. 약 보름 전 그 영혼들이 처음 나타났을 때 어떻게 해야 할지 나와 상의했다. 그때 나는 다음과 같이 말했다.

"그것을 어떻게 해 보려고 하는 것보다 그냥 더 깊은 명상으로 들어가야 할 것 같은데…"

그러나 그 영혼의 수가 급격히 늘어나 감당할 수 없을 만큼 늘어났다. 할 수 없이 귀례령을 불러서 물어봤다.

"모든 것은 수행하는 사람이 깨닫고 알아서 처리해야 하는데 이런 걸 가르쳐 주면 사실 산신님한테 혼납니다. 그러나 가르쳐 드리죠. 그 영혼들은 퇴치해야 합니다. 그래야 다음 단계로 갈 수 있습니다."

귀례령이 그 말을 해 줬을 때가 나흘 전쯤 된 것 같다. 그때부터 숙영매는 영혼들 퇴치에 들어갔다. 그러나 지금은 숫자가 너무 많다. 퇴치 방법은 손을 내밀어서 잡으면 없어진다. 그런 방법으로 하나하나 없애는 것이다. 어제 낮에도 상당히 깊은 명상 속에 들어가서 그것들을 퇴치하고 깼는데 팔이 아프다. 간밤에도 역시 그 일을 하고 깨어났는데 팔이 아프다. 아마도 무의식 속에서 하는 일인데 실제로 팔을 휘두르기 때문에 팔이 아픈 것일 거다. 재천령도 서두르지 말고 천천히 하라고 한다. 몸이

상할 수도 있다고 걱정한다.

2019년 9월 7일 토요일
숙영매가 요령이 생겼다. 팔을 무리하게 휘두르는 것보다는 손을 뻗쳐서 집기만 해도 영혼들이 없어진다. 요 며칠 동안 그 작업을 계속하여 영혼들도 많이 줄었다. 조만간에 다음 단계로 들어갈 수 있을 것 같다.

2019년 9월 10일 화요일
나는 숙영매와 밤 9시경 외출했다. 거리에 있는 영혼의 실태를 알고자 함이다. 아마도 작년 4월 대영령이 처음 나타났을 때 이후로 처음일 것이다. 대영령은 좋다고 따라 나왔다. 집 계단 쪽에는 영혼들이 없다. 산신령이 쳐 놓은 결계를 아직 풀지 않았기 때문이다. 비 오는 밤이라서 숙영매의 눈에는 영혼들이 확실히 잘 보인다. 인적이 드물고 후미진 곳에서 더 많은 영혼들이 눈에 띈다. 반은 자신의 정체성을 모른다. 그녀는 이제 대영령이나 재천령의 도움 없이 영혼을 볼 수 있다. 영혼들이 스치고 지나가도 몸이 아픈 일도 없다. 낮에는 영혼들이 희미하게 보이는데 그녀의 영이 높아지면 더 뚜렷이 보일 것이다. 공원에 도착했다. 아들 찾는 아줌마령은 여전히 그 벤치의 똑같은 자리에 앉아 있다. 그 아줌마령은 절대 그 자리를 뜨면 안 된다고 생각한다. 만약 잠시라도 그 자리를 떴다가 아들이 오면 놓치기 때문이다.

내가 아줌마령에게 물었다.

"아줌마, 아들을 몇 살 때 잃어버렸어요?"

"여섯 살."

"이름이 뭐예요?"

"김명종."

"아줌마 나이는 몇 살이에요?"

"52세."

오늘은 52세라고 했는데 숙영매 말에 의하면 전에는 36세라고 했다고 한다. 자신의 나이가 오락가락한 것 같다. 그러나 나이를 가늠해 보건대 50대 후반 정도 된 것 같다고 한다. 만약 여섯 살 때 아들을 잃었으면 당시에 이 아줌마령이 30대 초·중반 정도는 됐을 것이고, 잃은 지 20년이 넘을 수도 있다. 실제 아들이 온다고 해도 알아보지 못할 수도 있다고 말해 주자 아줌마령은 말했다.

"아니에요. 난 알아볼 수 있어요."

"설사 온다고 해도 아줌마가 죽은 사람이기 때문에 아들이 아줌마를 못 알아볼 거예요."

"내가 왜 죽어요. 난 지금 이렇게 살아 있잖아요."

숙영매가 다시 말했다.

"아줌마는 죽은 사람이에요. 이렇게 여기서 지내는 것보다는 모든 걸 잊고 저승으로 가세요. 보내드릴게요."

"아니에요. 내가 왜 저승에 가요, 이렇게 살아 있는데."

"밥은 어떻게 먹어요? 배고프지는 않아요?"

"여기 있는 풀을 뜯어 먹고 살아요."

"여기 올 줄 알았다면 먹을 거라도 갖고 왔을 텐데 깜박 생각을 못했네요. 미안해요."

숙영매가 이렇게 말해 주고 대화는 이 정도로 끝났다. 아무리 얘기해도 말이 통하지 않았다. 그리고 동네에 있는 대형 마트로 들어갔다. 어느 장소든 터줏대감들이 있게 마련이다. 성주신이라고도 한다. 그 영혼들이 대영령을 째려본다. 낯선 영혼이 들어오면 못 들어오게 막지만 숙영매와 나하고 같이 들어가기 때문에 아무 소리도 하지 못한다.

"뭘 봐!"라고 대영령도 같이 째리면서 말했다.

"아니에요"라고 영혼들이 꼬리를 내렸다.

"대영이 뭐 먹고 싶나?"라고 내가 물었다.

"콘푸레이크요."

우리는 콘푸레이크와 몇 가지 식품을 사고 집에 돌아왔다. 그런데 대영이 녀석 우리가 그 콘푸레이크를 뜯어서 줄 것으로 생각했던 모양이다. 그런데 우리는 딴짓만 하고 콘푸레이크는 내일 줄 것만 생각했다. 그때,

"야, 대영이 넌 거기서 뭐해. 안 올 거야? 영을 높일 생각은 하지 않고 거기에만 있으면 어떡해!"

재천령의 불호령이 떨어져서 대영령은 재천령 쪽으로 갔다. 가면서,

"난 콘푸레이크 뜯어 주면 먹고 갈려고 했는데…"라고 했다.

"먹고 싶으면 얘기하지. 나는 내일 줄 것만 생각했지."

나는 이렇게 말했지만 한편으론 미안했다.

33. 슬럼프에 빠진 명상

2019년 9월 14일 토요일

"그래, 지금처럼만 하면 된다. 잘하고 있어. 앞으로는 다른 영혼들과 동행하지 않고 혼자 다녀도 된다."라고 산신령이 숙영매에게 말했다.

"그럼 제가 영이 높아진 건가요?"

"높아지기는 뭐가 높아져! 아직 멀었어."

산신령은 계속해서 말했다.

"내가 타로에 대해서는 몰랐었는데 네가 타로를 처음 말했을 때 궁금해서 공부를 했었다. '이런 것도 있구나' 신기하게 생각했다. 별자리와 행성으로 인간의 길흉화복을 점칠 수 있다는 것이 놀라웠다. 나도 모르는 것이 있었다. 그리고 네가 신이 왔을 때 거부하고 버틴 것도 처음 봤다."

"아무리 그래도 지금 이렇게 하루에 내담자가 한 명밖에 없는데 어떻게 생활해요?"

"그걸 왜 나한테 따지냐? 그건 네 능력이고 네 에너지야! 하여간 나한테 이렇게 따지는 놈은 너밖에 없다. 허참."

귀례령과 재천령도 산신령의 숙영매에 대한 태도에 놀라워한다.

"산신님께서는 우리한테는 정말 엄하고 무섭게 하세요. 숙영에게는 이렇게 친절하게 대해 주시네요."

오전 11시경 숙영매는 명상 중 드디어 마지막까지 버티던 영혼들을 퇴치하고 문 앞에까지 왔다. 문을 열었다. 강렬한 빛이 그녀의 눈을 강타했다. 열까지 쏟아졌다. 그것을 이기지 못하고 눈을 떠 명상을 끝냈다. 그리고 숙영매는 약 한 시간 있다가 다시 내담자 두 명을 받고 명상을 시작했다. 그러나 아까의 그 명상에 너무 흥분되고 들떠 있어서 그런지 깊은 명상이 되질 않는다. 첫 번째 단계인 벽을 부수어야 하는데 벽이 무너지지 않는다.

"산신령님, 왜 명상이 안 되는 거예요?"

"네가 지금 마음이 흥분 상태에 있는데 제대로 되겠냐? 마음을 가라앉혀야지!"

어려운 관문을 통과했다고 하는 성취감과 만족감이 그녀의 마음을 들뜨게 하는 것 같다. 나에게도 전화해서 명상이 안 된다고 계속 말했다. 나는 마음을 가라앉히라는 말밖에는 할 말이 없었다. 그녀는 밤늦게까지 잠도 오지 않고 명상도 되질 않았다. 잠을 못 자서 몸에 기력이 없는데도 잠이 오질 않았다.

2019년 9월 15일 일요일
새벽 3시경

숙영매는 할 수 없이 귀례령에게 잠을 자게 해 달라고 요청했다. 견딜 수가 없었다.

"숙영은 모든 것을 스스로 터득하고 이겨 나가야 해요. 이번 한 번만 해 드리지만 다음에는 안 됩니다. 산신령님께서 아시면 불호령이 떨어집니다."라고 귀례령이 말하고 숙영매는 잠 속으로 빠져들어 갔다.

2019년 9월 16일 월요일

숙영매가 슬럼프에 빠졌다. 그날 명상 중에 빛과 열이 쏟아져 왔고, 거기서 명상을 끝냈지만 흥분을 감추지 못했다. 그러나 그때부터 지금까지 삼 일째 명상에 들어가지 못하고 있다. 명상이 안 된다. 없던 잡념까지 생겨났다.

"누구든지 이런 현상이 나타납니다. 대부분은 이것을 극복하지 못하고, 결국 더 높은 경지로 들어가지 못합니다. 며칠 쉬고 다시 시작하는 것이 나을 것 같습니다. 잠을 자고 싶으면 그냥 편하게 자면 됩니다."라고 귀례령과 재천령이 조언을 했다. 순탄하게 나갈 것 같이 잘되던 명상이 원점으로 돌아간 것 같은 생각이 든다. 얼마나 이 슬럼프가 오래갈지는 모르지만 포기하지 않는 것이 중요하다.

2019년 9월 19일 목요일

몸에서 열이 난다. 소변도 뜨겁다. 지금은 또 눈이 뜨겁다. 열이 난다. 그때 마지막 명상에서 문을 열었을 때 쏟아져 나온 빛과 열을 받은 다음부터 나타나는 현상이다. 그 빛은 태양 빛 또는 형광등 빛과 같은 물질세계에서는 볼 수 없는 신비하고 성스러운 느낌이 나는 빛이었다. 명상은 침체 상태에 있다. 귀례령이나 재천령에게 물어봐도 답이 없다.

"과정입니다. 명상하며 나타나는 현상은 개인마다 다르기 때문에 섣불리 뭐라 말할 수 없습니다. 숙영에게 나타나는 현상은 저하고도 다릅니다. 스스로 깨닫는 수밖에 없습니다."라고 귀례령은 말한다. 그렇다. 나도 섣불리 말을 했다가 잘못된 것도 있었다. 지금은 휴식을 취하면서 기다리는 수밖에 없다.

2019년 9월 20일 금요일

일주일째 침체 상태에 들어가 있다. 숙영매는 오늘 명상을 시도하는데 갑자기 마귀인 듯한 모습 하나가 보였다. 명상을 하면 여러 단계를 거치는 과정이 있는데 밑도 끝도 없이 이상한 존재가 보인 것이다. 처음엔 하나가 보이다가 두 번째 명상 때에는 둘로 그리고는 여러 명이 나타났다. 그렇게 하다가 끝났다. 이해되지도 않고, 어떻게 대처해야 되는지도 알 수가 없다.

2019년 9월 21일 토요일

오전에 잠을 깨기 전, 22년 전에 숙영매의 돌아가신 아빠가 꿈에 나타났다. 20대의 모습을 하고 나타나서 다음과 같이 말했다.

"네가 하려고 하는 일은 잘 모르지만 참고 기다려라."

"아빠, 지금 어디 계세요?"

"진악산에 있다. 지금은 환생해서 거기 살고 있고, 내가 하고 싶은 일을 하고 있다."

숙영매의 아빠는 살아생전에 심마니가 꿈이었다. 아침만 되면 도시락을 싸들고 산에 갔다. 엄마는 그런 모습이 싫어서 항상 아빠에게 잔소리를 많이 했다. 숙영매도 그런 아빠가 구질구질해 보였다. 아빠는 숙영매에게 많은 애정을 보였지만 그녀는 관심이 없었다. 아빠가 머루나 다래, 으름을 따 오면 숙영매는 먹는 데만 관심이 있었고 그의 노고는 생각하지도 않았다. 그러나 아빠는 항상 그것을 흐뭇한 표정으로 지켜보았다.

3년 전에 숙영매는 정신과 의사에게 최면을 받아 자신의 전생을 본 적이 있었다. 숙영매와 아빠의 전생 인연은 유럽의 어느 나라에서 그녀는 귀족의 딸로 태어났고, 아빠는 그 시대에 나이 많은 하인이었다. 그때 그 하인은 그 귀족의 딸에게 충성했고 숙영매도 그를 좋아했다. 그러나 전생의 아빠는 딸이 하인에게 가까이 가면 화를 냈고 그런 이유로 하인에게 매질도 가하곤 했다. 그때의 늙은 하인의 그녀에 대한 충성심이 공덕이 되어 현생에서는 아빠의 역할을 하게 된 것이다. 전생과 현생은 항상 습으로 연결된다. 현생의 아빠는 아내와 자식들에게 별로 존재감이 없었다. 아빠는 식구들에게 무시를 당해도 한 번도 싫은 소리를 한 적이 없었다. 이는 전생에서 하인이었던 습이 현생까지 이어졌기 때문이다. 그녀의 꿈이 사실이라면 아빠는 죽어서 바로 환생하여 지금 충남 금산에 있는 진악산에 살고 있다는 말인데 확인할 수가 없다. 내 상식으로는 죽어서 바로 환생하는 경우가 전혀 없는 것은 아니나 상당히 드문 일이고, 환생해서 현재 살고 있는데 딸의 꿈속에 나타나는 것도 이해가 가지 않는 일이다. 여기에 대해서 재천령과 얘기를 나누었다. 숙영매의 아빠는 죽은 후 바로 저승에 가신 것으로 확인했고, 저승에 계신 아빠가 숙영매의 꿈에 나타난 건 아니라는 것으로 결론을 내렸다. 꿈이란 잠재의식이 형상화, 상징화되어 나타나는 것이다. 자아가 깨어 있는 사람은 예지몽을 꿀 수도 있다.

스위스의 심리학자 칼 융은 동시성에 대해서 이야기한다. 정신적인 사건과 물질적인 사건이 동시에 발생하는데 이것은 우연이 아니라는 것이다. 이를테면 꿈속에서 할아버지가 나타났는데 그날 할아버지가 돌아가셨다는 소식이 들려온다. 이것은 정신적인 것과 물질적인 두 사건이 시공을 뛰어넘어 동시에 발생하는 것이라고 설명한다. 18세기 스웨덴의 과학자이자 철학자인 스베덴보리는 55세의 나이에 신의 계시를 받아 영안이 트이고 유체 이탈을 하여 육체는 놔둔 채 영혼이 지옥과 천국을 20여 년 동안 드나들었던 기록을 책으로 남겼고, 천리안을 볼 수 있다고 하는 사람이었다. 그는 71세가 되던 해 1759년 7월 19일 겟덴보그에 있었는데 400여 km 떨어진 스톡홀름에서 발생한 화재를 자세히 묘사했다. 다음 날 아침에는 그것을 그 고장의 총독에게 자세히 이야기했다. 그의 이야기는 이틀 뒤에 도착한 전령의 보고와 완전히 일치했다.

그것 역시 정신적인 사건과 물질적인 사건이 동시에 일어나는 것이라고 칼 융은 설명하고 있다. 스베덴보리는 우리가 잘 알고 있는 헬렌 켈러, 칸트, 괴테 등 많은 철학자들에게도 큰 영향을 주었다. 그러나 철학자들은 말을 어렵게 하는 것이 문제다. 그냥 투시로 멀리 떨어져 있는 사물을 봤다, 라고 말하는 것이 더 쉽다.

꿈이라는 것은 무의식이 의식에게로 보내는 메시지다. 영적으로 발달되어 있는 사람은 그 메시지가 좀 더 명확하게 보이고, 그렇지 않은 사람은 상징적으로 나타나기 때문에 알기가 힘들다. 즉 해몽이 필요한 것이다. 돌아가신 아빠가 숙영매의 꿈속에 들어와 나타난 것은 아니다. 그것은 숙영매의 무의식이 의식에게로 보내는 메시지이고, 그것이 형상화 및 상징화되어 나타난 것으로 해석된다.

2019년 9월 22일 일요일

"지금은 네 몸을 추스를 때다. 건강 관리에 특히 유념하도록 해라."라고 산신령이 말했다. 숙영매는 이것을 이렇게 해석했다.

"앞으로 내 몸에 엄청난 에너지가 쏟아질 거야. 이것을 감당하기에 지금 내 몸이 너무 약해. 지금은 운동하며 체력 보강에 힘써야 할 것 같아."

간밤에는 자정 전후쯤 동네를 산책하는 것으로 걷기 운동을 마치고 귀가했다. 대영령은 엄마를 잊지 않고 따라나섰다.

2019년 9월 24일 화요일

　명상은 매일 시도한다. 명상에 들어가자마자 항상 마녀인 듯 보이는 두 여자가 보이는데, 머리에 고깔모자를 쓰고 원피스를 입은 그들은 예쁘게 보이기도 하고 엄격해 보이기도 한다. 걸어 다니기도 하고 날아다니기도 한다. 그렇게 하다가 오래 지속하지 못하고 항상 명상이 끝난다.

　나는 숙영매의 삶에서 한 가지 이해가 되지 않는 게 있다. 그녀는 전생에 오랜 세월 동안 영능력자로 살았던 전생이 있었지만 또 다른 생에서는 유럽 어느 나라에서 성주의 딸로 평범하게 살았던 전생이 있었다. 그리고 현생에서는 50대 중반까지도 평범한 삶을 살았다. 왜 그래야만 했을까? 왜 영능력자의 삶을 이어 가지 못하고 평범한 삶을 살아야만 했을까? 명상 속에서 나타나는 두 마녀는 분명히 숙영매의 영적 각성을 방해하려는 존재일 것이다.

34. 촛불 집회 영가들

2019년 9월 28일 토요일

오늘 검찰 개혁 촛불 집회를 다녀왔다. 백만의 인파가 대검찰청을 중심으로 예술의 전당에서 성모병원까지 약 1.6km 정도의 길이에 꽉 메워졌다. 골목길도 가득 차고 지하철에서 나오지 못한 사람들은 지하철에서도 구호를 외쳤다. 내가 서 있는 자리에는 마치 만원 지하철에 있는 것처럼 움직이지 못할 정도로 사람들이 빽빽했다. 사람이 많으니 땀까지 났는데 그나마 가을이라 시원한 바람이 불어 주어 잠깐잠깐 시원했다. 주요 방송국들은 이런 대규모 집회를 다른 나라에서 일어나는 일 인듯 1분여 정도의 단신으로 보도했다. 아예 보도를 하지 않은 방송국도 있었다.

내가 집회에 간다고 하니까 숙영매는 재천령한테 얘기를 하고 재천령도 참석하여 내 곁에 있었다 한다. 당시에는 몰랐고 나중에 집에 와서 얘기해 보니 알게 됐다. 재천령도 거기서 영이 맑고 높은 영혼들을 많이 만났다 한다. 나 덕분에 좋은 영혼들을 많이 만나 고마워했다. 그중 몇 명을 집에 들일 생각이라고 한다. 재천령과 시국에 대해서 많은 얘기를 나누었다. 그도 결국은 검찰 개혁이 성공할 것으로 전망했다.

2019년 9월 29일 일요일

"오늘은 내담자가 없을 겁니다. 살짝 귀띔해 주는 겁니다. 그러니까 숙영은 아무 생각 말고 잠자고 체력을 보전해야 합니다. 앞으로 큰 영을 끄집어내어 감당하려면 체력을 증진시켜야 합니다. 아무리 길게 가도 한두 달은 넘기지 않을 겁니다."

귀례령이 그렇게 숙영매에게 말을 해 주었다. 숙영매는 낮 12시경부터 6시까지 세상모르게 잤고, 귀례령 말대로 내담자는 없었다. 귀례령은 산신령 곁에서 기도를 많이 하니 영이 상당히 높아진 것 같다. 영이 높은 영가들은 기본적으로 가까운 앞일을 내다볼 수 있는 능력이 있다. 신을 받은 무속인들은 신의 계시 또는 지시로 미래를 예언한다. 그러나 숙영매는 신 받기를 거부했고, 스스로 그런 능력을 키우도록 산신령이 교육시키는 것이고, 귀례령은 숙영매가 스스로 깨닫도록 도와주고 있다.

대체적으로 남자보다는 여자가 육감이나 신기가 강한 경우가 많다. 왜 그럴까?

이것은 분명히 윤회와 관계가 있다.

남자들은 동이 트면 사냥하거나 밭에 일하러 가고 장사하러 나가고 전쟁 중이면 전쟁터에 나간다. 한마디로 남자들은 외부 세계에서 생존 경쟁의 치열함 속에 항상 노출되어 있다. 여성들은 남편과 자식의 무사안일을 위해서 정화수를 떠다 놓고 기도한다. 그것이 수천 년 동안 계속된다. 여성들은 당연히 명상 기도의 힘으로 영이 높아질 수밖에 없다. 그렇게 여성들은 신체적 왜소함은 있지만 남자들보다 대체적으로 영감이 강하고 눈치가 빠르다. 여성들은 그렇게 윤회를 거치는 동안 영적 발달이 되었을 것이다.

2019년 10월 7일 월요일

"산신령님, 도대체 저는 언제 되는 거예요?"

숙영매는 답답한 마음에 다시 산신령을 불러 애원하듯 물어보았다.

"너는 지금 보통 사람에 비해 빠른 거야. 왜 이렇게 조급해하는 거야! 앞으로 있을 엄청난 변화에 대비해서 건강이나 제대로 챙겨. 내가 너하고만 상대할 정도로 그렇게 한가한 줄 아냐? 또다시 나를 그런 일로 불렀다가는 너와 나는 끝장인 줄 알아라!"

산신령은 짜증 섞인 소리로 말했다. 숙영매는 명상을 계속 시도하지만 아직도 그 마녀인 듯한 존재에 막혀 진전이 안 되고 있다. 마녀들뿐만이 아니고 명상할 때 잡념까지 들어간다.

"명상 중에 잡념이 왜 들어가? 나는 잡념이 없어. 내가 단순해서 그런가?"

이렇게 말할 정도로 원래 그녀는 잡념이 전혀 없었다. 그리고 귀례령이 말했다.

"앞으로 받아들일 영은 너무 커서 지금 체력으로는 감당하기 힘들기 때문에 몸속의 영이 그것을 거부하는 겁니다. 만약 체력이 받쳐 주지 않는 상태에서 받아들였다가는 버티지 못하고 죽을 수도 있기 때문입니다. 지금 이 과정이 지나서 또 다른 단계가 있는지는 저도 모르고 산신님께서도 모릅니다."

2019년 10월 10일 일요일

재천령이 촛불 집회에서 데려온 3명의 영가들이 있어서 집에 들이려고 했었는데 산신령이 다음과 같이 말하며 반대했다.

"개네들은 영이 너무 세서 네가 영을 끄집어내는 데 방해가 된다. 지금 현재 재천이 귀례 그리고 집에 있는 영혼들이 가장 조합이 잘 맞으니 이 상태를 유지하도록 해라. 이 상태는 네가 영을 끄집어내기에 가장 균형이 잘 맞아."

재천령은 숙영매한테 그 3명의 영가들을 원장한테 보내는 게 어떠냐고 물어보았다.

숙영매는 그게 좋겠다고 했고 원장은 무척 좋아했다.

"걔네들이 원장하고 같이 있으면 조합이 잘 맞고, 그 애들은 원장한테도 많은 도움이 될 겁니다."라고 귀례령이 말했다. 그 영가들은 재천령이나 귀례령 정도로 영이 세다고 한다. 그렇게 영이 센 영가들이 너무 많이 숙영매와 같이 있으면 오히려 숙영매의 영을 누르기 때문에 안 좋다는 얘기다.

원장과 함께 있던 미숙령은 일주일 후 딸이 결혼할 때 가야 된다. 그 자리는 그 영가들이 채워 놓을 것이다.

2019년 10월 21일 목요일

어제 미숙령 딸이 결혼했다. 미숙령은 오늘 마지막 인사를 했다. 앞으로 수정 착상이 될 것이고, 그렇게 되면 그 속으로 들어간다. 누구의 허락을 받고 들어갈 수 있는 것이 아니고 미숙령처럼 영이 높아지면 선택권이 주어진다고 한다. 나중에 아기가 되어 나오면 모든 것을 망각한 채로 태어나지만 숙영매는 영적 감각으로 알아볼 수 있을 것이라고 한다.

2019년 10월 26일 화요일

미숙령은 딸의 몸속으로 들어가지 못했다. 아마도 자궁이 약해서 착상이 안 된 것 같다. 그래서 다시 원장한테 왔다. 한 달에 한 번 배란기 때가 보고 착상이 되면 그때 들어가게 될 것이다.

2019년 11월 1일 월요일
대영령과 대화를 했다.

나: 대영이가 죽었을 때도 수호령이 저승에 보고했나?
대영령: 저는 억울해서 가지 못하겠다고 하니까 수호령이 보고하러 가지 않았어요.
나: 그럼 지금 너의 수호령은 어떻게 됐나?
대영령: 지금 저와 같이 있고 나중에 환생할 때 같이 들어가게 됩니다.
나: 너는 아기 몸속에 있을 때는 자신의 정체성을 알았나?
대영령: 그때는 몰랐고요. 죽은 후 몸에서 빠져나오고 나서야 알았어요.

이 문제에 대해서는 나중에 집 안에 있는 영가들과 하나하나 인터뷰할 생각이지만, 여하튼 사람이 갑작스럽게 죽었을 때 그의 수호령은 죽음을 보고하러 저승에 가게 된다. 그러나 수호령이 보고하기 위해 저승에 간 후, 죽은 당사자가 가기 싫으면 저승사자가 오기 전에 그 자리를 이탈하여 이승을 맴돈다는 것으로 알고는 있다. 전에 영가들과의 인터뷰에서 몇몇 영가들이 의도적으로 저승에 가지 않은 사례가 몇 있었다. 그리고 수명을 다하고 병들어 죽음을 맞이하면 저승에서 명부를 보고 알아서 찾아온다기보다는 수호령이 자신의 주인이 이미 갈 때가 됐으니 저승에 보고하는 것이 아닐까 생각한다. 또는 항간에 떠도는 얘기로는 저승에 있는 명부에 사망 날짜가 이미 기재되어 있다고 하는데 사실인지 이런 문제는 점차 알아봐야 할 것 같다.

35. 타로 맹인

2019년 11월 8일 금요일

　숙영매는 어제부터 눈과 몸에 열이 나는데 용광로처럼 뜨겁다. 그녀는 오늘은 하루 종일 자야 되겠다고 하면서 '휴업' 팻말을 붙여 놓고 방에 들어가서 자기 시작했다.
　그런데 자고 일어나니 눈에 열이 나면서 타로 카드가 보이지 않는다. 카드를 보려고 하면 뿌연 안개 같은 것이 끼어서 보이지 않는다. 다른 사물은 정상적으로 보이는데 타로만 그런 것이다. 이게 무슨 조화인가? 알 수가 없다. 명상을 하다가 빛이 보인 이후로 한 달 하고도 20여 일이 지났고, 아직도 숙영매는 슬럼프에서 헤어 나오지 못하고 있다. 아니 슬럼프가 아니고 그 빛을 받아들이기에는 현재 그녀는 나이가 많고 몸이 약하다. 그리고 귀례령 말로는 그 빛을 보다가 눈이 먼 사람도 있다고 한다. 숙영매는 만약에 그때 눈을 뜨지 않았더라면 눈이 멀 수도 있었을 것이라고 한다.

2019년 11월 16일 토요일

　숙영매도 나도 답답한 마음은 매한가지다. 명상 슬럼프에 빠진 지 두 달이 넘었다. 현재로서는 귀례령도 산신령도 모른다 한다. 지난 금요일 눈이 뜨거워지고 타로 카드가 보이지 않아 영업을 접은 지도 벌써 열흘 가까이 된다. 현재 눈이 뜨거운 건 다소 나아지기는 했지만 여전히 더운 기운이 있다. 금방 뭔가 이루어질 것 같은 느낌이 들었었는데, 뭔지 모르지만 계속 잠만 온다. 알고 보니 귀례령이 잠을 재우는 것이 아니다. 처음에는 귀례령이 재운 건 맞는데 지금은 그냥 계속 잠이 온다. 그것이 영적 작용인지 뭔지 모르겠다. 그녀가 명상에 깊이 들어갔을 때는 눈을 감고 있어도 주위의 사물이 보였었는데 지금은 그것도 안 된다. 한 번은 눈을 감고 타로 카드를 보려고 시도를 했다. 그래도 역시 보이지 않았다. 마녀들은 계속 나타난다. 무슨 이유인지는 모르지만 분명히 그녀의 영속에는 방해하는 힘이 있는 것 같다. 왜 나타나는지 왜 방해를 하는지는 누구도 알 수가 없다.

  내가 그녀에게 밑도 끝도 없는 믿음을 보내는 이유가 있다. 그녀가 전생에 세상을 흔들 정도의 무녀였다는 것을 내가 이해하지 못했다면 나는 그녀가 영적 완성을 이루는 일에 소극적이었을지도 모른다. 그녀 자신도 어떤 확신이 없었을 것이기 때문에 모든 걸 자포자기했을 것이다. 나는 그녀의 능력을 확신하기 때문에 끝까지 자부심을 가지라고 말한다. 주위에 있는 사람들이 그렇게 명상을 시도하지만 대부분 좌절하기 때문에 이 정도만으로도 대단한 것이라고 용기를 준다. 사실 명상을 처음 하는 사람들은 정말 힘들다. 인내력과 신념 내지는 확신을 갖지 않고서는 지속하기가 힘들다. 산신령도 몸이 회복되면 월요일서부터라도 내담자를 보라고 얘기해 줬다고 한다.

36. 마녀와의 대화

2019년 11월 18일 월요일

아침에는 숙영매한테 최면을 걸어 그 마녀들에게 말을 걸어 보았다. 평소에 명상 중에는 그들이 말을 하지 않기 때문에 최면이라는 방법을 써 보았다.

"우리는 숙영을 방해하는 것이 아니네. 숙영을 도와주고 문을 열어 주고 싶지만 숙영이 체력적으로 견딜 만한 상황이 아니기 때문에 체력적으로 완전히 강해질 때까지 못 들어가게 하는 거야."

"그럼 체력을 보강하기 위해서 지금처럼 잠자고 밥도 충분히 먹어야 하나?"

"잠을 자는 이유는 체력 보강에 절대적으로 필요하기 때문이고 밥은 그렇게 많이 안 먹어도 되네."

"타로 카드가 보이지 않는 이유가 무엇인가?"

"앞으로 빛을 받아들이게 되면 엄청난 에너지로 타로를 볼 수 있을 것이네. 지금으로서는 타로를 받아들일 수가 없고, 그 문제는 북한산신님과 의논해 보겠네."

"당신의 존재는 외부에서 왔나 아니면 숙영의 내부에서 왔나?"

"외부에서 왔네."

"빛을 받아들일 때까지 시간이 얼마 정도 걸리는지 예측할 수 있나?"

"그것은 우리도 모르네. 영의 세계는 너무도 크고 다양하기 때문에 어느 누구도 예측할 수 없네."

2019년 11월 20일 수요일

타로 배너 광고판을 떼어 집에다 놨다. 지금까지는 '오늘 휴업'이라는 팻말을 붙여 놨었지만 아무래도 숙영매의 증상이 장기화될 것 같아서였다. 한 달이면 될까 두 달이면 될까 하다가 지금 두 달이 넘어갔다. 언제까지 갈지 알 수가 없다. 또한 지금 상태로는 영업에 신경 쓰는 것보다 진행되고 있는 상황에 집중하는 게 나을 것 같다. 잠은 계속되어 하루에 20시간 가까이 자는 것 같다. 자면서 계속 몸이 아프다. 깨어 있을 때는 아프지 않은데 잠잘 때만 아프다. 그리고 타로 맹인이다. 다른 사물은 정상적으로 보이는데 타로 카드만 보려고 하면 눈앞이 희미해져서 보이지 않는다. 이 모든 것이 영적 현상이라는 것으로 이해는 하지만 끝을 알 수 없다. 아무래도 올해는 넘겨야 할 듯싶다. 물론 귀례령도 답답해하기는 마찬가지다. 이런 영적 현상은 산신령이 아니라 옥황상제도 어떤 결과로 나타날지 모른다 한다. 왜냐하면 인간 속에 있는 영의 세계는 본인 자신도 모르고 영 이외에는 알 수가 없기 때문이다. 잠자는 것이 처음 며칠 동안이야 별문제 없지만 지금 두 달이 넘었다. 못 자는 것도 고통스럽지만 계속 잠만 자는 것도 견디기 힘들 정도로 고통스러운 일이다. 숙영매는 신체적 고통과 답답함 속에서 몇 번이고 울음을 터뜨렸다. 명상 수행을 통해서 영적 깨달음을 얻는 것이 이렇게 힘든 과정을 거쳐야 하는 건지 알 수가 없다.

나로서는 그냥 견디라는 것 이외에는 할 말이 없다. 또는 피할 수 없는 일은 그냥 포기하고 즐기라는 말밖에는 할 말이 없다. 물러나거나 포기할 수도 없는 일이다.

2019년 11월 28일 목요일

답답한 마음에 다시 숙영매한테 최면을 걸어서 마녀들과의 대화를 시도했다. 지난번 최면을 걸었을 때는 아침 출근 전 이어서 짧게 할 수밖에 없었다. 그녀는 영적 능력 때문인지 최면에 들어가는 속도가 무척 빠르다. 약 2분 정도면 된다.

"마녀, 나와 주세요… 당신들을 계속 마녀라고 부르면 되나? 아니면 다른 호칭을 쓰는 것이 좋은가?"

"그냥 마녀라 불러도 괜찮네."

"당신들은 어디서 온 존재들인가? 일종의 수호령 역할을 하는 건가?"

"수호령과는 다른 존재이고 우리는 우리대로의 그룹이 있다네. 이 사람의 영을 끄집어내는 것을 도와주기 위해서 온 것이라네."

"타로를 못 보게 하는 이유가 무엇인가?"

"지나치게 욕심을 부리기 때문이네. 큰 영을 끄집어내려면 욕심부터 버려야 해. 그나마 이 사람이 착한 마음이 있었기 때문에 죽도록 내버려두지 않았던 것이네."

"그러면 실제로 죽을 수도 있고 눈이 멀 수도 있었나?"

"맞네."

"그럼 언제쯤 타로를 보이게 할 수 있겠나?"

"타로 맹인이 되고 이제 20일 넘었으니까 한두 달 되는 시점이면 될 것이네."

"언제 큰 영을 받아들일 수 있는지 알 수 있을까?"

"그것은 어느 누구도 예측이 불가하네."

"숙영매의 다른 전생은 유럽에서 평범한 삶을 살았던 일이 있었고 현생에서도 50대 중반까지 영능력이 나타나지 않았던 이유가 무엇인가?"

"중세 시대에는 영능력이 있는 여자를 마녀라고 부르며 탄압했기 때문에 무의식의 영의 작용으로 나타나질 않았고, 일본 무녀 시절에는 사람들이 줄을 서서 기다릴 정도로 유명한 무녀였지만 스스로가 그 생활을 싫어했기 때문에 현생에서는 잠재의식에서 나오지 않았던 것이네."

"아, 그래. 그때는 마녀사냥이라고 화형식도 거행하고 그랬지. 유럽에서 살았을 때 어느 나라였는지 알 수 있을까?"

"로마였었네."

"시기는 언제였지?"

"르네상스 시대라네."

숙영매는 최면을 통해 일본 무녀 시절로 돌아가게 하자 그녀 스스로 무녀로 생활하는 것을 싫어했고 힘들어했던 것이 느껴진다고 한다. 그런데 그녀는 일본 다음에 유럽 그리고 현생으로 넘어온 것이 아니었다. 르네상스 시대가 14~16세기였고, 일본 무녀였을 때가 16~17세기였기 때문에, '12세기 몽고의 신관 → 14세기 로마에서의 평범한 삶 → 17세기 일본 무녀 → 20세기 현생.' 이렇게 살아왔던 것으로 추정할 수 있겠다. 그 중간에는 무엇이 있었는지 확인할 수가 없었다.

정신과 의사한테 최면을 받았을 때 일본 무녀 시절이 나오질 않고 로마 시대 때의 전생이 나온 것으로 봐서는 잠재의식 속에서 무녀 생활을 끄집어내기를 거부한 것이 아닐까 하는 추측도 가능하겠다.

2019년 11월 29일 금요일

숙영매는 타로를 볼 수 있는 방법을 생각해 냈다. 그것은 대영령이 옆에서 어떤 카드가 나왔는지 알려 주는 것이다. 그래서 잠깐 대영령과 연습을 하고 근처 카페에 가서 세 명 상담을 해 주고 왔다. 처음이라 약간 버벅대기는 했어도 무사히 마쳤다. 산신령에게도 할 수 있으면 하라는 허락을 받았다.

2019년 11월 30일 토요일
"대영이가 옆에서 타로를 봐 주는 식으로 해도 되는지 마녀들에게 물어봐야 되는 것이 아닌가?"라고 내가 물었다.
"해도 된다는 허락을 받았대."
"허락을 받았다는 얘기는 그 마녀들도 다른 어떤 존재로부터 지시를 받고 그렇게 했다는 뜻인가?"
"응, 맞아."
이 말의 뜻은 영의 세계에서도 여러 계층의 상하 계급이 존재한다는 것을 짐작하게 하는 대목이다.
"그리고 내가 최면을 걸어야만 마녀들과 대화할 수 있었는데 지금은 어떻게 해서 대화를 할 수 있었지?"
"명상 상태로 들어가서 마녀들에게 말을 걸면 전에는 대답을 안 했는데 최면하고 나서부터는 대답해 줘."
그래서 내일 월요일서부터는 다시 간판을 내걸고 대영령의 도움으로 상담을 시작할 예정이다. 대영령도 오늘 유니버설과 데카메론을 좀 더 익혔다.

2019년 12월 4일 수요일

아침에 숙영매가 울면서 말했다. 아무리 대영령이 옆에서 알려 준다고 해도 한계가 있다. 카드 5장을 하나씩 펼치면서 대영령이 알려 주는 대로 설명을 해 준다고 해도 설명을 하다 보면 앞에 알았던 카드가 무엇인지 잊게 마련이다. 그러면 대영령한테 다시 물어봐야 하고, 이렇게 되면 버벅거릴 수밖에 없다. 그것 때문에 속상해서 간밤에 잠도 제대로 못 잤다. 일단 오늘은 배너를 접고 휴식을 취한 다음 내일부터 다시 내담자를 받기로 했다. 내담자에게 현재 일어나고 있는 모든 상황을 솔직히 말한 다음에 상담을 하라고 말해 주었다. 영혼의 존재를 믿는 사람이라면 신뢰를 할 것이고, 아니면 그냥 가면 될 것이다. 이 세상을 무난하게 살아가기 위한 방법은 자존심을 버리고 솔직하게 터놓고 얘기하는 것도 좋은 것이다. 그리고 이렇게라도 일을 해야 하는 이유 하나는 하루 종일 잠만 자고 사람 그림자도 구경하지 못하는 상황은 사람을 미쳐 버리게 한다는 것이다. 내담자들과 상담하며 대화를 하는 것은 돈을 번다는 의미 이상의 것이 있다는 뜻이다.

2019년 12월 5일 목요일

내담자가 와서 일단 사정 설명을 했다.
"내가 지금 카드를 보질 못해요. 하지만 내가 아는 영가가 옆에 와서 읽어 주면 해석해 줄 수 있어요."
"영가가 뭐예요?"
"…영혼을 말하는 거예요."
"영혼이요? 귀신을 말하는 거예요?"

"맞아요. 하지만 그들도 우리와 똑같은 사람이에요. 다만 육신만 없을 뿐이죠."

"무서워요. 전 그냥 갈래요."

"그럼 하는 수 없죠."

"여기 2만 원 놓고 갈 테니 저한테 귀신 붙지 않게 해 주세요."

"아, 그런 거 아니에요. 2만 원은 그냥 갖고 가세요. 아무 일 없을 거예요."

"싫어요, 그냥 놓고 갈 테니까 귀신이 붙지 않게 해 주세요."

무척 당혹스러운 순간이었다. 이 정도까지는 예상을 못했다. 《사후세계의 비망록》조차도 어떤 사람들에게는 꿈에서 보일 정도로 무서운 것일 수도 있다.

몇 시간 있다가 또 다른 내담자가 와서 똑같은 방법으로 설명을 해 주었다. 이번에는 무서워하지는 않고,

"그래요? 정말이에요? 옆에 영혼이 있다는 말인가요? 한 번 보고 싶은데 제가 어떻게 하면 볼 수 있을까요?"

라고 하며 타로는 뒷전이고 영혼에만 관심을 보였다. 그래서 하는 수 없이 약간 어둡게 하고, 잠자는 영혼들을 깨워서 내담자 옆에 있게 했다.

"지금 옆에 영가들이 있는데 차가운 느낌 안 드세요?"

"아니오, 전혀 못 느끼겠는데요."

이것은 당연한 일이다. 차가운 느낌이 들 정도만 돼도 그 사람은 신기가 있는 것이다. 대부분 사람들은 그런 느낌조차 없다. 나도 그렇고 대부분 사람들이 그렇다.

그러고 나서 내담자는 다음에 영혼을 볼 수 있는 방법이 있으면 연락 달라는 말을 남기고 갔다. 아무래도 이런 식으로는 안 될 것 같다. 또한

글자는 보이니까 공책을 옆에 놓고 대영령이 알려 주면 필기를 해 놨다가 그것을 보는 방법도 생각해 냈다. 그러나 내담자가 뭘 쓰고 있느냐고 물어보면 어찌 대답하나…. 이 방법으로 전화 상담은 가능할 것 같다. 타로 리더가 무엇을 하는지 보이질 않기 때문이다. 하지만 이렇게까지 하면서 하는 건 아닌 것 같다.

산신령이나 마녀들이 타로 상담을 할 수 있으면 해 보라고 했다. 그래서 시도했지만 되지는 않았다. 경험을 통해서 깨달으라는 뜻이었나 보다. 숙영매는 이제 모든 것을 포기하고 차라리 마음을 편히 하는 게 나을 것 같다. 마녀들, 귀례령, 산신령 모두가 기다리라는 말들을 하는데 너무도 무리하게 일을 추진한 것이 잘못된 일이다.

'피하지 못하면 즐겨라'라는 말이 있다. 현재 그녀에게 뒤로 물러설 길은 없다. 포기할 방법도 없다. 그냥 앞으로 가는 길밖에는 없다. 일어나는 일을 받아들이고 즐기는 수밖에 없다.

2019년 12월 7일 토요일

마녀들이 처음에 나타났을 때는 본 척도 안하더니 내가 최면을 통해 말을 걸기 시작한 이후로는 최면을 통하지 않고서도 숙영매가 하는 질문에 대답은 해 준다.

"그래도 일찍 깨달았군."

숙영매가 아예 타로 보는 것을 포기하고 맘 편하게 있기로 생각을 바꾸자 마녀들이 이렇게 말했다. 결국 마녀들은 안 되는 줄 알면서도 알아서 깨닫기를 기다렸던 것이다. 마녀들은 외부에서 온 존재들이고, 분명히 숙영매의 영적 성장을 도와주기 위해서 왔다. 그들의 모습은 코가 뾰

족하고 백인의 모습을 하고 있다. 하지만 한국말을 한다. 그들은 수백 년 동안 오랜 세월을 그렇게 영혼의 상태로 존재하고 이런 식으로 사람들의 영적 성장을 돕고 있다. 아니다 싶으면 가차 없이 내리쳐서 죽음에 이르게 할 수도 있다. 현재 숙영매의 몸 상태는 꽤 괜찮은 편이다. 병원에서 검진을 받고 약도 복용하고 나니 훨씬 나아졌다. 산신령도 숙영매가 이제야 깨달았다는 말을 했다고 한다. 집착을 버리고 모든 것을 내려놔야 진정한 영능력자로 거듭날 수 있다.

학원 원장도 영적 능력을 높이기 위해서 많은 노력을 하고 있다는 말을 들었다. 영혼들 세 명을 보내 주고 난 후 많은 기대에 부풀어 있다는 말도 들었다. 그러나 수행의 세계는 그렇게 쉬운 세계가 아니다. 어쩌면 돈을 버는 세계보다도 더 치열한 세계일 수도 있다. 영혼이든 신이든 어느 누가 어떻게 해 주는 것이 아니고 스스로 이루어 나가는 과정이다. 결코 쉽게 생각하면 안 될 것이다. 신에 의존하는 종교적 수행 방식은 오히려 쉽기는 하나 자신이 믿는 절대자만이 최고라 생각하며 이기적이고 배타적인 방향으로 빠질 위험도 있다는 것을 항상 생각해야 한다.

2019년 12월 12일 목요일

오늘 곰탕집 성추행 사건에서 남성에게 '유죄'라는 대법원 최종 판결이 나왔다.

1년 이상 끌어온 재판인데 너무도 이상한 사건이었다. 어느 곰탕집 신발장 옆에서 여자가 벽을 바라보고 서 있는 사이에 남성이 그 옆을 스쳐 지나가면서 여자의 엉덩이를 움켜쥐었다는 것이었다. 남성은 그런 적이 없다고 울면서 호소하고 그의 아내까지 남편의 무죄를 청와대에 청원하는 등 전 국민에게 호소했다. 여자 역시 성추행당했다는 것을 호소했다. CCTV가 있지만 증거가 될 만한 화면은 없다. 목격자도 없다. 오로지 둘의 진술만이 존재한다. 그래서 재천령과 이야기를 나누었다. 전에 그가 지하철에서 성추행을 유도했던 영혼을 천도시킨 일이 있었기 때문이다. 여러 이야기 끝에 우리는 곰탕집 성추행 사건을 귀신 들림 사건으로 결론 냈다. 사악한 영혼이 잠시 술에 취한 그 남자로 하여금 성추행을 유도했고, 그 남자는 그 사실을 기억하지 못한 것이다. 나는 이 사건을 상당히 주의 깊게 봤고, 조사와 검색을 했지만 어느 누구의 진술이 참인지 구별할 수가 없었다. 1심과 2심에서는 증거가 없는 사건에서 징역 6개월 법정구속이라는 혹독한 선고를 내렸고, 대법원에서는 형량을 낮춰 징역 6개월에 집행유예 2년, 성폭력 치료 강의 수강 40시간과 160시간의 사회봉사 명령, 3년간 아동·청소년 관련 기관 취업 제한을 명령했다. 유죄의 근거는 여성의 말은 일관성이 있고 남성의 말은 일관성이 없다는 것인데, 과거 지강헌 사건 때 그가 주장했던 '유전무죄 무전유죄'가 세간에 나돌며 권력자들을 신랄하게 비난했던 적이 있었는데 이제는 '달변무죄 눌변유죄'가 될 판이다. 나는 재판관들에게 늘상 바라는 것이 있다. 인간은 신이 아니다. 증거가 없는 재판은 무죄를 판결하든지 자신 없으면 판결 불가라는 결정을 하든지 단 한 명이라도 억울한 사람이 나오게 해서는 안 된다. 성추행 또는 성희롱 사건은 증거는 없고 대체적으로 당사자의 진술과 정황에만 의존한다. 때로는 남성 쪽에서 때로는 여성 쪽에서 억울한 경우가 생긴다. 성추행 사건뿐만이 아니고 다른 여러가지 사건에서도 판사의 편견이 잘못된 판결을 이끄는 경우가 허다하다. 배심원 제도를 만들어서 여러 사람의 의견을 듣는 것이 중요하다.

재천령한테 물었다.

"그 이후로 지하철에서 성추행하는 영혼을 본 적이 있나?"

"그런 영혼을 한 명 더 천도한 일이 있어요."

"내가 전에 세월호 아이들이 새날 유튜버 꿈속에 나타나서 그의 몸속에 중한 병이 있다는 걸 알려줘 그의 생명을 구해 준 일이 있었다고 얘기했는데, 혹시 세월호 아이들을 만나 본 적이 있나?"

"팽목항에서 만나 본 적 있어요."

"그들의 마음들은 어떻지?"

"분노와 억울한 마음으로 가득 차 있어요."

"몇 명 정도 만나 봤지? 그들 대부분은 저승으로 가지 못했나?"

"제가 본 이들은 20명 정도 되는데 거의 다 이승에서 복수할 날만 기다리고 있어요."

"그럴 것이야. 언젠가 세월호 사건의 진상이 밝혀져서 죄 지은 자들을 처벌하고 그들의 억울함을 풀어 줘야 하는데… 세월이 하수상하니 그런 날이 올 수 있으려나… 혹시 애들의 이름을 알 수 있나?"

"알았었는데 오래돼서 기억이 안 나네요."

"요즘도 천도하는 일을 계속하고 있나? 하루에 몇 명이나 하나?"

"하루에 보통 10~15명 정도 했었는데, 요즘은 검찰 개혁 쪽에 있는 영혼들과 일을 하고 있어요. 검찰 쪽 영혼들과 싸우고 있는데, 그쪽이 워낙 강하기 때문에 힘이 부치긴 하지만 그래도 싸워야죠."

"아, 그래? 결국 보수적 마인드로 살다가 죽은 영혼들은 보수 쪽으로, 진보적 마인드로 살다가 죽은 영혼들은 진보 쪽으로 나뉘어 죽어서도 이렇게 서로 싸우는 형국이구나."

속칭 《조국 사태》라고 한다. 그야말로 죄가 있고 없고의 문제가 아니고 검찰에 대한 개혁 세력 대 반개혁 세력의 전쟁 그것 이상도, 이하도 아니다. 조국은 그 전쟁의 최전선에서 싸우다가 검찰 세력에 밀려 멸문지화를 당한 형국이다. 숙영매도, 나도 촛불 집회와 태극기 집회가 대결 양상을 벌일 때 영혼들끼리도 이렇게 치열하게 싸우고 있는지 생각도 하지 못했다. 우리의 일상생활에서부터 정치권에 이르기까지 이승에 있는 영혼끼리 치열한 전쟁이 있다는 것을 아무도 모르고 있었다.

2019년 12월 14일 토요일

숙영매는 매일 명상을 시도하지만 실패한다. 요즘은 마녀들이 다음과 같은 여러 가지 말들을 해 준다.

"언젠가는 다시 그 큰 빛을 보게 될 것이고 그때는 너무 밝아서 눈이 멀 수가 있으니까 눈을 살짝 뜨게."

"잘 버티고 있으니까 자꾸 다른 마음은 먹지 말고 좀 더 기다리게."

"다른 마녀들은 이제 다 갔고, 이 선생은 우리하고도 전생에 인연이 있어서 남아 있는 것이고 거기에 대해서는 곧 알게 될 것이네."

"나도 전생에 마녀사냥으로 화형을 당할 때도 있었네."

"신께서 고통을 주시는 건 다 뜻이 있어서 그런 것이네."

여기서 마녀가 숙영매를 이 선생이라고 칭한 것이 흥미롭다.

37. 어머니 제사 2

2019년 12월 16일 월요일

　오늘은 어머니 제사라서 이것저것 준비했는데 작년에 어머니의 요청도 있어서 최대한으로 간소하게 했다. 한 접시에 여러 가지 과일과 떡 등을 담다 보니 양이 많이 적어졌다. 다만 제사상에 초밥을 준비한 것이 좀 예년보다 특이했다. 어느 제사상이건 초밥을 놓는 일은 아마도 거의 없을 것 같다. 어머니가 드실 초밥에는 와사비는 빼도록 했다. 상에는 촛불도 향도 사진도 놓지를 않았다. 별로 의미가 없기 때문이다.

　우리는 귀례령, 산신령을 통해서 7시에 오시라고 부탁했다. 4시 반경 상을 차리기 시작했는데 어머니가 그것을 알고 일찍 오시겠다고 연락이 왔다. 그러나 정원이와 약속한 시간도 있고 초밥도 사러 가야 하기 때문에 6시 반에 오시라고 했다. 그런데 어머니는 내가 제사상 차리는 것을 어떻게 아셨지? 숙영매는 6시 28분이 되자 방문을 열어 놨다. 물론 영혼이 벽을 통과할 수 있는 것은 당연하지만 예의상 문을 열어 놨다. 정확히 6시 30분에 어머니가 오셨다. 숙영매는 어머니를 상 앞으로 모시며 말했다.

　"어머니 오셨네. 어서 오세요."

　어머니는 원피스에 긴 망토를 걸친 귀부인인 듯한 풍모로 오셨다. 어머니는 초밥 한 조각과 잡채, 대봉, 귤 같은 과일 몇 점만 드셨다. 우리가 먹을 음식도 같이 차려서 같이 식사하는 것으로 했다. 작년에는 경험이 없어서 그렇게 하지 못했다. 떡 종류에는 시루팥떡이 있었는데 팥은 어떠나는 물음에 생팥은 영혼을 쫓아내는 것이라 안 되고 익힌 팥은 괜찮다 하셨다. 또한 과메기 접시에 마늘종이 있어서 그것은 내놓지 않았는데, 마늘이고 마늘종이고 내놓지 않은 것은 잘했다고 하셨다.

다음은 어머니와의 1시간 반 동안의 대화를 정리한 것이다. 저승에서 오실 때는 1시간의 여유를 주지만 어머니는 특별히 1시간 반의 시간을 낼 수가 있다. 특별 요청도 있었고 저승에서도 영이 높은 분이기 때문이다.

나: 저승에서 이승의 일을 다 보시나요? 제가 제사상 차리는 것을 어떻게 아셨죠?
어머니: 저승에는 사무실이 있어 거기에 가서 몇 날 며칠 자신의 제사니까 신청을 하게 되면 그 영혼은 그날만큼은 거기서 이승의 일을 볼 수가 있다. 다른 때는 그렇게 할 수가 없지.

여기서 알게 된 것은 저승에서 일반 영혼들은 이승의 일을 알 수 없지만 일종의 정부라 그럴까 중앙통제시스템이랄까 하는 곳에서는 이승의 일을 알 수가 있는 것으로 보인다. 아마 저승사자도 그런 기관에 속해 있고, 수시로 이승에 와서 망자의 영혼을 데려가는 일을 하는 것이 아닐까 추측한다.

나: 이승에서 관계 맺었던 사람을 지금 저승에서 만나기도 하나요?
어머니: 그런 경우는 없고 전부 새로운 사람들을 만나고 있다.
나: 결혼해서 자식을 낳으셨다고 했는데 걔는 같이 안 왔나요? 지금 몇 살 됐지요?

어머니: 올 수가 없지, 그건 저승의 법칙이다. 지금 열 살 됐다. 제삿날은 당사자 혼자만이 갈 수 있다.

작년에 두 살 됐다고 했는데 지금 열 살이라고 하는 것도 역시 영혼, 저승 세계의 시간 개념이 우리와는 다르다는 것을 말해준다. 대영령이 마음대로 19세가 된 것도 같은 이치다.

숙영매: 저승에서 성생활을 한다면 성폭행도 있나요?
어머니: 그럼 있지. 그분만 아니고 여러 가지 범죄도 일어난다. 그러나 그런 짓을 하면 하루도 안 되어서 즉시 잡혀간다. 시스템이 잘되어 있어서 여기처럼 범죄가 감춰지는 일이 없어. 모두 다 알고 있기 때문이야.

저승에서 범죄가 일어난다는 것으로 보아 사고만 치다가 죽은 영혼은 그 악습을 버리지 못하고 저승에서도 그런 일을 하는 모양이다.

나: 어머니는 저승에서 주로 무슨 일을 하세요?
어머니: 신심 활동 열심히 하고 있다. 사람들 모아서 회합하고 좌담회를 한다.
나: 어머니 살아 계실 때 남묘호렌게쿄를 믿기 전에 절에도 다니시고 점을 보고 무당굿도 했던 것으로 기억하는데, 제가 어렸을 때 어머니 따라서 방생하러 가기도 했어요. 혹시 기억나세요?
어머니: 그럼, 그런 일뿐 아니라 다 기억한다. 내가 너한테 꿈을 이루도록 모든 것을 다 해 줬어야 하는 건데, 그렇게 해 주지 못했던 것이 너무 아쉽다. 나중에 저승에 오면 네가 하고 싶었던 일 모두를 이룰 수 있을 거다.
나: 어머니가 저한테 못해 줬다기보다는 제가 어머니한테 못해 드린 것이

많이 후회돼요. 어머니 남편은 무슨 일을 하세요?

어머니: 공항에서 일하신다.

숙영매: 저승에서는 순간 이동이 가능한데 왜 교통수단이 필요하죠?

어머니: 영이 높은 영혼들은 순간 이동이 가능하지만 그렇지 않으면 걷거나 교통수단을 이용해서 다녀.

나: 저승에서는 이승에서처럼 TV는 없고 마음먹는 대로 화면이 보인다고 작년에 말씀하셨는데, 드라마도 보고 노래도 듣고 뉴스도 듣고 한다면 살아생전에 알았던 연예인, 이를테면 신성일 같은 사람도 그곳에서 배우로 활동하나요?

어머니: 내가 알고 있는 배우는 거기 없다. 내가 거기서 보고 있는 사람들은 다 옛날에 죽은 사람들이다.

나: 죽어서 저승에 가면 심판을 받는다는데 거기서 살아생전에 죄를 지었는지, 어떤지 어떻게 알 수 있나요?

어머니: 수호령이 수시로 그 사람의 행실을 저승에 보고하고 그것이 다 기록된다.

이 대답은 사실상 정확하지 않다. 어머니도 잘 모르시는 것인지 숙영매가 잘못 들은 것인지 모르겠다. 단지 내가 수호령이 보고 하는 것은 아닌가 하고 물으니 그렇다고 대답하셨든지 숙영매가 잘못 들었을 것이다. 서양에서는 아카식레코드라고 하여 우리가 말하고 행동한 것이 우주 저장소에 영원히 저장된다고 말한다.

나: 우리가 알고 있는 불지옥, 바늘지옥 같은 무서운 지옥이 있나요?

어머니: 그건 만들어 놓은 얘기고, 죄지은 자들은 저승에 와서 힘들게 일만 하고 먹는 것도 조금씩밖에 못 먹는다.

나: 저승에서는 식사 때 캡슐을 드신다고 하셨는데 그런 건 여기 있는 음식보다는 맛이 없지 않나요?

어머니: 캡슐은 씹어 먹는데 나올 수 있는 맛은 다 나오니까 괜찮다.

나: 저승에도 동물이 있나요?

어머니: 응, 있지. 이승에서 동물들은 죽으면 저승사자가 없어도 본능적으로 즉시 저승으로 온다.

무속인이나 영혼을 볼 수 있는 사람들은 동물령에 대한 언급이 별로 없는데 그 이유가 바로 이것인 것 같다.

그러나 가끔 빙의된 동물령의 이야기도 있는데 그것은 영물에 관한 특별한 사례도 있는 것 같다.

나: 어머니는 우리가 살고 있는 세계가 진짜인 것 같나요, 아니면 저승 세계가 진짜인 것 같나요?

어머니: 어느 세계가 진짜다, 가짜다 말하기는 힘들지만 이승 세계가 가장 저급한 세계다. 지금 내가 살고 있는 세계는 한 차원 높은 세계고 과학기술도 더 발달되어 있다. 또한 거기보다 더 높은 차원의 세계들도 많이 있다. 죽는 것을 두려워하지 마라. 살아생전에 착하게 살았으면 정말 좋은 세상에서 살 수 있다. 단 자살하는 것만큼은 큰 죄를 짓는 거니까 열심히 착하게 살다가 오면 된다.

나: 병주(사촌동생)가 죽었는데 혹시 아세요?

어머니: 모르겠는데 왜 죽었나?

나: 대장암으로 죽었어요. 당연히 모르시는구나. 이승에서 일어나는 일을 알 수가 없으니까.

어머니: 그렇구나. 젊은 나이에 안됐네. 아마도 병으로 죽었으면 무사히 저승으로 갔을 거다. 그러나 죽는다고 해도 슬퍼할 건 없다. 착하게 살았으면 저승에서 더 편안하게 살 수 있으니까.

나: 저승에서의 시간 개념은 어떤가요?

어머니: 일단 오게 되면 나이를 거꾸로 먹게 되고 그러다가 아기가 되어 다시 태어나고 그리고 또 나이를 먹고 늙게 된다. 거기서도 열심히 살면 또 더 높은 차원으로 가게 된다. 영이 높고 영리한 사람은 속도를 빨리 해서 더 높은 차원에 갈 수 있다. 나이를 먹는 것은 높은 영들은 자기 마음대로 할 수 있다. 나는 현재 39세가 됐다.

나: 그런 식으로 높은 차원으로 가다 보면 외계인도 만날 수 있겠네요? 그들은 차원이 높은 존재니까요.

어머니: 그렇지.

많은 학자들이 외계인이 있네, 없네 논란을 벌이는데 우리가 외계인들을 볼 수 없는 것은 우리는 아직 그들을 만날 정도로 높은 차원에 있지 못하기 때문일 것으로 생각한다. 단지 유에프오를 봤다거나 외계인을 만났다고 하는 것은 외계인이 자신을 물질화시켰기 때문에 우리가 볼 수 있는 것이다. 그들은 원래 영적 존재이고, 우리도 영적 존재이기는 하나 낮은 등급의 영적 존재이기 때문에 우리 스스로의 능력으로 그들과 교류하는 게 힘든 것으로 이해하고 있다.

나: 소크라테스도 죽고 나서는 더 좋은 세상으로 간다는 것을 알고 있었기 때문에 독배를 즐겁게 들고 죽었다는데 혹시 소크라테스를 아세요?

어머니: 알고 있다.

나: 어머니 살아 계실 때는 그런 것에 관심이 없었잖아요.

어머니: 지금은 공부해서 다 알고 있다. 내가 사는 곳은 여기보다 훨씬 높은 차원이야.

나: 죽어서 저승 갈 때는 보통 산도 넘고 물도 건너고 길이 험하다는데 어머니는 지금 어떻게 순간 이동이 가능한가요?

어머니: 처음에 죽고 나서, 나는 저승사자를 따라 배를 타고 강을 건너갔다. 그때는 그렇게 가긴 했지만 영이 높아지면서 순간 이동도 가능해졌다.

나: 저와 어머니와의 전생의 인연을 기억하시나요?

어머니: 신라 때 네가 나의 아버지였고, 네가 전쟁에 나가면 내가 억척스럽게 따라다니며 군사들 밥을 해 주곤 했던 기억이 난다. 그때 네가 김유신 장군을 미워해서 암살하려고 시도했던 것도 생각난다.

시간이 거의 다 돼서 숙영매는 고수레할 것을 준비하고 있었다.

어머니: 그거 준비할 것 없다. 이 집은 결계를 쳐 놓은 상태라 가까이 있는 영혼은 없고, 밖에 있는 영혼은 나쁜 것들이라 줄 필요 없어.

숙영매: 어머니, 가실 때 추운데 굳이 문 밖에 나가셔서 순간 이동하는 것보다는 지금 여기서 바로 가시도록 하세요.

어머니: 그래, 그래야겠다.

어머니는 이렇게 말씀하시고 제사상 앞에서 바로 사라지셨다.

위의 대화는 어디까지나 어머니의 진술만을 토대로 작성한 것이다. 그 세계의 정보에 대해서는 아직도 부족한 게 많이 있는 것이 사실이다. 다른 사람의 저승 세계, 외국에서의 저승 세계가 다를 것이다. 어머니는 저승에서도 이승에서처럼 기존 불교를 비롯한 각가지 종교가 있다고 말씀하시면서 어머니가 저승에서도 믿고 계신 남묘호렌게쿄가 최고라며 백배, 천배 위대하다고 하신다. 물론 살아 계실 때도 40년 신심을 하시면서 그렇게 생각하셨고, 지금도 그 마음은 변하지 않으신 거다. 그러나 그것은 어디까지나 어머니 생각이고 어느 종교가 위대하다기보다는 어느 종교건 그것을 믿는 사람의 마음가짐이 더 중요하지 않을까 싶다. 또한 종교란 그것 자체가 가지고 있는 시스템과 수행 방식이 있다. 나무아미타불 관세음보살이나 나무묘법연화경 그리고 기독교에서의 기도문 같은 것을 통합해서 염불선이라 한다면 염불선을 얼마나 강하게 실행하느냐가 영을 높이는 방법으로 작용할 수가 있다. 참선이나 기도 명상과 같은 직접적인 방법도 있지만 그런 것 모두를 통틀어 수행이라 칭한다. 무릎 꿇고 앉아서 염불선을 오래 지속하는 것이 바로 영을 높이는 방법이고, 창가학회 남묘호렌게쿄도 그런 면에서 강한 수행 방식이라 할 수는 있다.

　달리 말하면 가끔 종교 단체에 가서 헌금이나 하고 불경이건 성경이건 좋은 말씀이라고 한마디씩 듣는 것만 가지고는 수행이라고 볼 수는 없고, 친목이라는 단어가 더 어울릴 것이다. 그리고 모든 종교가 자신만이 진리라고 말한다. 이 세상에 진리가 수백, 수천 개 있을 수는 없다. 눈에 보이지 않고 관념상으로 존재하는 진리는 결국 개개인이 접한 종교 그리고 자신의 성격과 자신이 습득한 지식에 근거하며 판단한 것뿐이다. 지구상에 수많은 진리가 존재한다는 것은 결국 인류는 아직도 몽매하고 저급한 상태에 머물러 있다는 증거다. 인류가 영적으로 진보하여 모두가 깨달음을 얻을 때 진리는 하나로 통일될 것이다.

　대화하는 중에 숙영매가 놀란 것이 있었다. 작년에 어머니와 대화할 때는 재천령이 옆에서 도와주었는데 오늘은 재천령을 물리치고 자력으로 어머니와 대화가 가능하게 되었다는 것이다. 어머니처럼 저승에서도 영이 높은 존재는 쉽게 보거나 대화하기가 힘들다. 웬만한 무속인들도 제사 때 조상신들을 보기 힘들어한다. 그리고 어머니를 접촉해도 아픈 일도 없었다. 그만큼 숙영매의 영이 높아졌다는 말이다. 그러나 재천령 없이 나의 수호령을 불렀지만 그녀의 눈에는 보이질 않았다. 그녀는 재천령 없이 혼자서 수호령과 대화를 할 만큼의 수준은 아직 안 됐다는 뜻이다. 물론 산신령도 지금 그녀의 수준으로서는 자력으로 상대할 수 없고, 높은 영적 수준이 요구되는 존재다.

2019년 12월 17일 화요일

　어제 어머니와 대화 중에 막혔던 것이 하나 있었는데 저승에 처음 갔을 때 재판관은 그 영혼이 죄를 지었는지, 착한 일을 했는지 어떻게 알 수 있나 알아보기 위해, 재천령에게 부탁해서 수호령을 불러내어 물어보았다.

　"재판관들은 영혼이 일단 불려 오면 살아생전 죄를 지었는지 어쨌는지 다 알고는 있어. 다만 그의 수호령을 통해서 자세한 내막을 듣는 거지."

　"그러면, 수호령이 주인을 보호하려고 거짓말을 하거나 사실을 약간 왜곡하는 것이 가능한가요?"

　"전혀 그럴 수는 없지. 재판관이 사실을 말하는지 거짓을 말하는지 다 알고 있기 때문에 거짓을 얘기하는 건 어림도 없어."

역시 수호령의 말은 내가 평소에 생각했던 것과 거의 비슷하다. 일단 저승에서 재판관을 할 정도면 영이 높을 것이고, 상대방을 보기만 해도 그의 살아생전 행적을 충분히 알 수 있을 것이다.

2019년 12월 18일 수요일

"이제 얼마 안 남았네. 거의 다 끝났어. 그동안 잘 견뎠네. 축하하네."
마녀들은 지난밤 숙영매한테 이렇게 말을 해 주었다.

2019년 12월 23일 월요일

어제 희미하게나마 타로 카드가 보이기 시작했다. 숙영매는 묶여 있던 몸이 풀어진 것 같은 기쁨을 느꼈다. 내담자와 상담할 정도는 되기 때문에 오늘 아침 간판을 내걸고 일을 시작했다. 지난 11월 8일경 타로가 안 보이기 시작해서부터 약 한 달 보름 만에 안개가 낀 듯이 희미하게 보이기는 하지만 그래도 겨우 회복은 된 것이다.

2020년 1월 1일 수요일

경자년 새해가 밝았다. 숙영매는 지금 병원 치료 중이다. 간 수치와 혈당 수치가 높게 나오는데 의사의 말로는 당뇨는 일시적일 것으로 보고 있다. 전에는 항상 정상이었기 때문이다. 아마도 지난 한 달 반 동안 타로가 안 보여서 겪었던 극심한 스트레스 때문일 것으로 생각한다. 치료가 몇 달이 갈지 모르지만 몸이 건강해지는 날 큰 영을 받을 수 있을 거라 생각한다.

인간들은 항상 선택 속에서 하루하루를 살아가고 있다. 그 선택은 순간적으로 이루어지며 행과 불행을 만들어 낸다. 하지만 결과가 나올 때까지 그 판단이 옳은 것이지, 그른 것인지 사람들은 모른다. 공부를 많이 하고 책을 많이 읽은 사람이라도 항상 옳은 선택만 하는 것은 아니라는 걸 우리는 자신뿐만 아니라 역사적으로 수많은 인물들을 보아 오면서 알 수가 있다.

그러면 옳은 판단을 하기 위해서는 어떻게 해야 하나? 책을 많이 읽는 것은 지식을 쌓는 것이지, 옳은 판단을 하기 위한 훈련으로는 부족한 것 같다. 굳이 한 가지 방법이 있다면 하루 일과를 끝내고 혼자서 조용히 명상을 하며 사색의 시간을 갖는 것이다. 그것은 즉, 영을 높이는 과정이다. 지난 세월 동안 나를 포함한 많은 사람들은 스스로 판단을 잘했다고 자화자찬하는 면도 있겠지만 잘못된 판단 또한 무수히 많다. 그 둘이 어느 정도 균형을 이루어 그냥 무리 없이 이렇게 살아가는 것 같다. 살면서 하는 일마다 잘되는 사람과 하는 일마다 안 되는 사람이 있다. 그 모든 것은 전생으로부터 쌓아 온 선행과 기도와 명상의 결과물이다.

좀 더 나은 삶을 위해서는 끝없는 마음 수행이 필요하다. 하루 5분 이상의 명상은 삶의 질을 바꿀 수 있다고 믿어도 좋다.

원효대사는 거지굴에 가서 이렇게 말했다.

"너희들, 아무것도 몰라도 좋다. 나무아미타불만 외우면 너희들도 성불할 수 있다."

이처럼 불교도 대중에게 쉽게 다가가야 한다. 스님들은 윤회를 설명하는데도 뭐가 그렇게 어렵고 이해할 수 없는 말만 하는지 모르겠다. 영혼에 대해서도 한참 설명하는데 뭔 소린지 나도 잘 이해를 못하겠다. 요즘 사람들은 지식 수준이 높아졌기 때문에 일반 대중보다는 잘나야 한다는 생각이 있기 때문에 그런 건지 모르겠다.

38. 최면 치유

2020년 1월 19일 일요일

　병원에 다닌 지도 한 달이 넘었지만 숙영매의 몸 상태는 아직 답보 상태다. 화장대 서랍에는 약봉지가 수북이 쌓여 있다. 나는 최면 시술에 대해서 생각했다. 병이란 마음에서 오는 경우가 많다. 그리고 최근에 일어났던 많은 사건들은 그녀로 하여금 형용할 수 없는 지독한 스트레스를 유발했을 것이다.
　나는 일단 숙영매의 갓난아기 때 그리고 나와의 신혼 살림 때의 행복했던 시절의 기억을 되살리며 마음을 가라앉히고 몸속의 병이 치유되도록 유도했다. 최면이 끝난 후 그녀는 몸과 마음이 훨씬 가벼워졌다며 못 먹던 밥을 먹었다.

2020년 1월 20일 월요일

　오늘 다시 숙영매한테 최면을 걸어 중학교 시절 행복했던 때로 갔다가 다시 6개월 후 미래로 갔다. 자신이 명상하고 있는 모습이 보였다. 지금 마녀들이 명상을 못하게 하는 상황에서 명상을 하는 자신의 모습을 보자 그녀는 기쁨을 감추지 못했다. 그녀로서는 명상을 깊이 했을 때가 가장 행복했던 순간이었을 것이다. 다시 그녀의 병 치료를 하고 최면을 끝냈다.

2020년 1월 21일 화요일

　오늘은 숙영매가 전생에 일본의 무녀로 있을 때 행복했던 시절로 돌아가도록 유도했다.

　"무엇이 보이나?"

　"사람들이 많이 보여."

　"어떤 사람들이지?"

　"나한테 점을 보려고 하는 사람들이야."

　"사람들이 당신의 점사에 만족을 하나?"

　"응, 모두가 놀라고 만족을 해."

　"당신의 이름은 무엇이었나?"

　"생각이 안 나."

　"자, 내가 하나 둘 셋을 세면 이름이 생각난다. 하나, 둘, 셋… 이름이 뭐지?"

　"에이꼬…"

　"이름이 에이꼬구나. 무슨 옷을 입고 있지?"

　"하얀색…한복…기모노… 그런데 싫어."

　"뭐가 싫지?"

　"내가 점쟁이라는 게 싫어… 무당이라는 것이… 무녀라는 것이 싫어."

　"그때는 무녀로 사는 것이 싫었구나. 무녀로서 당신의 모습이 지금의 모습하고 같은가?"

　"조금 달라."

　"그럼 어떻게 당신이라는 것을 알 수 있지?"

　"느낌으로 알 수 있어."

"자, 이제 당신이 죽을 때 모습으로 간다… 당신이 몇 살쯤인가?"

"일흔 살이 넘었어… 외로워… 쓸쓸히 혼자서 죽고 있어."

"가족들은 왜 없지?"

"나도 무녀 일을 싫어했지만 가족들도 싫어했어."

"아, 그랬구나. 전생에 그 일을 싫어했기 때문에 그 마음이 현생에까지 와서 50년 넘게 평범한 삶을 살았던 이유가 됐었구나. 다음은 죽고 나서 영혼이 된 자신을 보도록 해."

"내가 두 명이야… 하나는 죽어 있는 나고, 하나는 영혼이 된 나…."

"저승사자는 왔나?"

"오고 있어."

"죽기 전에 자신의 죽음을 예견했었나?"

"응, 알고 있었고 죽음을 조용히 준비했어."

"영이 높았던 무녀였다면 자신의 죽음을 충분히 알고 준비할 수 있었을 거야. 저승사자는 왔나?"

"두 명의 저승사자가 와서 나를 데려가고 있어."

"좋아, 그러면 어제는 6개월 후의 미래로 갔었는데. 이제는 가까운 미래, 바로 내일로 가는 거야… 뭐가 보이지?"

"나이가 좀 들어 보이는 아줌마를 상담해 주고 있어."

"상담 내용을 알 수 있나?"

"자식 문제에 대해서 상담하고 있어."

다시 현재로 돌아와서 병 치유 최면을 한 다음 최면을 끝냈다.

2020년 1월 22일 수요일

업무를 보고 있는데 3시쯤 숙영매한테 전화가 왔다.

오후 2시경 내담자가 왔는데 나이가 좀 든 아줌마가 와서 자식 문제에 대해서 타로 상담을 하고 갔다고 했다. 어제 최면 상태에서 본 그 아줌마와 정확하게 일치한 것이다.

저녁에 퇴근하고 다시 숙영매를 최면에 들게 했다.

다시 일본 무녀로 돌아가서 그녀가 30대 때 일본 왕실에 들어가 정치적 사건에 휘말리는 모습. 임진년에 전쟁이 나자 조선에 와서 일본군의 승리를 위해 제를 지내는 모습. 전생의 나와 잠깐 스쳐 지나가면서 '저 사람은 내 남자'라고 느끼는 모습 등으로 그녀의 전생을 끝냈다.

다시 나의 일곱 살 어린 시절 모습. 꼬맹이가 멍하니 앉아 있는 모습이 보인다고 했다. 또 내 전생을 보게끔 유도했는데 내가 갑옷을 입고 군사들을 지휘하는 모습. 이순신 장군이 기생들과 술판을 벌이는 것을 보고 내가 "이러시면 안 됩니다"라고 하자 이순신이 나를 노려보며 술상을 걷어차는 모습을 봤다.

다시 현실로 돌아와서 병 치유로 들어간 다음 그녀의 내일 모습으로 들어가자 오전에 병원에서 당뇨 검사를 하는데 수치가 100 정도로 나와 기분이 좋은 장면이었다. 그리고 집에 와서 집 안 정리를 하고 있는데 20대 초반의 내담자가 오는 장면이 이어졌다. 오후에 내담자가 한 명 더 오는 장면을 끝으로 최면을 마쳤다. 그녀는 최면을 통해서 자신의 전생과거 미래뿐만이 아니고 타인의 전생, 과거, 미래까지도 볼 수 있는 능력이 가능하다는 것을 확인했다. 하지만 그녀가 건강을 되찾고 큰 영을 받게 되면 최면을 받지 않아도 그런 능력이 가능할 것으로 생각한다.

2020년 1월 23일 목요일

오늘도 어제 최면 상태에서 본 대로 당뇨 수치는 식후 혈당 126으로, 거의 정상이 나왔다. 약을 안 먹어도 되는 정도지만 있는 약은 다 먹기로 했다. 역시 내담자도 오전에 한 명, 오후에 한 명이 왔다.

오늘은 설 연휴 전날이라 일찍 퇴근하고 숙영매에게 다시 최면을 걸었다. 이번엔 병 치유를 하고 내일 무슨 일이 있는지만 보도록 했다. 자신이 점심을 먹는 장면, 먹고 나서 집이 아닌 다른 장소에서 두 명에게 타로 상담을 해 주는 장면이 보였다.

집 근처에 '카페'가 하나 있는데 거기 주인이 숙영매에게 가끔 손님들을 매치시켜 주는 경우가 있다. 다른 장소가 그 카페일 것으로 보였다.

과거나 전생을 볼 때는 영화처럼 컬러로 선명하게 보이지는 않고 흑백으로 흐릿하게 보인다. 그러나 미래를 볼 때는 그보다 더 흐릿하게 보인다. 흐릿한 화면과 그 화면에서 느껴지는 영감으로 말을 하는 것이다.

2020년 1월 26일 일요일

24일 숙영매가 점심을 먹고 출장 타로를 나간 것과 어제 설날까지, 다음 날 일어날 일을 최면 상태로 봤는데 모두 일치했다. 현재까지 5번 정도의 미래를 봤고, 그것이 적중했으니 미래를 보는 것이 정확하다는 건 증명이 됐으므로 이제 더 이상 글로써 기록하지는 않을 것이다. 물론 숙영매가 스스로 큰 영을 받을 때까지 최면은 계속하고 미래를 보는 일은 계속할 것이다. 재천령과 마녀들도 최면을 받고 병 치유를 하는 것을 긍정적으로 말했다고 한다.

내가 숙영매한테 물어보았다.

"당신이 최면을 통해서 전생을 보면 그것이 자신일 것이라는 확신이 드는가?"

"그럴지도 모른다는 생각은 들지만 확신은 없어."

"그럼 내 전생을 봤을 때는 어떤가?"

"단지 당신일 거라는 생각만 들지 확신은 없어. 일단 지금과는 모습이 조금 다르고 그냥 느낌으로만 알 수 있을 뿐이야."

그렇다. 오히려 최면 상태에서 본 그것이 분명한 사실이라고 확신하는 게 더 이상하다. 그 장면이 보인다고 사실이라는 증거는 없기 때문이다. 전생연구소 박진여 선생도 자신이 본 내담자의 전생이 사실일지 확신은 못하지만 내담자들이 맞다고 맞장구를 쳐 주기 때문에 결국 그것이 확실해진다고 한다. 전생과 현생은 분명히 이어지는 연결점이 있기 때문이다. 이런 문제는 현재로서는 과학적으로 증명할 수 없고, 대부분 사람들이 인정해 주지 않기 때문에 결국은 종교처럼 믿음의 영역으로 남을 수밖에 없다.

정원이도 어제 큰집에 차례를 지내러 가면서 얘기를 나누었지만 영적인 문제에 대한 믿음도 없고 엄마에 대한 불신감까지 있다. 물론 정원이에게 누차 설명을 해 줘도 믿는 마음은 생기지 않는다.

39. 강도, 도난 등 숙영매의 시련

2020년 1월 27일 월요일

오후 5시경

내가 밖에서 볼일을 보고 있는데 숙영매한테서 전화가 와서 울음 섞인 떨리는 목소리로 말했다.

"강도가 들었어. 강도가 들어서 집에 있는 돈을 전부 갖고 갔어."

"무슨 소리야? 자세히 얘기해 봐."

나도 긴장되는 목소리로 말했다.

"오후 3시 반쯤 집에 두 명의 강도가 들었어. 키가 큰데 젊은 여자 같아. 모자와 마스크를 써서 얼굴을 알아볼 수는 없었어."

초인종 소리가 나면 숙영매는 일단 창문을 통해서 누가 왔는지 확인한다. 바로 어제까지만 해도 그랬다. 그런데 오늘은 확인을 하지 않았다. 어제 최면 상태에서 오늘 2시 반경 내담자가 오는 것으로 느꼈기 때문에 아무 의심 없이 문을 열어 준 것이다.

그들은 문을 열어주자마자 문을 차고 숙영매의 입을 틀어막았고 다른 한 명은 그녀의 목에 칼을 들이대면서 말했다.

"돈을 내놓으면 그냥 조용히 갈 테니까 있는 거 다 내놓으시면 돼요."

숙영매는 평소에 들은 얘기가 있어서 이런 경우에는 있는 돈을 다 내놓는 게 상책이라고 생각했다. 서랍에 있는 돈, 오늘 오전에 받았던 상담비까지 합하여 20만 원을 주자 그들은 그 돈을 갖고 황급히 달아났다고 했다. 그 시간이 불과 3분도 채 걸리지 않았다. 이후 경찰을 부르고 했지만 도움이 될 만한 것이 없었다.

강도들이 처음 들이닥쳤을 때 재천령과 대영령을 부르려고 했지만 들어오자마자 입부터 틀어막는 바람에 그렇게 하지 못했다. 그들은 그때 자고 있었다. 만약 부를 수만 있었다면 그 강도들을 쫓아가서 집을 알아 올 수도 있었을 것이다.

대영령이 숙영매에게 말했다.

"앞으로는 자더라도 귀는 열어 놓고 잘게요. 엄마는 내가 24시간 지킬 거예요."

귀례령도 한 마디 위로의 말을 했다.

"그냥 액땜했다고 생각하세요."

산신령도 한마디 해주었다.

"그런 나쁜 일은 빨리 잊어버리고 네 건강이나 회복하도록 마음을 편히 가져라."

방심했다. 타로샵 오픈 초기에 나쁜 남자들 두 명을 퇴치한 적이 있었고, 그 이후로 이제는 그런 일이 없으려니 하고 안심을 한 것이 실수였다. 요 며칠 동안 최면을 하면서 내담자 몇 명 그리고 몇 시에 올지에 관해서만 관심을 갖고 있었다. 당연히 강도에 대한 것은 생각지도 않았고, 대비를 하지 않은 것이 실수였다. 더군다나 오늘은 오전 12시 전후에 내담자가 한 명 오고, 오후 2시 반경 내담자가 오는 것으로 봤기 때문에 3시 반쯤 초인종이 울렸을 때 내담자려니 하고 확인을 안 한 것이다. 오후에 왔어야 할 내담자는 내가 숙영매가 통화하고 있는 중인 5시 3분경에 왔다. 그런데 5시에 왔던 내담자는 이런 얘기를 했다고 한다.

"제가 원래 2시 반쯤 왔어야 했는데 갑자기 다른 일이 생겨서 지금 온 거예요."

그리고 마녀는 의미심장한 말을 했다.

"이번에 강도 사건으로 인해 이 선생은 좀 더 영이 높아졌을 거네. 그 강도들은 그 일로 인해서 자신들의 카르마가 더 쌓였을 것이고, 이 선생은 반대로 어려운 일을 겪음으로써 영이 높아진다는 뜻이네."

이 말의 뜻은 나쁜 카르마가 많이 쌓였을 때 좀 더 빨리 카르마를 해소하는 방법으로 좀 더 낮은 곳에서 태어나 힘들게 사는 것이 한 방법일 수 있고, 경우에 따라서는 장애인으로 태어나 고생하면서 사는 인생이면 더 빨리 카르마를 해소하는 데 도움이 된다는 것을 뜻한다. 아무리 어려운 일이 있어도 나쁜 짓을 하지 않고 그것을 감수하며 이겨 나가면 그만큼 자신의 영이 높아질 수 있다는 의미이다. 누구든 풍요로운 환경 속에서 남의 부러움을 받으며 살고 싶어 한다. 그러나 어려운 환경 속에서 고생을 하더라도 참고 열심히 살면 자신의 영을 한층 더 높일 수 있다. 인생은 이번 한 번으로 끝나는 것이 아니다. 전생에 수없이 그래 왔던 것처럼 앞으로도 수많은 삶을 살아야 한다.

다시 마녀에게 질문했다.

"마녀들은 평상시 다른 곳에 있다가 이 선생이 명상에 들어가면 나타나는 것인가 아니면 항상 이 선생과 같이 있는 것인가?"

"우리는 이 선생과 항상 같이 있는 것이네."

"그러면 아까 그 강도 사건도 다 보고 있었나?"

"보고는 있었지만 우리가 관여할 수는 없는 것이네. 그렇게 되면 하늘의 뜻에 거역하는 것이네."

그리고 나 역시 숙영매에게 계속 마음을 안정시킬 수 있는 말을 해주었다.

그리고 이번 4월 15일 총선 결과에 대해서 알아봤다. 민주당이 과반을 넘는 것으로 보인다고 했다

"난리 났어"라고 숙영매가 말했다. 이것은 그냥 느낌으로 아는 것이지 화면이 보이는 것은 아니다. 나는 확신을 갖기 위해서 3일 동안 3번을 보게 했다. 3번 다 똑같은 결과로 나왔다. 오늘은 특히 깊은 최면 상태로 유도한 다음 본 것이기 때문에 그렇게 될 가능성이 높을 것으로 생각된다. 앞으로는 더 이상 선거에 대해서 보도록 유도하지는 않을 것이다.

2020년 1월 30일 목요일

숙영매는 간밤에 잠을 못 자서 피곤해하고 있다. 지난밤에 잠을 자려고 눈을 감으면 주위가 환해지면서 어떤 물체가 나타나 빠르게 지나가면서 잠을 방해한다. 물체는 물체인데 어떤 것인지는 알 수가 없다. 밤새도록 그러다 보니 잠을 한숨도 못 잤다. 마녀는 긍정적인 신호로 받아들이지만 무슨 현상인지 이해할 수가 없다.

2020년 2월 2일 일요일

숙영매는 지난 나흘 동안 그 물체들 때문에 잠을 못 잤다. 그러나 낮에는 그것들이 보이질 않기 때문에 취침을 할 수가 있다. 오늘 새벽에는 빠르게 지나가던 물체 두 개를 겨우 낚아챘는데 사람이었다. 한 명은 남자고 다른 한 명은 여자다. 작년에 명상을 하면서 나타났던 영혼 같은 존재는 아니고 사람으로 느껴졌다. 숙영매는 그 사람들이 앞으로 자신이 상

담을 하게 될 내담자들일 것으로 생각했다.

마녀가 숙영매에게 말했다.

"그래도 빨리 캐치했네."

이것이 마지막 단계인지 다른 단계가 또 있는지 아무도 모른다.

세계의 내로라하는 예언가들은 적중률이 과반을 넘는 경우도 있다. 둘 중에 하나를 선택하여 적중률이 과반을 넘을 정도면 일반인들도 할 수 있는 일이지만 무작위로 예언하여 과반을 넘는다는 것은 보통 일이 아니다. 미래를 보더라도 가까운 미래는 정확할 수가 있겠으나 먼 미래로 갈수록 정확도가 떨어지는 것 같다.

세계의 유명한 예언가로는 노스트라다무스, 잠자는 예언가로 알려진 애드거 케이시, 맹인 예언가 바바반가 그리고 우리나라의 탄허스님 등 다수가 있다. 그들은 분명 숙영매처럼 눈에 보이는 것을 말했을 거다. 맞지 않는 것이 있다면 그것은 상황이 변하면서 운명이 바뀌는 것일 수도 있다.

불가리아의 맹인 예언가 바바반가는, 2500년 후에 인간들이 깨달음을 얻을 것이라고 예언했다. 다른 것보다 나는 이 예언에 주목하는데, 그때 그것이 실현되든 안 되든 인류의 궁극적 목표가 바로 이것이라는 생각을 평소에 가지고 있었다. 또, 몇백 년이 될지 몇천 년이 될지는 모르지만 결국 그렇게 될 것이고, 그렇게 되어야만 한다는 것을 느꼈기 때문이다. 다른 외계 행성의 존재들은 모두가 높은 영적 상태를 유지하는데, 지구인들만이 미개한 상태로 영원히 남을 수는 없기 때문이다. 지금은 몇몇 수행자들만이 깨달음을 얻고 인류에게 가르침을 주려고 하지만 나를 포함한 대다수의 인류는 아직 이해하지 못하고 미개한 상태에 있다. 인간들은 자신의 전생도 미래도 모른 채 살고 있고, 또 그것을 인정하려 하지도 않는다.

    유불선에 정통한 탄허스님은 도를 얻고 싶으면 가난해지는 것부터 배워야 한다고 했다. 가난하다고 하여 잘사는 타인을 시기하고 해하는 것은 자신을 깎아내리는 것이고, 법정스님의 무소유를 실천하라는 말과 일맥상통할 것이다. 많은 젊은이들이 흙수저로 태어난 것을 한탄한다. 그러나 재벌의 자식으로 태어나 하늘 높은 줄 모르고 오만하게 살고 남을 짓밟으며 갑질하고 마약이나 하면서 자신의 몸과 마음을 망치는 것은 깨달음이라는 목표로 향해 가는 데 장애만 될 뿐이다. 차라리 가난하게 살더라도 올바른 마음을 갖고 사는 것이 그 목표를 향한 지름길일 것이다. 태어날 때부터 돈 밭에서 태어나는 것은 윤회를 통한 영적 성장에 방해만 된다. 그러나 굳이 가난을 추구한다기보다는 돈을 많이 갖고 있더라도 어려운 사람들을 돕고 베푸는 인생이라면 영을 한 단계 높이는 행위가 될 것이다.

2020년 2월 7일 금요일

    밤에 잠잘 때 나타나 빠르게 지나가는 물체, 즉 사람들을 잡게 되면 고요해져서 1~2시간 정도는 잘 수 있다. 그러다 다시 나타나서 잡으면 고요해진다. 이렇게 하면서 밤에 겨우 몇 시간을 자고 일어나면 피곤해서 낮에 또 잠을 잔다.

2020년 2월 10일 월요일

숙영매가 오늘은 도난을 당했다.

근처에 카페가 있다는 것은 전에도 언급한 적이 있었는데 그 카페 주인 언니가 오늘 우리 집에 들렀다. 그녀가 그저께 숙영매한테 빌려간 돈 20만 원을 갚는다는 명목이었다. 그녀가 숙영매에게 20만 원을 건네주자 숙영매는 방 안 서랍에 그 돈을 넣어 두고 문을 닫아 거실에서 그녀와 얘기를 했다. 그리고 숙영매가 소변이 마려워서 화장실에 잠깐 들어갔다 나오자 카페 언니는 바로 갔다. 그녀가 간 후 물건을 살 일이 있어서 서랍을 열어 보니 돈이 몽땅 없어졌다. 그 서랍에 있던 돈은 총 26만 원이었다. 또한 방문 옆에 작은 화분이 있었는데 그것이 쓰러져 있었다.

결국 숙영매가 화장실에서 소변을 보는 잠깐 사이에 그 카페 언니가 재빨리 방문을 열고 들어가 서랍에 있는 돈을 순식간에 집어 들고 나온 것이다. 두꺼운 옷을 입고 있었기 때문에 들어갈 때 스쳐서 화분이 쓰러졌을 것이다. 숙영매는 순간 망치로 뒤통수를 얻어맞은 것 같은 느낌이 들었다. 믿었던 사람으로부터 이렇게 당한 것에 대한 충격과 최근 들어 여러 가지 사건으로 인하여 돈이 자꾸 새어 나가는 상황이 그녀를 힘들게 했기 때문이다. 그러나 카페 언니한테 전화 걸어서 방에 들어가서 돈 갖고 갔냐고 물어보면 당연히 아니라고 할 것이 뻔하다. 그러니 화나고 분한 마음에 계속 눈물만 나왔다. 그래도 숙영매는 그녀에게 전화를 했다.

"언니 혹시 내가 화장실 갔을 때 방에 들어갔었어?"

"내가 그 방에 왜 들어가니?"

카페 언니는 이렇게 천연덕스럽게 부인하면서 다른 얘기만 지껄였다. 어처구니없는 사건에 속만 상하고 절망감이 들어 산신령한테까지 불만을 토로했다.

"왜 저한테 이런 일만 자꾸 생기냐고요?"

"돈 욕심 부리지 말라고 그렇게 내가 말하건만 가만히 있어도 모든 것이 잘 해결될 텐데 왜 이렇게 울고불고 난리냐!"

이런 일이 돈 욕심 때문에 생긴 것인지, 나도 이해가 되지는 않는다. 하지만 지나간 일은 잊어버리고 다시 또 새롭게 출발하자고 숙영매한테 위로해 주며, 최면 치유한 후 잠자리에 들게 했다.

2020년 2월 11일 화요일

점심이 조금 지나 숙영매한테 전화가 왔다. 카페 언니한테 전화가 왔는데 미안하다고 술을 마시고 내가 미쳐서 그랬다고 고백을 했다 한다. 다행이다. 아마도 취중 또는 우울증 같은 것으로부터 오는 병적 도벽이 아닌가 생각한다. 숙영매의 마음도 한결 편해졌다.

"…잘 해결될 텐데 왜 이렇게 울고불고…"라고 산신령께서 말해 주었던 것이 이런 결말이 날 것을 예언한 듯하다.

2020년 2월 14일 금요일

숙영매의 눈이 드디어 트였다. 명상에 들어가자 마녀들이 가로막지도 않고 눈앞을 획획 지나가는 물체들도 보이질 않는다.

안 그래도 어제는 숙영매가 다음과 같이 말했었다.

"빠르게 지나가는 물체는 이제는 내가 맘만 먹으면 다 잡혀. 그리고 사람들을 보면 그 사람의 앞날이 보여."

지난 9월 14일 명상 중에 마지막으로 강렬한 빛이 보였을 때, 그것을 이기지 못하고 눈을 뜬 이후로 정확히 4개월 만이다.

오늘 그녀가 명상을 다시 시작하자 그때 나타났던 그 빛은 숙영매의 몸을 감쌌으며 엄청 뜨거운 것을 느꼈지만 화상을 입을 정도는 아니고 살이 조금 아플 정도다. 그리고 바닷가가 보였고 한참 동안 그 바다를 주시하자 어떤 남자와 그의 전생이 보였다. 그리고 숙영매 자신의 미래가 보였는데 앞으로도 그녀의 수행 과정에 어려움이 많을 것으로 보였다. 재천령은 당분간 영업을 접고 명상에 들어가라고 조언하면서 하루 5시간에서 10시간을 해야 한다고 했다. 그것은 아마도 산신령의 명령일 것이고, 그녀가 완벽한 경지로 들어갈 수 있는 상태로 가게 만들려는 것이다.

그런데 여기서 이해하기 힘든 일이 일어났다. 어제 숙영매를 최면에 들게 하고 오늘 29세 여성 내담자가 3시에 올 것이라고 봤다. 지난 1월 21일부터 하루도 빠짐없이 다음 날의 내담자를 봤고 23일 동안 정확히 일치했다.

"오늘부터 영업은 접으시고요, 명상에만 집중하세요."

재천령이 이렇게 말하자 숙영매는 어제 최면 상태에서 본 내담자가 있기 때문에 다음과 같이 말했다.

"오늘 3시에 내담자가 올 텐데…"

"오늘은 안 와요."

그리고 실제로 오지 않았다. 어떻게 된 것인가? 틀린 적이 없었는데… 이해할 수가 없다. 결국 숙영매가 예기치 않게 일찍 명상이 트여서 운명이 바뀌었다고 생각할 수밖에 없다. 그리고 마녀도 다음과 같이 말해주었다.

"생각보다 일찍 트였네. 축하하네."

2020년 2월 23일 일요일

 본격적으로 명상에 들어가자 숙영매는 영업을 접은 것도 마음에 두지 않고 명상에 빠져들어 갔다. 현재는 한 번에 3~9시간까지 하루 10시간도 하지만 앞으로는 그 이상도 할 것 같다. 보통 사람들은 10분만 앉아 있어도 좀이 쑤신다. 그러나 그녀는 명상을 시작하면 여러 가지 현상들이 영상으로 보이기 때문에 지루하지는 않다. 산신령은 한번 명상에 들어가면 2~3일은 기본이고, 어떤 때는 일주일을 꼼짝도 않고 한다고 했다. 육신을 가진 인간은 체력적인 문제 때문에 오래하는 것은 힘들다. 재천령이 말하기를, 엄마가 깨달음을 얻는 속도가 빠르다고 했다. 이는 다른 사람과 비교해서 그렇다는 것이고, 그만큼 전생으로부터의 연결점도 이유가 될 것이다.

 그녀는 최면을 통해서 알아본 바 전생에 자신이 무녀이며 영능력자라는 것을 평생에 걸쳐 몹시 싫어했다. 그것은 어릴 때부터 다른 것은 하지 않고 무녀 수업으로 시작했기 때문에 결혼하여 자식을 낳고 평범한 삶을 살지 못한 일종의 한(恨)일 수도 있다. 그나마 전생 당시의 내담자들을 볼 때 그들이 놀라워하고 신기해하고 고마워하는 모습에 마음의 위안을 삼았던 것 같다. 또한 숙영매가 살면서 어느 누구에게도 산신령에게까지도 주눅이 들지 않고 자신감 넘치는 행동을 했던 것은 전생으로부터 내담자들을 대하는 태도에서 왔다고 본다. 그녀는 현생에서 반평생 이상을 평범하면서도 다소 좌충우돌하며 살아왔다. 그 때문에 지금은 영능력을 키우는 것이 얼마나 소중한지를 스스로 깨닫고 있다. 또한 그녀가 여태까지 평범하게 살아온 것은 영적인 발전이 얼마나 소중하고 중요한 것인지 깨우치게 하기 위한 영의 작용이 아니었을까 추측해 본다. 나는 그녀에게 끝까지 수행하여 영적 지도자가 돼야 한다고 말해 준다. 그것이 얼마나 보람되고 사람들에게 도움과 위안을 주는지 앞으로 깨닫게 될 것이다.

다음은 영혼 한병재와의 인터뷰 내용이고, 집 안에 있는 영가들 중 마지막 인터뷰다. 인터뷰가 늦어진 이유는 1년 반 전 악신과 싸우다가 부상을 입었고 지금까지 낫지 않고 있다. 산신령한테 가서 치료를 받으면 금방 낫겠지만 스스로 이겨내겠다는 의지 때문이다. 초롱령도 그때 다쳤지만 바로 산신령에게 가서 치료를 받고 완치했다.

· 한병재령: 남, 음력 1980년 5월 24일, 부여.
3남 3녀 중 셋째. 대학에서 경영학을 전공했고 '드봉'이라는 비누 회사에서 일했다. 서울에서 살다가 3년 전 집안 식구들과 명절을 쇠기 위해 고향으로 가던 중 유성 부근에서 교통사고로 사망했다. 병재령도 운전을 할 줄 알았지만 당시에 70대인 아버지가 운전하는 것을 좋아해서 운전대를 잡았다. 식구들이 많이 타고 있었는데 병재만 죽었고 다른 식구, 엄마, 형, 동생 등은 중상을 입었다.
죽을 당시 수호령은 저승에 보고하러 갔었고, 저승사자가 왔을 때는 가기 싫어서 다른 데로 빠졌기 때문에 저승에 가지 않았다. 수호령은 간 지 10분 만에 저승사자를 데려왔다고 한다. 1~2시간이 걸렸다는 다른 영혼들의 진술과 시간 차가 많이 나는 것으로 봐서는 그때그때 상황에 따라서 다른 것 같다. 아니면 영혼들이 시간 기억을 얼마나 정확하게 하느냐도 문제일 것 같다. 죽고 나서 여기저기 떠돌아다니다가 2년 전 재천령을 만났고 여기 오게 됐다.

2020년 2월 28일 금요일

오늘은 특별히 그녀에게 깊은 최면을 유도하여 13세기 초 숙영매와 나의 전생에 대해서 보도록 했다.

숙영매는 13세기 초 몽골의 에뚜르라는 부족에서 태어났다.

여섯 살 때 큰 병이 들어 어느 도사에게 치료를 의뢰하니 그가 다음과 같이 말했다.

"이 아이는 큰 영을 받아야만 치료가 되는 것이네. 그러니 교육을 시키도록 하게."

그리하여 숙영매는 그때부터 그 도사한테 영적 교육을 받기 시작했다. 그녀의 이름은 체르타르였고, 예쁘장한 얼굴을 가졌다. 어린 나이에 그런 교육을 받는 것이 그녀는 몹시 싫었지만 거부할 수는 없었다. 약 10년간의 영적 교육을 마치고 16세 때는 엄청난 영능력을 얻게 되었다. 주위의 사람들이 모두 놀라고 감탄을 할 정도였다. 체르타르가 나와 결혼을 하게 되는 것은 그녀가 18세 되던 해였다. 당시 나의 이름은 코키아쿠르크였고 나이가 40세 된 칭기즈칸 수하에 있던 몽골 정복자였다. 나는 당시 이웃 부족을 점령하고 체르타르가 있는 마을을 지나갔는데 부족장의 중매로 그녀와 결혼하게 되었다. 나 코키아쿠르크는 평생을 전쟁터에서 살았고 체르타르는 수시로 전령을 통해 나의 앞일을 봐 주며 전쟁에서 승리할 수 있도록 도와주었다. 가끔 휴가를 얻어서 와야만 그녀를 볼 수 있었고 슬하에 자녀는 없었다. 나는 60세의 나이에 전쟁터에서 은퇴를 하고 그때 이후로 숙영매 체르타르와 함께 마지막 생을 보내다가 65세에 지병으로 죽게 된다. 그녀는 재혼을 하지 않고 15년을 더 살다가 죽는데 스스로의 죽음을 알고 몸에서 빠져나온다. 저승사자는 두 명이 왔는데 모습이 무섭고 옷차림도 기이했다. 그러나 저승에 도착하는 모습은 최면으로 유도했지만 보이지는 않는다고 했다.

2020년 3월 1일 일요일

산신령은 내가 최면을 배워 숙영매에게 건강에 도움을 주는 것을 보고 긍정적으로 말했지만 숙영매가 영이 낮은 상태에서 최면을 통해 앞일을 보는 것은 자신의 영을 깎아내리는 결과가 되니 그것만큼은 하지 말라고 산신령이 숙영매에게 충고를 했다. 그러나 숙영매가 말을 듣지 않아서 그녀를 크게 질책했다고 한다.

2020년 3월 4일 수요일

미숙령이 마침내 딸의 자궁 속으로 들어갔다. 숙영매는 가끔 미숙령을 부르는데 어제 궁금해서 미숙령을 불렀다. 마침 딸이 착상이 되어 들어가려던 참이었다고 한다.

작년 10월 들어가려다 착상이 되지 않아 실패하고 4개월여 만에 들어간 것이다. 자궁이 약하면 착상하기가 어렵다고 한다. 이제 올해 12월쯤 아기가 되어 나온다.

윤회 시스템에서 부모 자식 간에 역할이 바뀌는 것은 여러 사례에서 확인된 바 있다. 나 역시 신라 시대 때 어머니가 내 딸이었고 고려 시대 말에 정원이가 내 어머니였던 것도 같은 사례다. 저승에 가지 않았을 때 환생 시기는 그렇게 오래 걸리지 않을 수 있다. 미숙령 같은 경우는 약 3년 정도 되는 셈이다.

2020년 3월 5일 목요일

"그래, 정말 열심히 하고 있구나. 잘하고 있다."

산신령은 숙영매한테 칭찬을 아끼지 않았다. 하루 10시간 이상을 죽어라고 명상에 매달리는 그녀를 보고 기특하다고 이렇게 말했다.

"그리고 신줏단지를 하나 만들어서 하루 두 번 정성스럽게 열흘 동안 기도하고 빌어라. 그러면 좋은 결과가 있을 것이다."라고 말해 주어 타로방에 신줏단지를 만들어 그렇게 하기로 했다.

2020년 3월 7일

숙영매가 명상을 하면서 빠르게 지나가는 사람의 물체를 잡고 나면 그의 전생이 보이고 미래가 느껴진다. 그 후에 바닷가가 보이고 사람이 보이면 다시 그 사람의 전생과 미래가 느껴진다. 전에는 느낌으로만 보였는데 어제는 화면이 보이기 시작했다. 즉 구체적인 전생이 영상으로 보이는 것이다. 그래서 오늘은 그 말을 듣고 그녀에게 사람의 사진을 보여주며 그의 전생을 보게 했는데 볼 수가 있게 됐다.

40. 산신령의 방문

2020년 3월 9일 월요일

숙영매한테 최면을 거니 내일부터 몸이 아플 것이고 토요일에는 몸이 가뿐할 것이라고 봤다. 그런데 산신령이 정해 놓은 10일째 되는 날인 토요일, 무슨 일이 일어나는지 보게 했는데 산신령이 우리 집에 오신다고 말했다. 놀라운 일이다.

2020년 3월 11일 수요일

숙영매의 몸이 덥고 춥고를 반복하다가 다시 아파졌다. 명상도 잘 안 된다. 아마도 이것이 마지막 아픔이라 생각되고 그랬으면 하는 바람이다.

2020년 3월 12일 목요일

산신령의 지시로 신줏단지를 만들어서 기도한 지 일주일째다. 숙영매는 잠도 안 오고, 몸도 안 좋고, 명상도 안 되어서 간밤에 대영령, 재천령과 운동 겸 외출을 했다가 오늘 새벽 1시 반에 들어왔다. 특히 이번 외출은 재천령과 같이 하여 그가 하는 일을 볼 수 있었다. 밤이 깊어서인지 상당히 많은 영혼들이 보였다. 재천령은 이들에게 저승으로 갈 것을 설득했다. 설득해서도 안 되는 영혼들은 놔두고 질이 나쁜 영혼들은 강제로 끌고 갔다. 여하튼 집에 와서 좀 있으니 재천령이 말했다.

"북한산신님께서 오십니다."

"갑자기 오시면 어떡해?"

그녀는 당황해 하며 말했다.

"음식이라도 준비해야 하는 거 아니야?"

"그런 건 필요 없어요."

그녀는 무릎을 꿇고 산신령을 영접했다.

"내가 바쁘기는 하지만 네가 열심히 잘하고 있고 안타깝고 답답해서 찾아온 거야. 얼마 남지 않았으니까 조금만 더 참아라."

산신령은 흰 개량 한복 차림에 긴 백발 그리고 얼굴은 작은 편인데 긴 수염이 났고 이마에는 흰 띠를 둘러 뒤로 묶어 치렁치렁 내려뜨린 것이 만화에서만 보던 전형적인 산신령 모습이었다.

산신령이 그녀의 이마에 손을 갖다 대자 속에 있던 뜨거운 기운이 올라오면서 몸 아픔이 완화되는 것을 느꼈다.

"저의 남편이 최면을 걸었었는데요, 산신님이 토요일에 오시는 것으로 보였는데요."

"허허, 그러냐? 거 용하게도 맞는구나. 사실 토요일에 오려고 했는데 그때 중요한 일이 있어서 앞당겨서 왔다. 그리고 신줏단지를 놓고 백일 더 기도를 하도록 해라."

귀례령도 말했다.

"정말, 운이 좋은 거예요. 산신님이 이렇게 사람들을 찾아오시는 일이 없어요."

숙영매는 산신령의 치유 덕분에 몸도 한결 좋아졌고, 마음도 들뜬 데다가 낮에 명상도 잘되고 저녁 일찍 잠자리에 들었다.

2020년 3월 18일 수요일

숙영매가 본격적으로 명상에만 몰두한 지도 한 달이 넘었고 간밤에는 재천령이 영혼들을 제도하는 곳에 가 봤다. 지난번에는 도봉동에 갔었는데 오늘은 예기치 않은 사고가 생겼다. 숙영매가 간 곳은 미아리 텍사스촌이라 불리는 사창가였다. 어두운 골목길 안에 포주들만 간간이 보이는데 그들은 숙영매를 의아스러운 듯한 눈빛으로 쳐다봤다. 거기에 상당히 많은 영혼들이 포진해 있었고, 대부분 여자 영혼들이며 원한들이 많은 것처럼 보였다. 거기서 재천령은 그들에게 저승으로 가라고 설득했지만 가려고 하는 영혼들은 없었다. 그리고 그들을 다스리는 우두머리 여자 영혼이 있었는데, 악령이었고 영이 상당히 센 영혼이었다. 그 악령이 숙영매한테 다가오자 재천령은 급히 집 안의 영혼들을 불러서 막으려고 했다. 하지만 악령이 숙영매의 몸을 살짝 스쳐 지나갔다. 그 바람에 지금 몸이 아프다. 전에 같으면 며칠 앓아누워야 했지만 다행히 지금은 약간 아픈 정도다.

"아, 엄마, 아직은 안 되겠네요."

재천령이 탄식했다. 약한 영혼한테는 괜찮은데 그 악령은 너무 강하기 때문에 그 정도 악령한테는 아직도 취약한 것이다. 완벽히 큰 영을 받고 강한 악령을 물리칠 수 있을 때까지는 좀 더 시간이 필요할 것 같다.

2020년 3월 21일 토요일

숙영매는 몸이 상당히 아팠다. 며칠 전 악령이 몸을 스친 후 휴식을 취하고 잠을 충분히 자면서 극복했어야 하는데 여러 가지 바쁜 일이 있어서 그러질 못했다. 그러자 산신령은 다음과 같이 말해주었다.

"아직도 영이 센 악령들한테는 취약하구나. 그러나 이런 일을 경험하다 보면 점점 강해질 거다. 이번 일로 한 단계 높아질 거다. 참고 견디도록 해라."

숙영매가 나에게 말했다.
"오늘 밤 12시 넘어서 북한산신께서 우리 집에 오신대."
"그래? 그럼 오시게 되면 나한테 알려 줘. 나도 인사 드려야지."
"산신님이 바쁘시기 때문에 나하고 이야기할 시간도 없고 내가 잠자고 있을 때 치료만 하고 가신대. 재천이가 산신님께 부탁했나 봐. 내가 너무 아파서 힘들어하니까."

숙영매는 얘기하면서 눈물을 글썽거리고 있었다. 아파서 그렇다기보다는 산신령의 배려에 감동한 것이기 때문에 그럴 것이다. 또한 언제 나을지 모를 아픔에 내일이면 나아질 것이라는 안도감 때문인 이유도 있을 것이다. 이어서 숙영매가 말했다.

"아마 내일이면 많이 나아질 거야. 그리고 열심히 할 거니까 너무 염려하지 마."

2020년 3월 22일 일요일

아침에 숙영매의 몸이 아픈 것은 깨끗이 나았지만 졸음이 쏟아져서 온종일 잤다. 간밤에 산신령이 와서 잠자고 있는 그녀의 몸을 손으로 훑어 치료를 해 주었다고 한다. 물론 그것은 재천령이 말해 준 것이고, 숙영매는 잠자느라 전혀 몰랐다. 그녀는 산신령이 오시면 깨어날 줄 알았는데 깨지는 않았고 너무 고마워했다. 여하튼 그 악령 덕분에 고통은 있었어도 영이 한 단계 높아지는 계기가 됐다고 한다. 미아리 텍사스촌의 여자 영혼들은 그곳에서 죽은 한이 맺힌 영혼들이고 산신령도 그냥 놔두라고 했다. 한을 품고 죽어서 영혼이 되면 영이 상당히 세어진다고 한다.

2020년 3월 27일 금요일

간밤에 다시 재천령과 숙영매는 텍사스 사창가로 갔다. 이번에는 집안에 있는 영혼들 다섯 명 - 대영령, 민재령, 혜산령, 남훈령, 초롱령과 같이 갔다. 만약의 사태에 대비해서다. 산신령이 놔두라고 했지만 재천령은 그냥 두고 볼 수가 없다. 악령을 포함한 그 영혼들이 누구도 가리지 않고 매춘녀한테까지 나쁜 짓을 하기 때문이다. 악령의 주도 하에 어떻게 하든 누구든 몸에 들어갈 수만 있다면 들어가서 못살게 굴고 미치게 해서 결국에는 죽게 만든다. 숙영매가 재천령과 함께 다시 어두운 골목길로 들어서자 다시 그 악령이 숙영매에게 기분 나쁜 웃음을 지으며 다가왔다.

"오, 그래. 또 왔구나. 힛힛."

그러나 저번에는 당했지만 이번에는 당하지 않았다.

"어딜 다가와! 이제는 너한테 안 당한다."

하며 숙영매가 악령을 손으로 물리치자 악령이 깜짝 놀라며 뒤로 물러섰다. 숙영매는 그때 악령한테 당하고 산신령한테 치료를 받아 완쾌한 후로 강해져 있는 것이다. 재천령은 그들에게 다시 말을 하며 설득하려고 했지만 모두가 악령의 지시만 받고 말을 듣지 않는다. 물론 재천령에게도 악령은 강하기 때문에 무력으로 제압하기는 힘들다. 그래서 재천령이 산신령에게 부탁하며 부르자 산신령이 나타났다.

"이놈들아, 너희들 여기 있으면 안 된다. 전부 저승에 가자."

그러자 악령을 포함한 영혼들이 산신령한테 달려들었다.

"이놈들이 어디서 감히!"

산신령이 그 영혼들을 무섭게 제압하자 악령을 포함해서 영혼들이 그 기에 눌려 모두 무릎을 꿇었다. 산신령이 손을 뻗으면서 알 수 없는 소리를 내며 저승사자를 호출하자 다섯 명의 저승사자가 왔다. 악령은 저승사자에게 대항을 했지만 곧 제압당하고, 악령 포함 다섯 명을 잡아 허공으로 올라가면서 순식간에 사라졌다. 숙영매는 그렇게 하는 과정이 마치 영화에서나 볼 듯한 장면이었다고 나한테 말했다. 그리고 그녀가 악령과 몸싸움을 하며 말하는 것을 포주들이 이상한 눈으로 쳐다보며 서로 수군거렸다. 그들의 눈에는 물론 숙영매밖에는 보이질 않기 때문이다. 아마도 미친 여자가 와서 혼잣말하는 것으로 생각했을 거다.

내가 듣기로는 신급 정도 되는 강한 악령은 저승사자도 잡아가지 못할 정도라고 하는데, 그 악령은 그 정도 급은 아닌 모양이다. 만약에 저승사자가 처리하지 못할 정도라면 산신령도 어찌해 볼 도리가 없었을 것이다.

41. 숙모의 죽음

2020년 4월 6일 월요일

　업무를 보고 있는데 큰형한테 전화가 와서 셋째 작은어머니가 돌아가셨다는 말을 전했다. 나는 퇴근 후 저녁을 먹고 재천령한테 부탁을 하여 작은어머니를 모셔 오도록 했다. 저승사자도 같이 올 수 있다면 좋겠지만 그들은 장례식장에서 기다렸다. 이런 일은 당연히 산신령의 도움이 없으면 불가능한 일이다. 저승사자가 망자의 자리 이탈을 허용하지 않을 것이기 때문이다. 5분도 채 되지 않아서 작은어머니가 오셨다. 옷차림도 좋아 보이고 얼굴은 30대의 젊은 모습을 하고 오셨다. 처음에 숙영매는 놀라며 '지금 모습은 이러지 않을 텐데 어떻게 된 거지?'라고 생각했다. 그러자 순간적으로 천에 싸인 시신의 모습이 보이고 그 안에 죽어 있는 작은 어머니의 모습이 보였다. 방금 명을 달리하신 분이 자신의 모습을 변하게 할 수는 없을 것이고, 산신령이 젊은 모습으로 변하게 하셨을 것이다.

　숙영매는 작은어머니가 오시자 식탁 의자에 앉아 있다가 내려와 절을 올리고 무릎을 꿇고 울음 섞인 소리로 말했다.

　"작은어머니…!"

　그러자 작은어머니가 말했다.

　"어떻게 된 거냐?"

　"저, 영혼을 볼 줄 알아요."

"그러냐? 정말 신기하구나."

작은어머니는 자신이 영혼이 된 모습도 신기한데 이렇게 자신을 볼 수 있는 사람이 그것도 이혼한 조카며느리가 본다고 하는 것이 너무도 기특하고 신기해하셨다.

"어떻게 이런 일이 있을 수 있냐?"

그리고 나서 숙영매에게 하고 싶은 말을 이것저것 하기 시작했다. 살아생전에 고생했던 일, 숙영매가 조카며느리였을 때 당신을 만나고 가실 때는 꼬박꼬박 차비를 줘여 주던 일, 특히 자신의 둘째 며느리에 대해서 많이 얘기했다. 살아 계실 때도 미주알고주알 말씀을 많이 하시던 분이었다. 숙영매는 그냥 듣기만 하고 있었다. 그런데 내가 눈치 없이 말을 걸었다.

"작은어머니, 살아 계실 때는 죽으면 영혼이 된다는 것을 생각해 보신 적이 있어요?"

"그런 생각해 본 적이 없어."

"작년에 병주가 죽었을 때 장례식장에서 제가 그런 것에 대해서 작은어머니께 말을 하려고 했는데 전혀 무관심하시더라고요. 지금 편안하신가요?"

"응, 편안해. 아까까지만 해도 마음이 안 좋았는데 지금은 몸도 편안해."라고 말씀하시면서 계속해서 내가 이혼했던 일, 형들과 사이가 안 좋아서 자주 못 만났던 일을 얘기하시며 그때 가슴이 아팠다고 하셨다. 그러자 숙영매는 죄송하고 좋은 모습 보여드리지 못해 미안하다고 말했다.

"자식들에게 마지막으로 남기고 싶은 말 있으신가요?"라고 내가 물었다.

"그냥, 잘 살면 되지. 뭘 더 바라겠니."

"언제 가실 거예요?"

"내일 밤 12시에 갈 거야."

"저승사자는 몇 분이 오셨나요?"

"두 분이 오셨고 지금 장례식장에서 기다리고 있어."

"작년에 병주가 죽었을 때는 이렇게 집에 오게 하지는 못했고 재천이가 저승 입구까지 배웅하고 왔어요. 걔가 죽었을 때 처음에는 저승사자가 한 명만 왔었는데, 두 명 더 오게 해서 세 명의 저승사자가 와서 편안히 데려갔어요. 지금쯤 잘 있을 거예요. 작은어머니도 고생하시며 열심히 착하게 사셨으니까 가셔도 잘 사실 거예요."

"그래, 그랬으면 좋겠다."

"어머니도 지금 저승에서 편안하게 잘 살고 계세요. 제사 때 오시면 이런저런 얘기를 해요."

"아, 그랬구나."

"몸에서 빠져나오시고 정신이 맑았었나요?"

"그럼, 지금은 몸도 편안하고 옛날에 있었던 일 모든 게 다 기억이 나."

"이제 안녕히 가시고요. 내년에 제사 지낼 때 기회가 되면 모시도록 할게요."

나와 숙영매는 이렇게 약 20분간 대화를 나누고 나서 큰절을 올리고 배웅해 드렸다. 숙영매는 마지막 순간까지 울먹거리는 소리로 안녕히 가시라고 말을 했다. 숙영매 스스로도 자신이 이렇게 죽은 가족과 대화를 나눌 수 있다는 것이 신기하다고 하면서 대화를 마무리 지었다.

2020년 4월 8일 수요일

어젯밤 11시쯤 숙영매는 잠자다가 일어나 명상하며 재천령이 오기를 기다렸다. 12시 반쯤 재천령이 와서 숙모님을 잘 모셔다 드리고 왔다고 했다. 자정쯤 숙모님은 두 명의 저승사자의 인도로 저승에 가셨다. 과거 어머니는 배를 타고 강을 건너셨다고 했는데 숙모님은 걸어가셨다고 한다. 6일, 7일 이틀 동안 남편과 두 아들 며느리들은 그녀의 시신과 함께했고, 숙모 영혼은 이틀 동안 자녀들과 남편의 모습을 바라보았지만 이제는 그들의 모습을 뒤로한 채 가셨다. 앞으로는 제사 때만 남은 가족들을 볼 것이고, 먼 미래에는 인연법에 의해서 어떠한 형태로든 다시 만날 것이다.

저녁때 나는 재천령과 혜산령을 불러서 대화했다. 혜산령도 전에 저승에 갔다 온 일이 있기 때문에 추가 질문이 필요했다.

나: 혜산아, 전에 죽어서 몸에서 빠져 나오고 저승사자가 오기까지 시간이 얼마나 걸렸나?
혜산령: 약 이삼십 분 정도 걸렸습니다.
나: 그때 저승사자가 다른 영혼을 데려갔다고 했는데 그 영혼이 '내가 아니다'라고 하거나 '가기 싫다'라고 하지는 않았나?
혜산령: 아니오.
나: 그럼 걔는 아무것도 모르는 영혼이구나. 저승에 가기 싫어서 숨었다고 했는데 수호령이 가만 있었나?
혜산령: 처음에 저승사자가 왔을 때 이건 아니다 싶어 뒤로 빠지니까 수호

령이 그냥 가만히 있었습니다.

나: 재천아, 어제 저승사자의 모습과 복장은 어떠했나?

재천령: 복장은 현대식이었고 까맣고 긴 단복 차림에 목, 소매, 밑자락이 흰색 띠이고 흰색 허리띠를 둘렀습니다. 그리고 엄격한 노인의 모습이었습니다.

나: 전에 혜산이 이승과 저승의 경계에 대해서 얘기한 적이 있는데, 이번에 이승과 저승의 경계가 어디였는지 말할 수 있겠나?

재천령: 경계는 아니고요. 있는 그 자리에서 저승으로 가는 길이 나타났고 그대로 그 길을 따라갈 수 있었습니다.

이 말은 전에 혜산령이 했던 말과 달라서 다시 혜산령에게 물어보니 그렇게 되는 것이 맞다고 했다. 전에 혜산령과의 대화에서, 숙영매가 잘못 들어 의미가 사실과 다르게 전달된 것이다. 즉 이승의 길을 가다가 어느 지점에서 저승으로 들어선 것이 아니라, 우리가 있는 이 지점에서 바로 저승으로 통한다는 말이고, 그것은 같은 공간의 다른 차원이라는 뜻이다.

나: 가는 길은 어떠한가? 현대식 건물이나 다른 영혼들의 모습을 볼 수 있었나? 시간은 얼마나 걸렸지?

재천령: 아무것도 없었고 그냥 들과 산을 약 10분 정도 걸었습니다.

나: 그렇게 10분을 가니 뭐가 보이던가?

재천령: 엄청 큰 성문을 밀고 들어가니 재판관이 보였습니다.

나: 재판관은 몇 명이지? 모습은? 복장은? 재판에 걸린 시간은?

재천령: 다섯 명이었고, 몸집이 상당히 컸는데 보통 사람의 두 배 정도 됐습니다. 복장은 옛날식이었고 무척 화려해서 마치 곤룡포를 입은 왕의 모습과 같았습니다. 모자도 썼고요. 재판은 금방 끝났고 좋은 판결이 났습니다.

나: 열심히 착하게 사셨으니까 그렇게 나왔을 거야. 재판관들에게 말을 걸 수 있었나?

재천령: 전혀 그럴 수는 없었습니다.

나: 혜산은 전에 저승 갔을 때 가는 길마다 표시해 놨었다고 했는데 재천이는 어떻게 했나?

재천령: 표시는 안 했고요. 갔던 길을 기억했다가 다시 올 수 있었습니다.

나: 그럼 처음 들어섰던 길에 오자 바로 이승으로 복귀했다는 말인가?

재천령: 예.

나: 그러면 앞으로는 네가 맘먹으면 혼자서도 언제든지 저승에 갔다 올 수 있나?

재천령: 예. 영이 높아져서 그 정도 수준까지 됐습니다.

나: 방법은?

재천령: 가야겠다고 마음을 먹으면 바로 저승길이 나옵니다.

나: 아직은 저승사자를 호출할 정도는 안 됐지?

재천령: 아직은 안 됐고요. 올해가 끝나기 전에는 저도 저승사자를 호출할 정도의 수준까지는 될 겁니다.

나: 그러면

나: 저승사자들과 대화는 많이 했나?

재천령: 아니오, 그분들은 여간해서는 질문에 대답도 잘 하지 않고 과묵합니다. 그래서 어제 하루 종일 장례식장에서 그분들과 얘기를 하려고 했

지만 같이 있지 않았습니다.

나: 작은어머니하고는 대화를 많이 했나?

재천령: 예, 여러 가지 말씀을 많이 하셨고요. 많이 신기해하셨어요. 엄마하고 아빠한테 고맙다는 말을 전해 달라고 하셨어요.

42. 다시 시작되는 숙영매의 시련

2020년 4월 22일 수요일
숙영매는 눈에서 열이 난다고 하면서 앞으로 24시간은 잘 것이라고 말하며 들어가 자고 있다. 산신령이 그렇게 하라고 했다. 내일 저녁때쯤 일어날 것이라 한다. 그녀는 요즘 무리할 만큼 명상에 빠져들었었는데 오늘 새로운 변화가 일어날 것이라고 5일 전에 예언했었다.

2020년 5월 1일 금요일
숙영매의 눈이 빠질 듯이 열이 나고 몸도 아프다. 잠은 하루 20시간 이상 잔다. 하루에 밥 두 끼를 먹고 운동을 간단히 하고 자는데 나하고도 거의 얘기할 시간이 없다. 산신령은 잠자는 것 이외에는 달리할 일이 없으니 계속 자라고 한다. 물론 지금으로서는 명상도 안 된다. 그래도 얼마 안 남은 것 같으니 좀 더 참으라고 조심스럽게 격려해 주었다. 숙영매가 간밤에는 답답한 마음이 들어 새벽 1시쯤 외출을 시도했지만 바람이 부는 데다 눈을 뜰 수 없을 정도로 아파 오래 가지 못하고 되돌아왔다. 눈이 아파 돌아오는 길은 아예 눈을 감고 투시로 주위 사물을 보며 겨우 집에 도착했다. 희미하게 보이지만 그래도 큰 장애물은 보이니 큰 사고는 피하고 귀가할 수 있었다.

2020년 5월 3일 일요일

눈에서 열이 나고 몸도 아팠다. 삼 일 전에는 몸까지 추웠지만 그냥 과정이려니 생각하고 넘어갔다. 그런데 어젯밤 숙영매가 영안을 열고 보니 강한 집단령 수백 명이 그녀의 몸을 강하게 감싸고 있는 것이 보였다. 몸이 추운 것은 그 집단령 때문에 그런 것이었다. 놀라운 건 집단령이 산신령이 쳐 놓은 결계도 뚫고 들어왔을 정도로 강하다는 사실이다. 산신령은 다음과 같이 말하며 숙영매를 독려했다

"이번 일은 정말 특이한 경우다. 내 결계를 뚫다니. 나도 본 적이 없어. 이번에는 재천이가 처리하지 말고 그냥 놔두도록 해라. 이번에 참고 견디면 그놈들도 스스로 물러날 것이고 자네한테도 큰 변화가 있을 거네. 좀 더 참아라."

그녀는 다시 마음을 잡고 견딜 것을 마음먹었다. 잘 때만큼은 눈이 괜찮지만 몸이 아프다. 그래도 잠은 계속 잘 수가 있어서 다행이다.

2020년 5월 4일 월요일

숙영매는 오늘 최고로 힘들어하는 것 같다. 눈이 빠질 듯이 아픈 것은 물론, 집단령들 수백 명이 그녀의 몸을 감싸고 있어 더욱더 그녀를 괴롭게 했다. 산신령은 다시 숙영매에게 위로의 말을 해주었다.

"어허, 내 결계를 뚫고 들어올 정도로 힘센 놈들이 숙영매 옆에 붙어 있으니 힘들 수밖에…. 나도 생전 경험해 보지 못한 일이다. 보통 일이 아니야. 아마도 숙영매는 크게 될 거야. 이를 악물고 참고 견뎌라."

숙영매 자신은 죽을 듯이 아픈데 산신령은 숙영매가 앞으로 크게 될 것이라 기쁜 듯이 말하는 게 못내 야속했다.

현재로서는 숙영매의 눈이 왜 아픈지 이유를 알 수가 없다. 눈에 열이 나고 아프다면 의학적인 질병을 떠나서 혹시 그 눈을 통해서 특별한 뭔가 보이게 하기 위한 영적 작용이 아닐까 추측만 할 수 있을 뿐이다. 몸이 춥고 아픈 것은 수백 명의 집단령이 산신령의 결계를 뚫고 들어와 그녀의 몸을 감싸고 있기 때문이다. 산신령도 자신의 결계가 뚫리는, 전에 전혀 경험해 본 적도 없는 괴이한 현상에 놀라고 있다. 하지만 산신령은 이런 현상을 긍정적으로 보고 있는 것 같다. 산신령은 숙영매가 집단령을 이겨 낼 것으로 봤고, 이겨 낸 후에는 큰 영적 힘을 발휘할 것이라고 생각하고 있다. 그 집단령을 재천령 등에게 처리하지 말고 놔두라고 한 것도 그 이유인 것 같다.

2020년 5월 9일 토요일

숙영매의 몸 아픔이 극에 달할 정도다. 몸에 붙어 있는 집단령 때문에 춥고 신체적 고통이 너무 심하다. 혼자서 벽을 주먹으로 치며 머리를 찧고 산신령을 욕하기까지 했다. 이번 집단령들은 그녀 스스로 이겨 나가게 하기 위해서 재천령한테도 그냥 놔두라고 했기 때문이다.

2020년 5월 20일 수요일

다시 열흘이 지나니 숙영매의 몸이 한결 좋아졌다. 그녀 몸에 붙어 있던 잡령들도 반 정도 떨어져 나갔다. 나머지들도 곧 떨어져 나갈 것이다. 지난 한 달 동안 고통 속에서 지나면서 산신령에게 힘들다고 호소했다.

"얼마 안 남았다. 조금만 더 참아라. 잠은 계속 자라."

산신령도 사실 이런 말밖에 할 것이 없다. 얼마 안 남았다는 말은 1년 전부터 듣던 말이다. 그만큼 영적인 일에는 누구도 언제 될 것이라는 것을 정확히 알 수가 없는 모양이다. 그녀는 지금 상태라면 일주일 뒤에 완전히 회복될 것으로 예상하고 있다.

2020년 6월 1일 월요일

금방 나아질 것 같았던 몸 상태가 아직도 답보 상태다. 집단령이 1/3 정도 남은 상태에서 몸 아픔은 한결 나아졌지만 그 때문에 더욱더 잠이 쏟아진다. 하루 두 끼만 먹고 하루 22시간 잠만 잔다. 눈은 아직도 뜨겁고 아파서 뜰 수가 없다. 그녀는 집단령의 상태를 영안을 열고 하루에 한 번만 점검한다. 왜냐하면 그들이 몸을 작게 하여 숙영매의 몸에 벌레처럼 다닥다닥 붙어 있기 때문에 징그러워서 차마 볼 수가 없기 때문이다.

2020년 6월 15일 월요일

오늘은 숙영매가 신줏단지를 마련해 놓고 기도한 지 100일째 되는 날이다. 눈은 아직도 뜨겁고 잠은 쏟아진다. 새벽 2시쯤 산신령이 방문했다. 이로써 3번째 방문이 된다.

"지금까지 잘 참았고 고생 많았다. 지금 몇 놈 안 되지만 숙영매 몸에 끈질기게 붙어 있는 놈들은 가장 세고 악질적인 것들이다. 이제 그것들도 이번 주말에는 다 없어질 거다. 그리고 다음 주면 눈이 정상적으로 돌아올 거다. 눈이 뜨겁고 아팠던 것은 큰 빛을 보기 위함이었으니까 그렇게 이해하도록 해라."

"그럼 그때 영업을 시작해도 되나요?"

"지금 실력으로 어떻게 시작한다고 그래! 타로나 볼 것 같으면 해도 되겠지만 그 정도로 만족해서는 안 돼. 자네가 전생을 완전히 볼 수 있어? 완벽하게 만들어 놓고 시작해야 할 것 아닌가? 오늘 백일기도가 끝났으니 다시 백일기도를 시작해라. 그리고 눈이 정상적으로 돌아오면 명상을 다시 시작하도록 해라. 하루 10시간 이상은 해야 한다. 백 일 명상, 기도가 끝날 때쯤이면 숙영매가 뜻하는 바를 이룰 수 있을 거다."

세 번째 산신령의 방문, 그리고 그의 격려 차원의 말을 듣고 한결 기분도 좋아지고 귀례령도 다음과 같이 말했다.

"숙영은 정말 영광인 줄 알아야 돼요. 남들은 다 산신님을 찾아와서 치성을 드리고 돌아가곤 하는데, 산신님이 이렇게 직접 찾아오시는 경우는 없어요."

숙영매의 말로는 지금까지의 몸 아픔이 정원이를 낳을 때보다도 더 고통스러웠다고 한다. 그 고통에다가 사람과의 대화가 단절된 상태에서의 고독이라는 심리적 고통까지 더해지니 차라리 죽는 것이 낫다고 몇 번이나 생각할 수밖에 없었다. 정원이 낳을 때보다 더 고통스러웠다니 그것도 한 달 동안이나… 그냥 상상만 해도 몸서리가 쳐진다. 고통이 언제 끝날지 알게 되는 것만으로도 큰 위안이 된다. 아마도 산신령은 언제 끝날 것이라는 것을 이미 알고 있었던 듯싶다.

2020년 6월 18일 목요일

지금 숙영매의 몸에 남아 있는 5명의 영혼들은 여자 3명, 남자 2명인데 지금은 몸집을 크게 하여 모습을 자세히 볼 수 있다. 모두가 흰 한복 차림이고, 남자는 상투를 틀었고 여자들은 머리를 뒤로 땋았다고 하는 것으로 보아 조선 시대 때 죽은 영혼들일 것이다. 전 같으면 그들에게 말도 붙이고 인터뷰를 할 수도 있겠으나 이런 사악한 무리들은 그렇게 할 필요도 없다. 그렇게 되면 더욱더 길어지고 힘들어지기 때문에 아예 무시하고 모른 척하는 것이 상수다. 산신령은 다음과 같이 말했다.

"자네가 너무 힘들면 지금이라도 그것들을 떼어 줄 수도 있겠지만 자네 스스로 떨군다면 자네는 더 큰 힘을 갖게 될 것이다."

그러나 그녀는 여태까지 참아 왔으니 더 견디겠다고 말했다. 그녀 말로는 5명의 악령들이 지난번 미아리 텍사스의 악령보다 더 세다고 한다. 다음 주 눈이 회복되고 몸에 붙어 있는 악령들을 다 물리치고 난 다음부터 명상이 다시 시작될 것이다.

2020년 6월 20일 토요일

이제 세 명이 떨어져 나가고, 여자 악령만 두 명이 남았는데 막바지 발악을 하며 숙영매의 몸속에 들어오려고 하는 과정에서 그녀의 몸이 다시 심하게 아프다. 나는 지금이라도 재천령을 시켜 두 놈밖에 안 남은 거 없애면 안 되겠냐고 했지만 그녀는 끝까지 참아 보겠다고 한다.

2020년 6월 22일 월요일

이제 악령은 하나 남았다. 어제까지 두 악령이 눈까지 공격하여 몹시 괴로웠는데 그중에 하나가 떨어져 나간 것이다.

이 세상은 어찌 보면 선과 악의 싸움이라는 이분법적 논리로 보인다. 불교에서는 선도, 악도 없다고 한다. 그런 식으로 말하면 무책임한 말이다. 윤회와 카르마 법칙을 보게 되면 악인들은 마치 악역을 하고 선인들은 착한 역을 하여 마치 역할극을 하는 것처럼 보인다. 귀례령은 윤회는 습이라고 말한 바 있다. 그것은 악인이 개과천선하기가 힘들다는 뜻으로 해석할 수 있다. 선과 악은 끊임없이 싸우고 견제한다. 그 싸움에서는 이기는 것 이외에는 달리 방법이 없다. 이기는 방법은 결국은 깨달음이다. 악의 실체를 제대로 파악해야만 그들을 이길 수 있다.

2020년 6월 24일 수요일
숙영매를 괴롭히던 마지막 악령이 오늘 새벽에 떨어져 나갔다. 그동안 극심한 시달림을 받고 잠을 제대로 못 자서 그런지 힘이 없다.
"그동안 고생 많았다. 이렇게 끝까지 버틴 사람은 숙영매가 처음이다. 며칠간 쉬었다가 명상으로 들어가도록 해라. 약 한 달 정도 하면 참나를 찾고 깨달음을 얻을 수 있을 거다." 산신령은 이렇게 그녀를 위로해 주었다.

2020년 6월 27일 토요일
며칠간 취침과 휴식을 끝내고 숙영매는 다시 명상을 시작했다. 산신령 말대로 하루 10시간 이상 한 달 정도 매진할 것이다. 마지막 단계라 나에게도 깨달음을 얻을 때까지는 어떠한 질문에도 대답을 못해 줄 거라 말했다.

문득 이런 생각이 들었다.
'나는 왜 이렇게 사후세계와 영혼 그리고 신비주의에 미쳐 있을까?'
이런 것들은 사람들이 별로 알아주지 않는 주제다. 주위 사람들과 대화를 나눌 때도 그들은 내가 가진 관심 분야에 무관심하기 때문에 대화도 원활치 않다. 사람들에게 주목을 받고 인정을 받으려면 제도권에 있는 학문을 연구하여 업적을 쌓아야 한다. 공부한 사람 중에 이기적이고 갑질을 해 대는 사람들이 많지만 올바로 살아가는 사람들도 많다. 세상의 부정과 불의에 맞서 목숨을 바쳐 싸우는 사람들도 많다. 비록 영혼에 대해서는 믿지 않더라도 인류를 위해서 큰일을 하고 가는 사람들도 많다. 그들은 굳이 영적인 것에 신경을 쓰지 않고 명상 수행을 거치지 않아도 그렇게 살면서 영을 높인다. 죽음이란 존재하지 않으며 윤회는 오랜 세월 지속해 왔고, 앞으로도 영원히 지속할 것이기에 나는 윤회의 고리를 끊기 위해서는 영적 발전이 중요하다는 것을 안다. 나뿐만 아니고 모두가 그래야 된다는 것을 안다. 인간은 다음 생에 본능만 가지고 간다. 앞으로 남은 생을 긍정적으로 마무리 지어야 다음 생을 나름대로 기획할 수 있다. 지금의 나는 전생으로부터의 결과물이며 지금 생은 다음 생의 원인이 된다.

43. 참나와 소통하는 숙영매, 산신령, 수호령과도 자력으로 소통

2020년 7월 3일 금요일

숙영매는 자신의 전생을 보기 시작했고 수많은 화면이 흑백으로 빠르게 지나가면서 보이고 사라진다. 때로는 조선 시대 때로는 로마 시대… 그러면서 이름이 머릿속에 들려오기도 하고 단어가 떠오르기도 한다. 바로 참나다. 상위자아라고 하기도 한다. 기도를 열심히 하다 보면 하느님의 음성이 들린다는 말을 한다. 우리의 마음속 깊은 곳에 존재하는 신적 자아인 것이다. 지나간 수많은 종교 지도자들이 그렇게 하느님의 음성을 들었다 한다.

숙영매가 명상을 통해서 본 그녀의 가장 최근에 살았던 전생은 구한말이었다. 여주에서 태어났고 이름은 은재라 했다. 5살 때부터 특별한 훈련 없이 영능력이 나타나기 시작하여 미래를 보기 시작했다. 같은 동네에 민자영이라는 아이가 살았는데 그녀의 어머니가 은재의 특별한 능력을 알고 자기의 딸과 같이 지내게 했다. 민자영은 16세에 왕비로 뽑혀 궁으로 들어가게 되는데 이 아이가 명성황후다. 민자영이 궁에 들어가기 전에 이미 은재는 그녀가 궁에 들어갈 것이라는 예언을 했다. 그러다가 20세가 되자 민황후는 은재를 자신의 시종 겸 말동무로 쓰기 위해 궁으로 들인다. 을미사변이 나자 40대 중반에 같이 죽임을 당한다. 그 시대 때도 숙영매 은재는 자신에게 영능력이 있다는 걸 싫어하는 것으로 느껴졌다. 명성황후 시절에 진령군이라고 하는 무녀가 있었다. 본명은 박창렬이라고 하는데 임오군란 이후 민황후가 궁으로 데리고 와서 앞일을 예언하게 했다. 나는 숙영매한테 은재가 진령군과 접촉하는 일이 있는지 보게 했다. 숙영매가 본 은재와 진령군은 서로가 일부러 피하는 사이였던 것으로 보였다. 그리고 진령군은 영이 그렇게 높지는 않지만 말솜씨가 화려하여 민황후의 마음을 빼앗았던 것으로 보였다. 실제 역사상 진령군은 민황후를 등에 업고 온갖 부정을 저질렀던 것으로 기록됐다. 현재 명성황후의 사진이라고 여러 장이 나와 있지만 역사학계에서도 분명히 이것이 진짜라고 확신하는 것은 없다. 숙영매가 전생을 통해서 본 명성황후의 모습은 몸집이 작고 예쁜 모습이었다고 했다. 내가 여러 장의 명성황후 사진을 보여 주자 그녀는 한 사진을 지목하며 가장 실물에 가깝다고 했다.

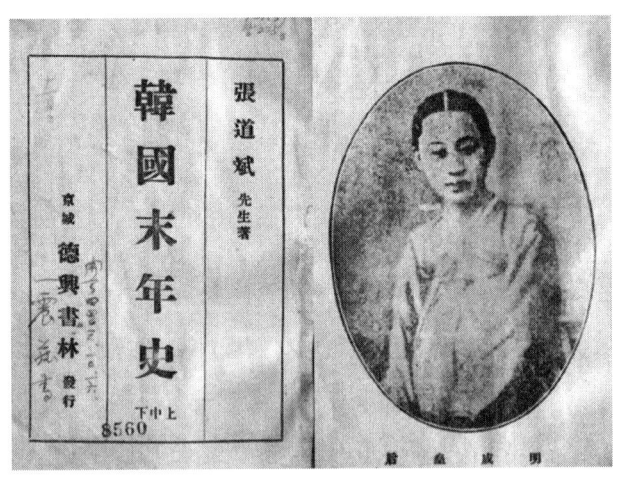

숙영매가 명상 속에서 본 명성황후의 실제 모습

2020년 7월 4일 토요일

　낮 1시, 산신령이 방문했다. 네 번째 방문이다. 이번 방문에서 산산령은 숙영매에게 할 수 있다는 용기와 격려를 주고, 앞으로 내담자를 상대할 때 어떤 마음가짐과 행동을 취할 것인지 가르쳤다. 또한 숙영매가 너무 몸이 약한 것을 염려하면서 우선 체력부터 챙기라는 충고도 해 주었다. 지난 세 번째 방문부터는 숙영매 자력으로 산신령을 볼 수 있다. 산신령뿐만이 아니고 수호령과도 소통할 수 있게 됐다. 숙영매는 산신령의 방문 때마다 실로 감동과 감격을 느끼지 않을 수 없었다. 산신령은 숙영매가 산에 와서 자신을 만나기에는 아직 몸이 약하기 때문에 당신 스스로 찾아온다고는 하지만 숙영매의 입장에서는 큰 영광이 아닐 수 없다.

2020년 7월 10일 금요일

　집안에 있는 영가들 중에 마상호의 프로필이 부실해서 아침 출근하기 전에 숙영매를 통해 인터뷰했다.

· 마상호령: 남, 음력 1983년 5월 2일 38세, 마산.
집안이 어려워 고등학교를 겨우 졸업하고 주로 야채 장사를 하며 생계를 유지하던 중 28세에 취직을 하기 위해서 서울로 올라왔다. 하지만 올라오자마자 묻지 마 폭행을 당해 사망했다. 세 명으로부터 집단 구타를 당했는데 금전을 요구당한 것도 아니고, 그냥 이유 없이 몰매를 맞았다. 죽은 후 영혼이 빠져나오자 이 세 명의 몸속에 들어가서 정신을 돌게 하는 등 보복을 했고, 세 명을 모두 다리병신으로 만들어 놨다. 죽은 직후에는 수호령이 저승에 보고하여 저승사자가 왔는데 다음과 같이 말하고 그냥 갔다고 한다.

"너는 여기서 더 살아야겠다."

무슨 뜻인지 이해할 수가 없다. 상호령이 지금 와서 생각해 보니 자기가 다시 살아날 사람이라고 저승사자가 생각한 모양이라고 했다. 아니면 젊어서 억울하게 죽었으니 이승에서 더 살아라? 이해할 수가 없다. 어찌 됐건 보복을 한 후 허탈감을 느꼈고, 죽고 난 후에는 영혼들이 너무나 많이 있는 것에 놀랐다. 그리고 명상을 하며 좋은 영혼을 찾던 중 재천령을 만나게 되었다.

그런데 2년 전에 숙영매가 인터뷰했을 때는 생년월일이 1969년 7월 10일이라고 했는데 오늘은 달라졌다. 어떻게 된 것인지 물어봤다. 마상호령은 오늘 것이 맞다고 했다. 그때 당시에는 갑자기 물어보니 기억이 잘 안 나서 그랬다고 한다. 아마도 그때 인터뷰가 부실했던 건 기억이 잘 나지 않았기 때문인 듯하다. 재천령도 이렇게 말했다.

"영혼들 중에 살아생전 기억이 잘 안 나는 경우가 많아요. 집에 있는 영혼들은 그래도 괜찮은데, 밖에 떠돌아다니는 영혼들은 그런 경우가 태반이에요."

어떻게 살다가 죽었길래 살아생전 기억을 잊게 될까? 전에도 이 문제로 고민을 하면서 글을 썼다.

"영을 높여야 한다."

나의 대답은 이것밖에 없다. 아마도 명상이 가장 좋은 방법일 것이다.

44. 박원순 시장의 자살

2020년 7월 10일

오전 11시경

박원순 시장이 자살했다. 언론에서는 7월 8일 박 시장의 성추행 고소가 접수됐다는 보도를 했다. 나는 재천령에게 서울대 병원에 박 시장의 시신이 있다고 얘기하고 거기 가서 박 시장이 그 문제에 관해서 할 얘기가 있는지 억울한 사정이 있는지 알아 오라고 부탁했다. 약 한 시간 정도 있다가 숙영매한테 전화가 왔는데 그녀의 말을 요약하면 이렇다.

"지금 상당히 억울해하셔."
"자기도 조국처럼 될까 봐 자살을 하신 거래."
"성추행은 절대 없었대."
"저승에 가기 싫고 자신의 억울함을 풀고 싶대."
"저승사자는 세 명이 와 있대."

오후 6시경

재천령에게 부탁하여 박 시장 영혼을 우리 집에 모셔 오도록 했다. 이번에도 역시 산신령의 요청으로 저승사자들의 허락을 구했다. 나는 박 시장 영혼이 드실 약간의 음식과 막걸리 그리고 수저를 미리 준비했다. 약 3분 정도 시간이 흘렀을까, 박 시장 영혼이 왔는데 다음은 그와의 대화 내용이다.

나: 저도 진보 진영에서 박원순 시장님을 오랫동안 지지했고 좋아했는데 이렇게 갑자기 가시니 너무 황당하고 원통합니다.

박원순령: 저도 죽고 나서 생각해 보니 너무 후회됩니다. 조국이 당한 걸 알고 있기 때문에 가족들이 제일 먼저 생각이 났고 가족을 생각해서 그렇게 했는데 후회가 되고 참담하네요.

나: 지금 진보 진영에서 너무 침통해 있어요. 진실을 밝혀야 하는데 제대로 밝혀질지가 의문입니다. 시장님을 고발한 비서는 누구였나요? 이름이 뭐였었나요?

박원순령: 보통 ○ 비서라고 했어요.

나: 이름이 뭐죠?

박원순령: ○○○라고 합니다. 전에 일하던 비서예요.

나: 그 여자가 어떤 성향을 가진 여자였나요?

박원순령: 나의 오른팔, 왼팔, 팔다리를 잘라 내기 위해서 그랬어요.

나: 제가 묻고 싶은 건 그 여자가 독단적으로 그랬는지 누구의 회유와 협박을 받아서 그랬는지 물어보는 겁니다.

박원순령: 죽고 나서 보니 누구의 사주를 받았다는 느낌이 확실히 드네요.

나: 시장님께서는 살아생전에 영혼의 존재를 믿으셨나요? 이를테면 윤회, 전생 이런 거요.

박원순령: 믿었고요. 아무리 착하게 살았다고 해도 자살을 하면 영혼이 될 수가 없어요. 지금 너무나 후회가 됩니다.

자살을 하면 영혼이 될 수 없다는 말은 이해가 가지 않는 말이긴 해도 박 시장은 살아생전에 자살은 나쁜 것이라고 믿었던 것 같다.

나: 버티셨어야 되는데… 같이 싸우셨어야 하는데… 그래도 지금은 어쩔 수 없고, 진보 진영에서라도 누명을 벗겨 드려야 되는데 운명이 어떻게 흘러갈지는 모르는 일입니다. 유서에는 왜 성추행이 사실 무근이라고 쓰지 않으셨나요?

박원순령: 안 했기 때문에 큰 문제가 되지 않을 것이라고 생각했어요. 죽고 나서 보니까 그게 큰 문제가 됐고, 나를 몰아세우는 것을 보니 더욱 후회가 돼요. 억울하더라도 조국처럼 끝까지 살아서 결백을 밝혔어야 되는데 잘못했다고 생각되네요.

술 한잔 따라드리자 한 모금 드셨다.

나: 유언장에 사실 무근이라고 썼더라도 그것이 보수 세력들을 이해시킬 수는 없겠지만 그래도 진보 세력들에게 자신감 있게 싸울 수 있는 원동력이 됐을 겁니다. 얼마 전에 삼양동에서 잠깐 사셨는데 주소가 기억나세요? 살아생전 일이 잘 기억나시나요?

박원순령: 주소는 기억이 안 나고, 살았을 때 일이 주마등처럼 흘러가네요. (통곡을 하며) 내가 너무 어리석은 짓을 했네요. 이렇게 말을 할 수 있게 해 줘서 고맙습니다. 그리고 이런 일이 있을 수 있다는 게(영혼이 돼서 산 사람과 대화를 할 수 있는 것을 말하는 것 같다) 정말 놀랍습니다.

나: 발인이 13일인데 그때까지 계시다 저승에 가실 건가요?

박원순령: 오늘 밤 12시에 가요.

나: 왜 그러죠? 저승사자들이 그때까지 기다려 주지 않나요?

박원순령: 다른 영혼들이 와서 저승사자에게 빨리 데려가라고 난리를 치

기 때문에 그래요.

나: 그래요? 그러면 그런 영혼들은 나쁜 영혼들 아니에요? 결국은 보수 쪽에 영혼들이 그런 모양이네요. 지금 이승에 있는 영혼들끼리도 보수와 진보로 나뉘어서 싸우고 있어요. 시장님은 더 있고 싶지 않으신가요?

박원순령: 더 있고는 싶지만 다른 영혼들이 저승사자들에게 난리를 치네요.

나: 이승에서도 영혼들이 진보 보수로 나뉘어서 싸우고 있는데 진보 쪽 영혼이 그렇게 약하네요. 시장님, 하시고 싶은 말씀 있으세요?

박원순령: 이렇게 자살을 하면 영혼이 안 되는 건데 고맙고, 북한산신, 귀례령, 재천령이 힘을 합쳐 나쁜 무리들과 싸워 줬으면 좋겠습니다.

나: 진보 진영은 올바른 가치를 가지고 싸웠어도 항상 모함을 당해서 희생되는 경우가 많습니다. 자살을 하셨어도 여태까지 쌓아 온 업적이 있기 때문에 좋은 데 가실 거예요.

나: (재천령에게) 재천이는 저승까지 시장님을 바래다줄 수 있나?

재천령: 너무 억울해하시니까 그렇게 하죠.

나: 시장실에 들어가면 구조가 어떻습니까? 제가 물어보는 이유는 이런 얘기를 하면 사람들이 믿지 않기 때문에 내가 박 시장님을 만났다는 증명을 하기 위해서 물어보는 겁니다.

박원순령: 들어가면 비서가 있어 문을 열어 주고, 비서가 손님을 접대하면서 차를 준비해 주고 일이 시작됩니다. 방에는 책장이 있고 책들이 많습니다. 정치에 관한 책도 있습니다.

나: 방에 깃발이 있나요?

박원순령: 없어요. 책상에 박원순 명패가 있고 가족사진이 있어요.

나는 시장실이면 당연히 서울시 깃발이 있을 거라 생각하고 질문한 건데 의외였다.

박원순령: 좀 더 있다가 가면 좋겠는데 영혼들이 난리를 치기 때문에 그렇게 하지도 못하겠네요. 죽어서도 내 마음대로 하지 못하는 게 너무 힘드네요.
나: 그 악한 영들이 그렇게 센가요?

여기서 박 시장이 말을 하지 않자 숙영매는 악령들이 엄청 세다고 말했다. 이어서 박 시장 영혼은 말했다.

박원순령: 너무 고맙고요. 일이 이렇게 돼서 너무 후회가 됩니다. 이렇게 죽어서도 내 맘대로 할 수 없다는 것이 힘들어요.
나: 그래도 남아 있는 우리라도 싸워야죠.
박원순령: 지금 너무너무 후회되고, 죽어서까지 그들이 나를 이렇게 빨리 보내려 하고 나는 무기력하고 참담합니다.

인터뷰가 끝나고 나는 숙영매에게 박 시장을 알고 있었냐고 묻자 얼굴은커녕 서울시장이 누군지 이름도 모르고 있었다고 한다. 내가 기가 막혀서 인터넷에 있는 박 시장 사진을 보여 주며 똑같냐고 묻자 그녀는 놀라면서 사진을 한참 들여다봤다. 그녀는 이렇게 정치에 대해서 전혀 알지 못한다. 한 가지 신기한 점은 박 시장 영혼이 들어올 때는 양복 차림이었었는데 갈 때는 흰 한복 차림으로 변하더라는 것이다. 정말 이해할 수 없고 신비한 영혼의 세계다. 그것이 산신령의 배려였을 거라고 생각하지만 숙모 때도 그렇고 방금 명을 달리한 영혼이 그런 능력이 있을 수 없다. 우리한테 올 때는 예의를 갖추느라고 정장 차림이었지만 끝나고 다시 한복 차림으로 바뀌게 한 것이라고 해석할 수밖에 없다.

2020년 7월 11일 토요일

오전 7시

일어나서 밥을 먹고 나서 재천령과 지난밤에 있었던 일을 얘기했다. 일단 박 시장 영혼은 저승사자들 따라서 12시에 갔고 이번에는 지난번 숙모 때처럼 저승까지 따라가지는 않았다. 저승사자 세 명은 모두 70세 정도에 수염이 났고, 갓을 쓰고 도포를 입은 완전한 옛날식 복장의 모습이었다. 그 분들은 저승에서도 높은 직위에 있는 분들이라 한다. 아마도 옛날에 죽은 신들일 것 같고, 서울시장이라는 급에 맞는 저승사자들이 왔을 것으로 생각한다. 그리고 망자들한테는 보통 한두 명의 저승사자가 오는 데 반해, 박 시장 같은 경우는 세 명이었던 것으로 보아 사회적 직위에 따른 예우일 것으로 보인다. 사악한 영혼들의 등쌀에 착한 영혼들이 맞서 싸우기는 했지만 역부족이었고, 산신령은 박 시장의 자살을 끝내 못마땅하게 생각했다. 어떠한 경우라도 자살은 큰 죄이기 때문이다. 사실 자살의 업보를 말하기 전에 끝까지 살아서 진실을 밝혔어야 하는데 남아 있는 진보 세력들에게 큰 짐을 안겨 준 결과가 됐다. 지난 세월 이승에서 이루어 낸 업적이 크긴 하지만 아마도 그분의 여린 성품이 어려움을 이겨 내지 못하고 순간적이고 잘못된 판단으로 이끄는 원인이 되었을 것이다.

재천령은 저승에 따라가는 대신 박 시장 영혼과 많은 대화를 나누었는데 한없이 후회하고 나한테는 너무 고맙다고 하면서 눈물을 흘리셨다고 했다.

내 생각은 이렇다. 이 세상에 영이 센 악령들이 판치고 세상이 타락하는 이유는 나쁜 짓을 많이 하고 죽었을 때, 저승에 가서 재판을 받는 것이 두려워 저승사자를 피해 도망갔고 그들이 이승을 떠돌면서 온갖 나쁜 짓을 하고 돌아다니기 때문일 것이다. 반면 착하게 살다가 잘 죽으면 대부분 저승으로 돌아가기 때문에 이승에 착한 영혼들은 많지 않다. 그리고 똑바로 살다가 죽은 영혼들은 환생을 하지 않고 저승에서 오랫동안 편하게 잘 살고, 이승에는 공부를 더 해야 할 영혼들이 오기 때문에 그들이 이승에서 깨닫지 못하면 세상이 어지러워지는 것도 원인일 것이다. 재천령도 내 생각에 동의했다. 그렇다고 이승에 사는 사람들이 다 저급한 영혼 출신이라는 것은 아니고 저승에서 신급이었지만 큰 뜻을 품고 온 영혼들도 많을 것이다.

2020년 7월 12일 일요일

어제 내가 외출하고 난 후 오후에 다시 산신령이 방문했다. 특별한 일이 있어 온 것은 아니고 숙영매에게 용기를 주기 위해서다. 소소한 문제에도 어떻게 할 것인지 말을 해 주었고, 앞으로 있을 내담자를 대하는 태도와 마음가짐에 대해서도 다음과 같이 말해 주었다.

· 한 사람의 인생이 나로 인해 발전하게끔 해라.
· 당당하면서도 진심 어린 조언을 해 줘라.

나에게는 조금만 더 기다리라는 말도 했다고 한다. 사실 나야 급한 것은 없다. 지금까지 진행되어 온 것만 해도 나에게는 큰 도움이었다. 요즘은 산신령의 방문이 잦으니까 이제 더 이상 그의 방문은 이야깃거리가 되지도 못할 것 같다. 그의 잦은 방문은 숙영매의 깨달음이 막바지에 와 있다는 것을 의미한다.

2020년 7월 14일 화요일
　오늘도 산신령이 방문하여 다음과 같은 내용의 가르침과 마음가짐을 일러 줬다. 그분의 잦은 방문은 숙영매에 대한 깊은 믿음과 애정에서 나온 것일 거다. 나도 너무나 고마운 생각이 든다.

- 자기주장에 믿음을 가져라.
- 행복한 마음을 가져라.
- 불덩이 같은 마음을 식혀라.
- 마음의 응어리를 꾹꾹 새기지 말고 풀어라.
- 어려운 일이 있으면 명상으로 마음을 다스려라.
- 화려하지는 않지만 소박함에 만족하라.
- 진실한 마음, 착실함, 지혜로움, 편안한 마음을 가져라.
- 제2의 자아 정신을 깨달아라.

　위의 가르침은 숙영매뿐만 아니라 살아가는 우리들에게도 교훈이 될 만한 생활 지침이다. 특히 명상에 대해서는 숙영매가 지금은 명상에 들어가면 영상으로 보이는 것을 제어하고 무념무상의 상태로 할 수 있다고 한다. 그리고 산신령은 항상 숙영매의 건강을 생각하며 다음과 같은 말도 잊지 않았다.
　"영적인 면은 내가 얼마든지 도와줄 수 있지만 육체적인 것은 나도 어찌할 수가 없다. 건강은 스스로 챙기고 지켜야 한다."

2020년 7월 15일 수요일

　명상 중 영상을 보는 것만으로는 내용을 알 수가 없다. 느낌이 올 때도 있다고는 하지만 그것만으로는 부족하다. 직접 음성으로 지역 이름이라든지, 사람의 이름이라든지 콕 찍어서 들려주면 확실해진다. 그러나 음성이 머릿속에 울려 퍼지기 때문에 어떨 때는 확실히 의미가 파악되지 않는 경우가 있다. 1년여 전에는 그녀가 수호령의 음성이 확실히 들리지 않았지만 지금은 자력으로 잘 보이고 잘 들린다. 참나의 음성도 영이 높아지면서 나아질 것으로 믿는다.

45. 마침내 찾은 나의 전생 이진 장군

2020년 7월 21일 화요일

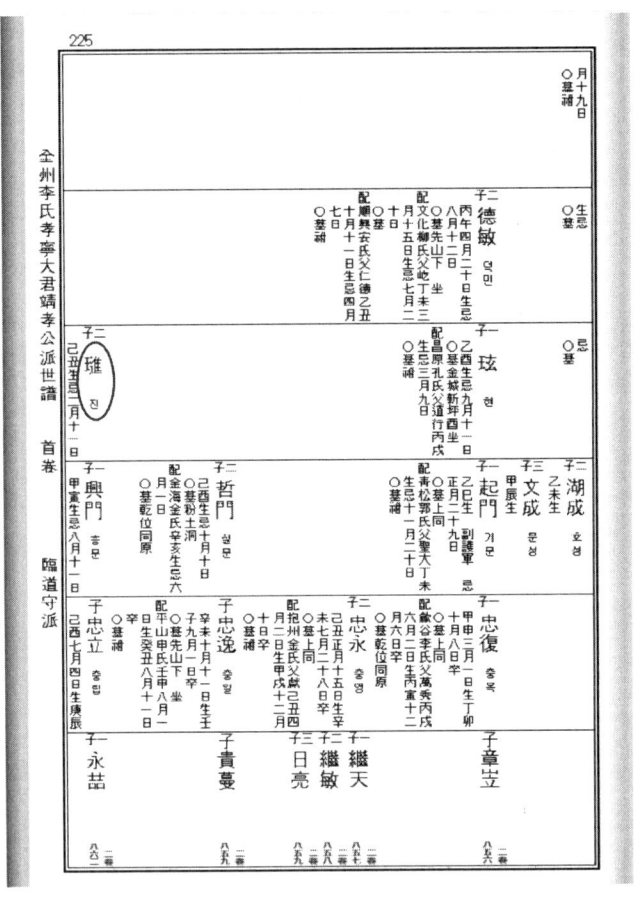

전주이씨 효령대군파 족보에서 찾은 이진의 이름.
출처: 청권사(https://www.cckjokbo.com/jokbo/hyor/home.php)

23일(경신) 맑음. 아침 일찍 식사한 후에 나가 공무를 보고 둔전벼[屯祖]를 다시 되질하였다. 새 곳간에 쌓은 것이 167섬이고 줄어든 수가 48섬이었다. 늦게 거제 현령(안위), 고성 현령(조응도), 하동 현감(최기준), 강진 현감(나대용), 회령포 만호(민정봉) 등이 왔는데, 고성에서 가져온 술을 모두 마셨다. 웅천 현감이 저녁에 와서 크게 취했다. 이경(二更)에 자리를 파하고 돌아갔다. 하천수(河千壽)와 **이진(李璡)**도 왔다. 방답 첨사가 들어왔다.

24일(신유) 맑음. 식후에 나가 공무를 보고 둔전의 벼를 다시 되는 것을 감독했다.

우수사가 들어왔다. 오후 4시경에 비바람이 세게 일었다. 둔전의 벼를 다시 되질한 수량 170섬을 곳간에 들이니, 줄어든 것이 30섬이다. 낙안군수(선의문)가 교체되었다는 기별이 왔다. 방답첨사(장린)와 흥양 현감(홍유의)이 와서 모였다. 배를 본영으로 보내려고 할 때 비바람이 그치지 않았다. 몸이 노곤했다.

25일(임술) 비가 계속 내리다가 정오쯤 개었다. 아침에 장계 초안을 수정했다. 늦게 우수사가 오고 나주 판관(어운급)도 왔다. 장흥 부사(배흥립)가 와서, 수군을 통솔하기 어려운 것은 관찰사가 방해하기 때문이라고 하였다. **이진李璡**이 둔전으로 돌아갔다. 춘절(春節), 춘복(春福), 사화(士花)가 본영으로 돌아갔다.

26일(계해) 아침에 맑다가 저물녘에 비가 왔다. 늦게 대청으로 나갔다. 여도 만호(김인영)와 흥양 현감(홍유의)이 와서 영리들이 백성을 침해하는 폐단을 말했다.

> * 필사본에는 '이진(李瑨)'으로 되어 있는데 '李瑨'과 '李進' 중 어느 쪽이 맞는지는 정확히 알 수 없다. 이진(李瑨)은 광해군 때, 이진(李進)은 영조 때의 사람이니, 임란 관련 기록에는 이들에 관한 기록이 희박할 수밖에 없다. 한편 선조실록을 보면 이진(李珒, 1574~1609, 臨海君)이란 사람이 나오는데, 그가 임란을 직접 겪고 적진에서 서신으로 적정을 알린 점 등은 추정을 가능하게 해준다. 그러나 여기에 나오는 이진이란 인물인지는 정확히 알 수가 없다.
>
> 출처:《신완역 난중일기 교주본》, 노승석 역주, 여해, 2021, 284p

구《영혼일기 2》에는 난중일기의 역자(譯者) 노승석 박사의 2019년 판 교감완역《난중일기》를 게재했었다.《영혼일기 I》출판 직전에 노승석 선생의 2021년 개정판《신완역 난중일기 교주본》을 보니 이진이 광해군 때 익산도정(道政)을 지낸 인물이라고 했다. 이에 대해서는 내 수호령을 통해서 이진이 전쟁 끝나고 익산에서 살았던 것을 확인했다. 나는 역사 공부를 하면서 광해군에 대한 안타까운 심정이 많았다. 그러나 수호령은 당시 이진이 광해군을 싫어했었다고 말했다. 아마도 이진은 광해군의 젊은 시절 총명했던 모습보다는 대북파에 휘둘려 말년에 비정상적인 모습을 보고 그렇게 판단했던 것 같다. 아니면 이진도 당파적 정쟁 속에 휘둘려 그렇게 생각했을지도 모르겠다. 그리고 광해군이 폐위되고 나서 얼마 지나지 않아 이진도 임종했다고 한다.

오늘 전주이씨 효령대군파 족보에서 이진을 다시 검색했다. 전에는 찾지 못했지만 그래도 한 번 더 찾아보자는 마음에서 시도했는데 결국 발견했다. 작년에 찾는 방법에서 오류가 있었던 것 같다. 1396년 효령대군의 출생에서 1592년 임진왜란까지 200년 차이가 있기 때문에 6세부터 7세, 8세를 검색했는데 8세에 진이라는 이름을 발견했다. 그리고 족보 속 이진의 출생년도는 기축생이라고 기록되어 있다. 계산해보니 그가 1529년 생이라는 사실을 알 수 있고 임진왜란 발발 당시 63세였다는 계산이 나온다.

그리고 이순신은 1545년 생이니 이진보다 16세 연하였다. 당시에 이순신에게 잔소리를 할 수 있었던 유일한 사람은 이진이었다고 나의 수호령이 말했다. 사실 그때는 그런 이야기를 이해할 수 없었는데 이제서야 이해가 된다. 이진은 명색이 전주이씨 종친 효령대군 후손이고 이순신보다 열여섯 살이나 연상이니 최고 지휘관인 수군 통제사에게 싫은 소리를 할 수 있는 자존감과 우월감이 얼마든지 있을 수 있다.

그리고 효령대군은 1396년 생이다. 그로부터 133년 후 1529년에 이진이 태어났으니 당시에 혼인 연령을 고려해 한 세대를 19세로 계산하면 8대손 이진이 정확하게 들어맞고 난중일기와 족보에서 나오는 한자도 이진(李璡)으로 일치한다.

이진은 정유재란이 끝났을 때 이미 나이 70이 되었고 광해군이 즉위했을 때는 나이가 80이 되었다. 그리고 광해군이 폐위됐을 때는 95세였고 폐위되는 것까지 보고 죽었다. 놀랍기도 하고 한편으로 신기하기도 했다. 더욱이 숙영매가 영혼과 수호령을 통해서 나에게 들려준 말 중 확실

이진 장군이 나의 전생이라는 것, 이것이 사실일 수밖에 없는 이유를 생각해 보자. 내가 《난중일기》를 읽다가 이진이라는 이름을 발견하고 '이 사람을 내 전생의 인물로 만들어야겠군' 하고 마음을 먹었다고 해도 수많은 이씨 족보에서 그가 전주 이씨 효령대군의 후손이라는 것을 찾는 것은 거의 불가능하다. 또한 이씨 족보에 있는 수많은 인물들 중 한 명을 선별하여 《난중일기》에 있는 한 인물과 짜깁기하는 것도 수년 동안 연구를 한다면 모를까 불가능한 일이다. 여하튼 이순신이 《난중일기》에서나마 이진이라는 이름을 써 놔서 나의 전생을 찾고 확신을 가질 수 있는 것이 정말 다행이다.

2020년 7월 22일 수요일

숙영매는 약 2박 3일 휴식을 취한 뒤 오늘 새벽부터 다시 명상에 들어갔다. 그녀는 현재 명상 속에서 화면을 보고 들려오는 많은 설명들을 A4 용지에 적어놓으면 내가 인터넷으로 검색을 하고 있다. 그러나 검색이 되는 단어도 있고, 안 되는 단어도 있다.

2020년 7월 24일 금요일

숙영매는 좌절감에 의욕이 상실되었다. 명상 속에 수많은 영상이 보여도 정리가 안 된다. 역사에 대해서도 너무 모른다. 처음에는 재미도 있었지만 지금은 몸과 마음이 피곤하다. 삶의 의욕도 깨달음에 대한 의지도 없어진다. 나는 좀 더 쉬었다 하라고 말하는 수밖에 없다. 산신령도 숙영매를 어르고 달래고 다음과 같은 조언으로 용기를 북돋아 준다.

· 정면으로 돌파하라.

· 집중을 해라.

· 앞으로 크게 될 사람이라고 믿어라.

· 나를 위해 무엇을 했나 되돌아봐라.

· 아무 행동도 없이 얻어지는 건 없다.

· 현실적인 면에서 생각하고 또 생각하면 답이 나온다.

· 덕을 쌓아라.

2020년 7월 25일 토요일

오늘은 오랜만에 수호령과 대화를 나누었다. 그동안 확인하고 싶은 것이 많았지만 숙영매의 상태가 그것을 허락하지 않았다. 숙영매 자력으로 수호령을 볼 수 있게 되면서 듣는 것도 전보다 더 나아졌다. 한 가지 확실해진 것은 지금 나의 수호령은 전생에 작은형의 수호령이었다는 사실이다. 1954년 어머니 자궁 속으로 들어올 때 내가 왔어야 하는 건데 작은형이 들어가는 바람에 전생의 내 수호령이 같이 들어갔다. 그리고 3년 후에 내가 들어가면서 작은형의 수호령과 같이 들어감으로써 지금 나의 수호령은 원래는 작은형의 수호령이라는 것이다. 한마디로 말해서 작은형과 나의 수호령이 바뀌었다는 것. 전에는 숙영매가 정확히 잘 듣지 못했다.

내가 수호령에게 물었다.

"왜, 54년 당시에 제가 들어가지 못했죠?"

"그때 들어갔어야 되는데 주인을 찾지 못했어."

즉, 그때 내가 없어져서 찾질 못했고 대신 전생에 나의 동생이었던 현재의 작은형이 들어갔다는 것이다. 대답이 어처구니가 없다. 마치 이승에서 흔히 일어나는 일처럼 느껴진다. 그러나 이승에서 일어나는 갖가지 일도 결국 우연히 일어나는 일이 없듯이 저승서 일어났던 일도 우연이 아니라 필연이었을 것이다. 어머니 영혼의 저승 생활 이야기에서도 그렇듯 그곳에서의 일은 이해가 가지 않는 일이 많다. 완전히 다른 차원의 세계를 이해하려고 하는 것은 무리일지도 모른다. 그리고 나의 전생 일은 내가 질문할 때마다 현재 나의 수호령이 작은형의 수호령과 텔레파시 교신을 통해 물어보는 것이라 했다. 지금 작은형의 수호령은 전생에 나의 수호령이기 때문에 그렇다. 다른 사람의 수호령하고는 대화를 하지 않아도 가족들과는 수호령끼리 서로 대화한다고 한다.

"형이 잘했어야지, 형이. 그렇게 모질게 하면 안 되지!"

수호령의 이렇게 말을 했는데 아마도 내가 숙영매 때문에 형들과 갈등을 일으킬 때를 말하는 것 같다.

수호령은 작은형의 전생 이름이 '재'라고 하는데 이진의 가계도를 찾아보니 재라는 이름이 없었다.

나: 작은형 전생의 이름이 '재'라고 하셨는데 이진의 가계도를 보면 여동생은 여자라 이름이 없을 거고 재라는 이름이 없고 '현'이라는 형 이름만 있는데 어떻게 된 거죠?

수호령: 재는 공부도 안 하고 한량으로 살았기 때문에 호적에 올리지 않았어. 현이라는 형이 있었는데 현과 진만 올라갔어.

나: 저는 왜 그렇게 350년이나 되는 세월을 저승에서 오래 살았나요?

수호령: 주인은 저승에서 오래 살아도 될 만큼 좋은 삶을 많이 살았어. 다

만 전쟁 중 어쩔 수 없는 일이었지만 살생의 업보가 많아서 지금 이렇게 태어나서 살고 있는 거야. 이번 생으로 주인도 카르마가 많이 해소됐어. 마음을 올바르게 먹고 잘 살아왔어.

나: 그럼, 작은형은 어떤가요? 중간에 한두 번 환생을 했나요? 수호령님은 원래 작은형의 수호령이었으니까 잘 아시죠.

수호령: 네 번이나 환생을 했어. 조금 살다가 죽고 다시 환생하고 하는 식으로….

나: 어찌 그럴 수가 있죠? 왜 그렇게 됐나요?

수호령: 형은 주인하고 같이 살았을 때 너무 못되게 살았기 때문에 카르마를 정화하느라고 그렇게 된 거야. 지금 생은 많이 정화된 상태에서 태어난 거지. 이번 생도 주인의 형으로 태어나서 동생을 돕고 살면서 카르마를 정화시키는 의미로 나온 거야.

이 말은 결국 내가 초등학교 때 나를 익사 사고에서 구해 준 것이나 고등학교를 다니도록 학비를 대 준 것이나 모두 작은형 자신의 카르마를 정화하기 위한 영의 작용이라 생각하면 될 것 같고, 내가 사회에 처음 나왔을 때 작은형이 운영하는 합판 가게에 나를 끌어들여 직원으로 쓴 것도 결국 같은 맥락으로 해석할 수 있겠다.

나: 그럼 작은형이 마지막으로 살았던 전생은 언제였나요?

수호령: 임오군란 당시에 살다가 죽었어.

나: 그땐 왜 죽었죠?

수호령: 일종의 요즘 말로 하면 묻지 마 살인 같은 거지.

나: 작은형과 나는 임진왜란 당시 사이가 나빴나요?

수호령: 주인이 똑바로 살라고 잔소리를 많이 하고 작은형은 동생으로 살면서 반발을 하고 그러다 보니 사이가 나쁠 수밖에 없었지.

46. 암살된 이순신 장군

조선 시대 임진왜란 당시 이순신 장군에 대해서 다시 물어봤지만 전과 다른 것은 없었다. 전생연구소 박진여 선생은 박정희와 이순신의 시대에 따른 공과 과를 애매하게 말했지만 수호령의 말을 그대로 실어 용감함(?)을 과시하는 나와는 다르다. 다시 말해서 수호령의 주장은 이순신 외면의 총명함과 지략은 훌륭하지만 내면의 성격은 백성들과 부하를 다룰 때 너무 모질게 했다는 것을 말한다.

나: 이순신이 탄핵을 당한 것은 "왜장 가토 기요마사가 부산포로 오니 공격하라"라고 하는 명령을 어겼다는 것인데 이순신은 적의 계략이라 생각하고 출정을 하지 않은 것으로 역사에 나와 있습니다. 거기에 대해서는 어떻게 생각하시나요?

수호령: 이순신의 판단이 맞아. 다들 그렇게 생각했지. 그러나 이순신에 불만이 많은 장수들이 많았기 때문에 적극적으로 이순신을 보호하지 않은 거야.

나: 당시에 이순신이 살해를 당했다고 전에 말씀하셨는데… 제가 혹시 그때 살해 현장에는 없었겠죠?

수호령: 현장에 있는 정도가 아니고 주인의 주도 하에 죽인 거야.

나: 당시 살해에 가담한 사람은 몇 명 정도 되나요?

수호령: 한 열 명 정도 돼. 이순신이 전쟁에 있어서는 영리하고 잘 수행한

건 사실이지만 여성에 대해서는 지나친 편력이 있어. 술과 여자에 너무 빠졌고 부하들에 대해서 지나친 학대가 큰 문제였어.

당시 이순신이 탄 대장선에는 이순신이 죽고 나서 손문욱이라는 인물이 대장선을 지휘했던 것으로 역사에 기록되어 있다. 수호령에게 물어보니 그도 나와 같이 이순신 살해에 같이 가담했던 사람이라고 한다. 결국 모두가 이순신을 싫어했지만 전쟁 중에는 어찌할 수가 없었고, 전쟁이 끝나가는 시점에 불만을 가진 장수들끼리 모의를 하여 살해한 후 은폐했다고 해석할 수 있겠다. 그때야 어떻든 생각해 보면 지금의 내 입장에서는 그래도 《난중일기》에 이진이라는 이름을 써 줘서 이렇게 나의 전생을 찾게 해 준 이순신에게 고마워할 수밖에 없다.

나: 사람의 몸속에 영혼이 거주하는 장소가 있나요? 있다면 어디인가요?
수호령: 머릿속에 있어.
이 질문은 내가 전에 들은 것이 있어서 확인차 물은 것이다.

나: 영능력이 발달한 사람은 송과체의 크기가 커진다는 말이 있는데 사실인가요?
수호령: 당연하지.

젊었을 때부터 항상 하던 생각이 있었다. '이렇게 살면 안 되는데…' 하지만 어리석은 생각이었다. 내가 선택한 삶이다. 아니 나의 표면 의식이 아니고 나의 영적 자아가 선택한 삶이다. 저승에 있을 때도 비물질체로 생활했겠지만 그때 역시도 나의 영혼은 나의 표면 의식일 뿐이다. 그래서 나는 물질적인 삶이든, 영혼의 삶이든 똑같은 표면 의식이라고 말한다. 우리의 위대한 영적 자아는 우리를 끊임없이 옳은 길로 인도하는 신적 자아다. 종교에는 기도가 있고 기도를 하면서 영적 자아를 높이는 것이 현재로서는 가장 빠른 길이다. 하지만 신앙을 갖더라도 지나치게 배타적이고 물질적인 것에 휘둘리거나 정치적인 편향성으로 옳음과 그름, 진실과 거짓을 분별하지 못하거나 진실을 알고서도 자신의 이익을 위해 그 진실을 숨기고 거짓을 일삼으며 종교 생활을 한들 무슨 의미가 있을 것인가.

2020년 7월 26일 일요일

숙영매가 지난 한 달 자신이 쓴 글을 내게 보여 주었다. 명상 속에 보이는 것만 가지고는 전혀 알 수 없다. 머릿속에 음성이 들려올 때마다 바로 적은 것이 A4용지로 빽빽하게 석 장이다. 그녀 자신의 전생뿐만이 아니고 우리나라와 세계 역사 전반에 걸쳐서 써 내려갔다. 그녀는 역사에 대해서는 너무나 문외한이고 학교 다닐 때도 역사가 싫어서 공부를 하지 않았다. 드라마에서나 나오는 누구나 알 수 있는 인물은 알지만 그렇지 않으면 모를 정도였다. 조선, 고려, 신라, 백제, 영국, 러시아 등 상당한 세계사적 사건들과 인물들이 촘촘히 적혀 있다. 《그리스 신화》도 있다. 거의 모든 사람들은 《그리스 신화》를 꾸며 낸 말로 치부하는데 명상 속에 왜 올림포스산이 보이고 제우스, 헤라, 비너스… 등등 《그리스 신화》의 12신들이 등장하고 이름들이 들려올까? 그래서 그녀는 산신령에게 물어보았는데 실제 있었던 역사이고 나중에 필요할 것이라고 말했다.

나는 전에 《그리스 신화》를 읽으면서 사실인지 꾸며 낸 이야기인지 의문을 품었다. 이야기 속에는 너무나 황당한 내용이 많기 때문이다. 옛날 사람들이 그렇게 거짓 이야기를 잘 꾸며 댔을까? 사실이라고 믿기에는 현재 우리의 상식으로는 도저히 이해할 수 없다. 아니면 본질적인 이야기는 사실인데 전해 내려오면서 이야기가 과장 및 왜곡되었을 가능성도 있다. 트로이 목마 역시 《그리스 신화》에 나오지만 유적이 발굴됨으로써 사실로 증명되었다. 책에서는 신과 인간과의 관계를 묘사하는데 혹시 신은 다른 행성에서 온 외계적 존재는 아닐까 하고 그것을 염두에 두고 읽었지만 그런 정황은 찾지 못했다. 여하튼 산신령이 그것이 역사적 사실이라고 하니 기본적인 것은 사실임이 분명하다.

숙영매는 오늘 새벽 조선 시대 역대 왕들, 태조부터 예종까지의 모습을 보았다. 인터넷에 있는 태조 이성계의 초상화를 보여 주며 똑같냐고 묻자 그녀는 비슷하다고 했다. 세종의 모습이 어떠냐고 묻자 키가 크고 잘생겼으며 풍채가 좋아 보이고, 단종의 모습은 어린데 눈이 작았다고 했다. 왕들의 공통점은 귓불이 크다고 했다.

산신령은 거의 매일 방문하다시피 하여 숙영매를 가르치고 있다.

· 나를 스쳐간 모든 사람들은 전생에 관계가 있는 사람들이다.
· 날개를 달아라. 지난 허물은 잊어버려라. 불안한 마음을 떨쳐라.
· 나를 위해 무엇을 했나 뒤돌아봐라.
· 역사의 현장을 알아라. (명상 중 보이는 모든 역사 현장은 숙영매가 앞으로 봐야 할 장면으로 미리 인식해 둬야 한다는 것을 말하는 것 같다.)

· 천상의 목소리가 들리는데 뭐가 걱정이란 말인가?

2020년 7월 27일 월요일

지난 새벽에서 낮까지 27명의 조선 왕들의 모습을 모두 봤다. 내가 고종의 사진을 보여 주자 다르다고 얘기하길래 수염이 없는 젊었을 때 사진을 보여 주자 똑같다고 했다. 순종도 마찬가지고 영조의 초상화를 보여 주자 왕들 중에 한 명을 봤던 기억이 난다고 말했다.

2020년 7월 29일 수요일

숙영매와 참나의 소통이 본격적으로 시작됐다. 참나가 알려준 것은 조선 시대 연대를 포함해서 27명의 왕들과 한반도의 역사인데, 그녀는 그것을 두 장에 걸쳐 빼곡히 적었다. 마치 과외 선생이 가르치고 학생이 배우며 필기하는 모습과 흡사하다.

특히 숙영매 글의 마지막 부분 '세종은 명나라에 있는 장영실을 살리려 한다'는 대목은 이해할 수가 없어 인터넷을 검색했다. 실록에는 장영실이 명나라에 유학차 다녀왔다는 기록이 있다. 그러나 숙영매가 명상 속에서 본 내용은, 세종이 장영실을 명나라에 유학 보냈는데 명나라에서 장영실을 붙잡고 놔주질 않아 끝내 조선에 돌아오지 못했고, 세종은 그 일을 평생 후회했다는 것으로 보았다. 마치 명상 속에서 역사 다큐멘터리를 한 편 본 듯하다.

전에 박진여 선생의 스승인 법운 최영식 선생이 나한테 이런 말을 한 적이 있었다.

"명상을 깊이 들어가서 역사를 들여다보면 역사가 뒤집어져."

2020년 7월 30일 목요일

박원순 영혼이 말한 옛날 비서의 이름이 맞을까?

막 명을 달리한 상태라 기억의 혼동이 오지는 않았을까?

이런 걱정이 계속 생각난다. 내가 숙영매를 믿고 박원순 영혼의 말을 믿어야 되는데, 그래도 뭔가 중간에서 잘못되지는 않았을까 하는 염려가 생긴다. 그래서 나는 결심하고 재천령에게 부탁했다.

"부탁이 있는데, 서울 지방경찰청에 가서 박원순 성추행 고소장에서 고소인의 이름을 알아 올 수 있을까?"

"예, 해 보겠습니다."

라고 대답하고 약 10여 분 뒤에 돌아와서 말했다.

"혼자 갔었는데, 경찰청에 있는 영혼들이 너무 세서 들어갈 수가 없었어요. 저도 크게 당할 뻔했어요. 내일쯤 다시 다른 애들을 모아서 같이 해보겠습니다."

2020년 8월 1일 토요일

숙영매는 간밤에 5시간 명상하는데 영상이 나타나는 것을 제어하고 무념무상의 상태로 명상을 했다. 필요에 의하지 않으면 이제 더 이상은 명상 속에서 영상을 볼 필요가 없기 때문이다.

내가 재천령한테 부탁한 일이 어떻게 됐는지 숙영매에게 묻자 그녀는 다음과 같이 대답했다.

"재천이가 고민이 많아. 경찰청 영혼들이 너무 세서 어떻게 할까 고민

중이야."

"그 말은 재천이가 알고 있는 수백 명의 영혼들을 총집합시켜서 경찰청 영혼들을 제압하고 경찰청 안으로 침입할 것인가를 고민하고 있다는 얘긴가?"

"응."

"그렇게까지 할 필요는 없으니 하지 말라 그래."

나는 사회적으로 유명한 사람의 실명을 거론하면서 생긴 부담감 때문에 그런 생각을 했는데 그냥 믿는 수밖에 없다.

보수 진영에서 박 시장을 성추행범으로 몰고 간다. 2차 가해 운운하며 말도 못 꺼내게 한다. 악다구니를 쓰고 잘난 지식인들도 거기에 합세하는 모습을 보면 가슴이 무너져 내린다.

재천령과 대화를 했다.

나: 엄마한테 들었는데 경찰청 진입 문제로 고민을 하고 있다고 들었다. 무리하게 일하지 말고 그 일은 포기하는 게 낫겠다.
재천령: 예, 아무래도 그렇게 했다가는 부상자가 나올 수밖에 없을 거예요.
나: 부상자라면 네가 수백 명을 모아 그들과 싸우게 되면 다치는 애들도 생긴다는 말이지?
재천령: 예, 우리 영혼들뿐만 아니고 경찰청 쪽 영혼들도 다치게 될 거예요.
나: 그래, 그렇게까지 하면서 일을 할 정도로 중요한 일은 아니니까… 그런데 전에 네가 박근혜 대통령 시절에 청와대 간 적이 있었다고 말했는데 청와대는 어떻게 들어갈 수 있었지?

재천령: 청와대 쪽 영혼들은 그렇게 악하지 않고요. 그냥 잘 얘기하고 들어갈 수 있었어요.

나: 그랬구나, 검찰 쪽 영혼들도 그렇게 세다고 했는데 검찰, 경찰 쪽 영혼들은 왜 그렇게 세지?

재천령: 아마도 사람을 잡아 가두고 벌주고 하는 일을 하는 기관 쪽이라서 그럴 겁니다.

나: 그러면 국정원이나 기무사 국군 참모본부 같은 곳의 영혼도 그럴까?

재천령: 글쎄요, 그건 잘 모르겠네요. 직접 가 보지 않고서는…

나: 불교에서 나온 말이긴 한데… 세간에는 사후에 49일에 대해서 이야기들을 많이 해. 그래서 49재라는 말도 있고, 거기에 대해서는 어떻게 생각하나? 타당성이 있는 말인가?

재천령: 전혀 근거 없는 얘기이고, 그런 말이 왜 나왔는지 모르겠네요.

나: 지금 현재 내 상식으로도 그렇게 생각하고 혹시라도 산신님께서 뭔가 알고 계실지도 모르니까 (숙영매에게) 당신이 한 번 물어보도록 하지.

숙영매: 알았어.

나: 귀례령은 북한산신 옆에서 계속 기도하고 도와주고 있다고 들었다. 그분 옆에서 도와주는 영혼이 귀례령 말고 또 있나?

재천령: 없습니다. 귀례령으로 충분합니다.

나: 그리고 한 가지 더. 전에 박원순 시장이 왔을 때 정장 차림으로 왔다가, 갈 때는 흰 한복 차림으로 변했다고 엄마가 얘기했는데, 내 생각에 막 명을 달리한 분이 그런 능력이 있을 리는 없고, 산신님이 그렇게 해 주신 거 아닌가? 전에 나의 숙모님이 30대 젊은 모습으로 온 것도 같은 이치인 듯한데…

재천령: 예, 맞을 겁니다. 저도 확인은 못했지만 산신님의 배려라고 생각하는 것이 가장 타당하죠.

47. 나의 산신령 영접

2020년 8월 2일 일요일

숙영매는 산신령에게 인정받을 정도로 전생을 보는 능력이 있는데 이상하게 내가 물어보는 것에는 마음에 교란이 생겨 뒤죽박죽된다. 아침에 그 문제 때문에 그녀와 얘기하고 있는데 갑자기 산신령이 방문했다. 우리는 깜짝 놀라 무릎을 꿇고 영접했다. 산신령이 내 앞에 나타난 것은 이번이 처음이다.

"너희들이 자꾸 전생 문제 때문에 티격태격하는 것 같아서 왔다."

"몽고 시대 때의 일은 전에 숙영매가 최면을 받으면서 본 것이 맞다."

이것은 내가 방금 숙영매에게 그때 당시의 상황을 보도록 요청하자 전과 다르게 나와서 그녀와 얘기하던 중이었기 때문에 하신 말씀이다.

"숙영매는 자네한테 많은 심적 부담을 안고 있고 그러면 마음이 교란되니까 되도록이면 당분간 물어보지 말거라. 내담자와 상담할 때는 정확하고 자신감 있게 할 수 있으니까 걱정하지 말게."

이렇게 우리에게 훈계하시고 어제 재천령에게 물어봤던 49재에 대해서 질문을 하자 산신령은 이렇게 말했다.

"옛날에는 부모 모시는 것을 싫어했기 때문에 효도를 권장하기 위해서 만든 거고 49라는 숫자는 특별한 의미가 없다."

"그러면 나무아미타불이나 관세음보살도 결국 그 말 자체에 큰 의미가 있다기보다는 무지한 중생들에게 참선을 유도하는 방편으로 만들었을 것이라 생각하는데 맞는지요?"

"그래, 자네가 하나하나 잘 알고 있구나."

그리고 책에 대해서도 다음과 같이 말씀하셨다.

"책에 대해서는 자신감을 갖고 써라. 박정희, 이순신 이야기 같은 것도 자신감을 가지고 과감하게 소신껏 써라."

"예, 알겠습니다."

이 말은 이순신에 대해서 내가 쓴 내용이 맞고 인정한다는 뜻으로 받아들였다. 그리고 경찰청 같은 곳에는 악령들이 많으니 조심해야 하고, 서류를 뒤지거나 하는 일을 하면 안 된다는 충고도 해 주셨다. 나는 너무 갑자기 일어난 산신령의 방문에 당황했다. 물론 나를 보러 방문하신 건 아니고 숙영매와 내가 언쟁을 하는 듯이 보였기 때문에 숙영매를 도와주기 위해서 오신 것이다.

2020년 8월 3일 월요일

오늘 그녀와 이야기하는 중에 뜻밖의 말을 들었다. 박원순 시장 영혼이 저승에 가질 않았다는 것이다.

나: 그게 무슨 소리야? 그날(7월 11일) 갔다고 나한테 말하지 않나?
숙영매: 그렇게 말했는데 그날 저녁에 재천이가 시장님이 너무 억울해서 못 가겠다고 저승사자를 피했대.
나: 그럼 저승사자들하고 북한산신이 모두 책임 추궁을 받는 것 아닌가?
숙영매: 그렇겠지. 지금 원수를 갚기 위해서 24시간 명상을 하고 계신다고 하더라고.

나: 어디서 명상을 한대?

숙영매: 검찰청 앞에서.

나: 검찰청에는 악령들이 많다고 하는데 할 수 있을까?

숙영매: 지금 북한산신도 도와주고 계시는데 자살이라는 업보 때문에 힘든가 봐. 그것만 아니었다면 굉장히 영이 높은 분인데… 그 카르마를 없애기 위해서 명상하는 거야.

나: 검찰청보다는 김재련 변호사나 고소인 앞에서 해야 되는 것 아닌가? 키는 그들이 쥐고 있는 것이니까… 어쩌면 수사권을 쥐고 있는 그들 앞에서 하는 것이 나을지도 모르겠네. 재천이를 지금 좀 불러 봐.

나: 지금 어디 있다 온 건가?

재천령: 길음동에요.

나: 아직도 텍사스에 악령이 있나? 그때 보냈잖아?

재천령: 그래도 거기에는 악령들이 많이 들끓고 있어서 처리해야 할 일이 많습니다.

나: 박원순 시장 영혼이 저승에 가지 않았다고 왜 진작 얘기하지 않았나?

재천령: 제가 그날 저녁에 엄마한테 얘기했는데 엄마가 잊은 것 같아요.

나: (숙영매에게) 그로부터 며칠 후에 내가 박 시장 때문에 안타까워하니까 당신이 북한산신을 통해서 저승에 계신 박 시장님 영혼을 모시게 해 주겠다고 했잖아?

숙영매: 나는 한 번 얘기하면 잊어야 하기 때문에 잊고 있었어.

나: 명상을 많이 하면 영이 높아진다는 사실을 박원순 시장이 어떻게 알았지?

재천령: 원한이 많이 맺히면 자연스럽게 그렇게 됩니다.

나: 북한산신도 이 문제에 대해서 책임이 무거우실 텐데 어떻게 하지?

재천령: 그래서 산신님께서도 도와주고 계신 겁니다. 저도 책임이 있습니다. 문제가 잘 해결되면 가실 거라고 하십니다.

나: 시장님의 동태에 대해서는 재천이가 잘 보고 나한테 보고해 줄 수 있겠나?

재천령: 예, 그렇게 하죠. 언젠가 한 번 뒤집어질 겁니다.

48. 타로 사무실 건물의 영혼들

2020년 8월 4일 화요일

　오늘 숙영매와 함께 타로 사무실 개업할 곳에 가서 계약하고 왔다. 성북시장 근방에 있는 2층 사무실인데 약 10평 정도 되고 가운데를 막아놔 두 칸을 만들어도 비서실과 상담실이 넓었다. 숙영매가 사무실에 처음 들어서자마자 그녀의 머릿속에서 이런 소리가 울렸다.
　"잡아라, 잡아라."
　숙영매의 얼굴에선 식은땀이 흘러내렸지만 사무실에서 사람들과 이야기하고 있을 때라 워낙 바빠서 영안을 열 생각을 하지 못했다.
　저녁때 집에 와서 몸이 안 좋아 영안을 열고 보니 영혼 두 명이 몸에 붙어 있었다. 이들은 빈 사무실에 있던 영혼들이고 집 주위에 산신령이 결계를 쳐 놓았기 때문에 영혼이 뚫고 들어올 수 없는데도 숙영매 몸에 붙어 온 것이다. 몸에 붙어오면 결계를 쳐놨어도 장애를 받지 않고 들어올 수 있다고 한다. 급히 재천령을 불러 그들에게 돌아가라고 설득하여 보냈다.

2020년 8월 5일 수요일

　오늘 다시 숙영매가 사무실로 가서 영안을 열고 보니 세 명의 영혼들이 있었다. 두 명은 어제 숙영매 몸에 붙어 온 것들인데 질이 안 좋게 보였고 한 명은 착해 보였다. 먼저 착한 영혼에게 말을 걸자 다음과 같이 말했다.

"사람들이 없어서 먹을 건 없었지만 조용하고 편하게 지냈어요."

"재천이를 아니?"

"예, 들어서 알고 있어요."

"재천이는 내가 데리고 있는 영혼이야."

(깜짝 놀라며)

"아, 그래요?"

"너, 저승에 보내줄 테니까 갈래?"

"예, 가고 싶었는데 가는 길을 몰랐어요."

다시 두 명의 질이 나쁜 영혼들에게 물었다.

"어제 왜 잡으라고 했니?"

"같이 있고 싶어서 그랬어요."

착한 영혼은 저승에 가고 싶다 해서 저승에 보냈지만 나머지 질이 안 좋은 두 영혼들은 저승에 가기를 꺼려했다. 그러나 재천령이 지은 죄가 있으면 달게 받고 나야 자신의 카르마도 해결되는 거라고 그들을 설득해서 저승으로 보냈다. 그리고 다른 영혼들을 들이게 했다.

새 사무실에서는 타로 이외에 전생 상담과 천도를 할 것이다. 천도는 상당히 간단한 일이다. 우선 망자의 영혼이 저승에 무사히 갔는지 재천령을 통하여 확인하고, 갔으면 유족들에게 잘 가셨다고 말해주고 만일 안 가고 이승에 남아 있다면 내가 영혼들과 인터뷰하는 것처럼 유족들에게 작별인사를 하도록 대화를 주선하고 산신령을 통하여 보내면 될 일이다. 산해진미를 차릴 일도 없고 기존의 스님, 무속인들이 하는 방식과는 판이하게 달라질 수밖에 없다.

2020년 8월 7일 금요일

숙영매가 몸이 안 좋다. 사무실에 처음 갔을 때 나쁜 영혼들 두 명이 달라붙어 집에까지 왔었기 때문이다. 영안을 열고 있으면 영혼들이 감히 덤비지 못할 텐데 항상 영안을 열고 다닐 수가 없다. 수많은 영혼들이 숙영매 몸을 통과하여 다니고 기괴한 모습, 죽을 때 비참했던 모습 등등 차마 눈뜨고 볼 수 없는 광경들이 많기 때문이다. 산신령이 다시 급히 와서 그녀의 몸을 훑어 주자 숙영매의 몸이 바로 회복되었다. 귀례령은 그 모습을 몹시 부러워하며 이렇게 말했다.

"정말 너무 부러워요. 누구도 이렇게 해주지 않으세요. 우리한테는 정말 엄격하시거든요."

앞으로는 대영령이 항시 숙영매의 곁을 따라다니며 다시는 악령한테 당하는 일이 없도록 했다. 타로 사무실에는 혜산령과 치원령이 있기로 했다. 옆에는 당구장이 있는데 영혼 5명이 있다. 비교적 센 편이고 우리 영혼들한테 시비를 걸며 텃세를 부릴 거라고 한다. 그러나 치원령과 혜산령은 그들에게 당할 정도로 약하진 않으므로 충분히 극복할 수 있다.

2020년 8월 9일 일요일

오늘은 사무실에 비치할 물건들을 날랐다. 집에서 기르던 화분이 많이 있어서 나르던 중 화분 하나를 들고 계단을 오르다 잘못해서 깨졌다. 숙영매는 혹시 불길한 징조가 아닐까 불안해서 산신령께 물어보자 다음과 같이 말해주었다.

"아주 좋아! 이사할 때 살던 집에서 무언가 깨지는 건 좋다. 그러나 새 집에서는 깨지면 안 되니까 거기서는 조심해야 한다."

여하튼 우리는 사무실에서만큼은 조심을 해서인지 무사히 이사를 마쳤다.

2020년 8월 10일 월요일

산신령은 숙영매한테 말했다.

"당분간 자신의 앞일을 보지 말거라. 지금 상태에서 그런 거 자주 하면 영이 깎이고 영적 성장을 하는 데 장애물이 된다. 앞으로 3개월 정도는 영업은 조금만 하고 명상 위주로 해라. 숙영매가 이 정도에 만족하여 고만저만 먹고 살려고 하면 지금 상태로 만족하고 명상을 대충 해도 상관없지만 세상에 명성을 떨치고 죽을 때 이름 석 자는 남기고 가야 할 거 아닌가?"

오늘은 숙영매와 외출을 했다. 버스를 타고 지하철을 탔다. 그녀가 대중교통 수단을 이용하는 것은 대영령이 나타난 이후로 처음이다. 지하철에 영혼들이 많다는 것은 대영령과 재천령이 전에 말한 적이 있었다. 우선 버스를 타고 영안을 열자 열댓 명의 영혼들이 창문에 천장에 다닥다닥 붙어있는 것이 보였다. 다시 지하철에서 영안을 열고 보니 엄청나게 많은 영혼들이 있었는데 천장과 창문에 붙어 있고, 겹쳐 있고, 머리에 피를 흘리는 영혼, 얼굴이 쭉 찢어졌는데 바늘로 꿰맨 영혼 그리고 각종 보기 흉한 모습들이 낮 시간 지하철 승객보다 더 많이 있었다. 차마 눈뜨고 볼 수 없을 정도다. 그들 모두는 숙영매와 눈 마주치기를 꺼려했다. 그들은 대체로 영이 낮은 영혼들인데 숙영매가 영적으로 높은 것을 알고 감히 덤비지 못하는 것이다. 요즘은 대영령이 숙영매와 항상 붙어 다니기 때문에 다른 영혼들이 접근을 못하는 데다 그녀가 영안을 열면 웬만한 영혼들은 접근을 하지 못한다.

48. 타로 사무실 건물의 영혼들

49. 빙의된 숙영매

2020년 8월 16일 일요일

　오늘은 일요일이지만 숙영매는 명상도 할 겸 해서 사무실에 나갔다. 3시 넘어서 내담자가 한 명 오고 카페 언니가 와서 상담해주고 잡담을 하고 있자니 그 건물 지하에 있던 여자 다섯, 남자 셋 악령들 8명이 사무실로 쳐들어왔다. 대영령, 혜산령, 민재령이 미처 막지 못하고 재천령, 귀례령을 불렀다. 재천령이 나타나자 악령들은 그에게 깍듯이 인사했지만 8명이 숙영매의 몸에 바짝 붙어 있어 떨어지질 않으려고 했다.

　재천령이 외쳤다.

"거기서 떨어져!"

"싫어요."

"이분은 앞으로 크게 이름을 떨칠 분이야. 이런 식으로 행동하지 마라."

"싫어요."라고 그들이 대답하자 숙영매가 물었다.

"왜 그러는데?"

"우리한테 떡을 안 줬잖아요."

　숙영매가 개업식 날 그 건물에 떡을 돌렸는데 다 돌리고 지하에 갔을 때는 부족해서 주질 못한 것이다.

"떡을 안 줬다고 이렇게까지 하면 안 되잖아?"

"우리가 얼마나 굶었는데 맛있는 걸 왜 안 줘! 그리고 우린 갈 데가 없어. 여기 있고 싶어요."

사람들도 그렇지만 영혼들한테도 먹는 것은 이렇게 중요하다. 그러나 말로 해서 안 듣는 악령들은 무력으로 떼어낼 수밖에 없다. 그 와중에 숙영매는 오한이 들어서 한여름에 떨고 있다. 옆에 있던 카페 언니는 영혼들이 보이지는 않지만 숙영매의 행동을 보고 무섭다고 돌아갔다. 그들의 스토리는 이렇다.

건물 지하에는 원래 그 8명의 영혼들이 기거하고 있었다. 며칠 전 주인이 이사를 가고 새 주인이 이사를 왔는데 전 사무실에서 새 주인과 같이 있던 영혼 5명이 같이 따라왔다. 기존 8명의 영혼들과 새로운 5명의 영혼들이 충돌할 수밖에 없었다. 그러나 5명의 영혼들은 강하기 때문에 8명은 밀려서 쫓겨났다. 그리고 나서 그들은 갈 데가 없자 숙영타로에 쳐들어 온 것이다. 숙영매가 영안을 뜨고 그들을 똑바로 쳐다보자 그들은 꼬랑지를 내렸지만 몸에 붙어있는 것을 떼어낼 수가 없다. 그녀는 아직 부족하다. 항상 영안을 열고 다닐 수도 없고 영안을 열지 않은 상태에서도 그들을 견디려면 더 많은 명상과 수련을 쌓아야 한다. 여하튼 재천령은 집에 있는 영혼들과 합심해서 8명의 악령들을 전부 떼어낸 후 그들을 설득하고 또 설득해서 산신령을 통해 저승으로 보냈다. 그들은 질이 안 좋고 나쁜 짓을 많이 해서 저승으로 가기를 꺼렸지만 재천령이 지은 죄가 있으면 가서 죗값을 받아야 카르마가 해소되는 거라고 인내심 있게 얘기하며 마음을 돌려보낸 것이다. 만일 끝까지 안 가겠다고 했으면 강제로 보냈을 것이다. 숙영매는 8명한테 공격을 당한 후 이 더운 날씨에도 심한 추위에 시달려 몸을 움직일 수가 없는 상태라 나는 밖에서 친구를 만나고 있다가 급히 들어와 그녀를 집에 데려다주고 나서 다시 외출했다. 내가 나가고 난 후 약 10분 정도 후에 산신령이 방문해서 그녀의 몸에 기를 넣어주자 그녀의 몸이 약간 회복됐다. 이 사건에서는 대영령이 빨리 재천령, 귀례령을 부르지 않고 혼자 해결하려고 했기 때문에 일이 잘못된 거라고 산신령이 그를 크게 혼냈고 귀례령과 재천령에게도 책임 추궁을 했다. 대영령이 특히 잘못한 것은 위기가 닥쳤을 때 엄마한테 빨리 영안을 열라고 외치기만 했어도 무사했을 텐데 저 혼자 이겨내려고 했던 것이다. 이 때문에 산신령은 크게 진노하고 대영령을 징벌방에 집어넣으려고 했지만 지금은 숙영매를 보호해야 하기 때문에 일단 보류하기로 했다.

2020년 8월 17일 월요일

아침에 숙영매가 일어났을 때는 멀쩡해서 완전히 나았나 보다 했는데 오전에 몇 시간 자고 일어나니까 갑자기 어제와 같은 오한이 들면서 춥다고 이불을 뒤집어쓰고 있었다. 여태까지 악령으로 인한 후유증은 몸 아픔이었는데 어제 오늘은 심한 추위로 견디기가 힘들 정도다. 더군다나 어제 산신령이 치유를 해 주었는데도 오늘 오한에 몸을 주체하기도 힘들 정도다. 몸을 만져보니 몸이 뜨겁다. 내가 약국에 가서 해열제를 사다 주자 그걸 먹고 일단 열이 내리고 몸이 정상으로 돌아왔다. 여태까지 경험하지 못한 특이한 경우다.

2020년 8월 19일 수요일

숙영매와 나에게 최대의 위기가 닥쳐왔다. 숙영매가 빙의됐다. 언제 그렇게 됐는지 모르고 어떻게 해야 할지 난감하고 가슴이 무너져 내린다. 그날 건물 지하에 있던 8명인지 또 다른 영혼인지도 모르겠다. 그녀의 말과 행동이 이미 숙영매가 아니다. 오늘 오전 11시에 춥다고 나한테 해열제를 사달라고 했지만 나는 그때 업무 중이어서 갈 수가 없었고 정원이도 연락이 되지 않았다. 내가 집에 온 시간은 오후 2시 반경. 그녀는 이미 다른 사람이 되어 있었다. 해열제를 먹이고 잠을 자도록 했지만 불안한 마음이 가시질 않았다. 집단령들에게 그렇게 당할 때도 이런 일이 없었는데 영문을 알 수가 없다.

2020년 8월 20일 목요일

오전 6시경

오늘도 숙영매는 알 수 없는 말을 하면서 비정상적인 행동을 했다. 물을 엎지르고 넘어지고 말을 해도 무슨 소린지 모르겠다. 목소리는 마치 헬륨가스를 들이마신 사람처럼 음성 변조가 되어 나오는 것 같았다. 가끔 정신이 나는 것 같기도 하다가 다시 정신이 혼미해졌다. 하는 수 없어 나는 유튜브 영상에서 퇴마사들이 하는 것을 흉내 내며 영혼 끄집어내기를 시도했다.

"숙영매 몸속에 있는 영혼 나와!"

이렇게 외치자 영혼들이 한 명씩 나오는 거 같았고 나는 이름을 묻고 다음 또 나오라고 말했다.

"왜 남의 몸에 들어와 있나! 이러면 죄가 되는 거 모르나?"

그러나 중간중간 그녀는 이렇게 말했다.

"얘네들은 우리 집에 있는 애들이야."

나는 그녀가 정신이 혼미한 상태에서 그렇게 말하는 줄 알았는데 나중에 알고 보니 지하에 있는 영혼들이 그녀를 보호하기 위해서 일시적으로 붙어 있다가 나온 것이다.

지난번 많은 영혼들이 침투했어도 그녀의 몸속을 뚫고 들어올 수는 없었는데 이번 경우는 어떻게 된 건지 알 수가 없다. 아침에 일단 해열제를 먹도록 했지만 열이 내리질 않았고 몸이 춥다는 소리도 안 했다. 최면을 시도했지만 역시 그때도 집 지하에 있는 영혼들이 나왔다. 앞으로 헤쳐 나갈 일이 아득하기만 하다.

오후 12시경

타로 사무실에 인터넷과 와이파이 설치 문제 때문에 혼자 나가 있는데 숙영매한테 전화가 왔다. 목소리가 비교적 괜찮은 것 같았다. 일을 끝내고 집으로 들어가니 정신이 말짱해진 것 같았다. 그녀의 말을 들어보니 며칠 전 일요일 사무실 건물 지하에 있는 악령들 8명이 쳐들어와서 소란을 피울 때 악령 하나가 숙영매 머리에 정교하고 조그맣게 만든 심을 하나 심고 숙영매의 몸속에 들어와 있었다 한다. 그날 이후로 그녀는 심한 추위에 떨었고 해열제를 먹으면 가라앉곤 했다. 그러나 어제는 약이 떨어져 먹지 못했기에 그 악령이 숙영매를 춥고 오한에 떨게 하고 정신이 혼미해지게 했던 것이다. 해열제를 먹고 몸의 열이 내리면 그 악령이 힘을 못 쓰고 제정신으로 돌아왔지만 어제는 해열제를 먹지 못한 상태에서 몸의 열을 오를 대로 오르게 한 후 그녀의 정신을 혼미하게 하고 악령이 그녀의 몸을 지배했던 것이다. 그리고 내가 사무실에 간 후 낌새를 눈치챈 재천령이 귀례령과 함께 잠자고 있는 그녀의 몸속으로 들어와 악령을 끄집어내고 저승으로 쫓아버렸다. 나는 처음 겪은 일에 가슴을 쓸어내리지 않을 수 없었다. 숙영매가 잘못되면 영혼들과의 소통이 불가하다. 내 능력으로 할 수 있는 일이 없으니 퇴마사를 부를 수밖에 없다. 산신령도 방문해서 숙영매의 몸을 점검하고 빙의된 영혼이 없음을 확인했다. 사람이 빙의가 되면 다른 영혼이 빙의된 영혼을 끄집어낼 수가 없고 사람이 끄집어내야 한다고 재천령이 전에 말한 바 있다. 그러나 재천령과 귀례령은 전에도 수시로 숙영매의 몸속에 들어온 적이 있기 때문에 다시 들어와서 악령을 찾는 것이 가능했다.

이런 심각한 사태가 벌어지자 숙영매 옆에는 대영령, 혜산령뿐만이 아니고 재천령, 귀례령까지 붙어 있다. 숙영매가 완벽하게 나을 때까지 그렇게 밀접 경호를 하게 될 것이다. 산신령은 이번 일로 숙영매의 영이 한 단계 높아졌다고 했다.

2020년 8월 21일 금요일

숙영매가 다시 오한에 떨고 있다. 재천령은 당분간 그 악령의 후유증이 있을 것이라고 말한 바 있다. 나는 해열제를 먹으라고 했다. 재천령과 귀례령이 숙영매의 몸을 샅샅이 찾아봤지만 더 이상 숨어 있는 영혼은 없는 것으로 확인했다. 그녀는 해열제를 한 알 먹었지만 그래도 몸이 춥고 떨려서 하나 더 먹었다. 약 30분 있다가 산신령이 방문해서 그녀의 몸을 훑어주자 다시 몸이 정상으로 돌아왔다. 이는 숙영매의 몸에 열이 나는 것이 의학적인 증세가 아니고 영적 작용에 의한 증상이라는 것이 증명된 것이다.

2020년 8월 24일 월요일

숙영매의 발열 증세가 거의 다 나은 것 같다. 이틀 전 저녁때까지 해열제를 먹었지만 그때 이후로 지금까지 해열제 없이 지내고 있다. 내가 약국에 가서 해열제를 달라고 하니 약사는 걱정 어린 눈빛으로 병원에 가보라고 했다. 요즘은 시국이 시국이니만큼 몸에서 열이 나면 습관적으로 코로나19부터 염려하기 때문이다. 감염병으로 인한 경제 위축 때문에 숙영매 개업에 대해서 주변 사람들이 한결같이 걱정하기도 한다. 주변에 있는 철학관도 공치는 날이 많다고 하고 원장도 학원생이 없어서 힘든 모양이다. 보수단체의 광화문 집회 이후로 정부에서는 코로나 방역 단계를 올리는 것을 검토하는 것 같다. 안 그래도 어려운 경제 상황에 집단 이기심이 불러온 재앙이다. 종교는 희생과 봉사에 기반한 이타심으로 모두에게 사랑을 베푸는 과정이거늘 종교적 이기심과 맹신이 국민 모두를 힘들게 하고 있다. 창조주도 하나님도 아니고 목사를 맹신하는 사람들이 있다. 신도들은 교회가 이사하면 그 목사에게 예배라도 하듯이 먼 길을 마다하지 않고 그곳으로 다닌다. 요즘 목사들은 말주변만 좋으면 신 행세를 한다. 또한 신도들은 목사를 신으로 떠받들듯이 믿고 따른다. 그들끼리 믿든지 맹신하든지 하는 거야 뭐라 말할 수는 없다. 다만 온갖 가짜 뉴스가 그들 사이에서 퍼지고 있고 그들 자신의 이익을 위하여 주위 사람들에게 해악을 끼치는 것이라면 이제는 종교가 무엇인가를 근본적으로 생각해봐야 할 때가 됐다.

2020년 8월 25일 화요일

숙영타로가 있는 건물 3층에 교회가 하나 있는데 나도 며칠 전에 알았고 숙영매는 오늘 알게 됐다. 개업 날 떡 돌릴 때도 3층에 있는 가발 가게에 들렀지만 교회는 미처 보질 못했다. 거기에 영혼들이 5명 있는데 오늘 타로 사무실로 왔다고 재천령이 말해서 알게 됐다. 시비를 걸거나 텃세를 부리려고 온 건 아니고 궁금해서 왔다고 한다. 그들은 비교적 영이 높고 착한 편이긴 한데 교인들은 타로나 여타 점술에는 부정적이라 숙영매가 걱정을 한다. 교회 영혼들은 모두 살아생전에 교회를 다녔던 영혼들이기 때문이다. 어디를 가든 영혼들이 있고 각 건물과 집들에 터주 영혼들이 있다. 재천령은 이승 세계에 존재하는 영혼들의 숫자는 거의 인구의 수만큼 많을 거라고 한다.